中国人民警察大学学术著作专项经费资助

胡华学术思想研究

石宏亮　编著

中山大学出版社
·广州·

版权所有　翻印必究

图书在版编目（CIP）数据

胡华学术思想研究/石宏亮编著. —广州：中山大学出版社，2021.3
ISBN 978-7-306-07125-5

Ⅰ. ①胡… Ⅱ. ①石… Ⅲ. ①胡华（1921—1987）—史学—学术思想—研究　Ⅳ. ①K0

中国版本图书馆 CIP 数据核字（2021）第 027720 号

出 版 人：王天琪
策划编辑：吕肖剑
责任编辑：麦晓慧
封面设计：林绵华
责任校对：林　峥
责任技编：何雅涛
出版发行：中山大学出版社
电　　话：编辑部 020-84111996，84113349，84111997，84110779
　　　　　发行部 020-84111998，84111981，84111160
地　　址：广州市新港西路 135 号
邮　　编：510275　　　　传　真：020-84036565
网　　址：http://www.zsup.com.cn　　E-mail：zdcbs@mail.sysu.edu.cn
印 刷 者：广东虎彩云印刷有限公司
规　　格：787mm×1092mm　1/16　12.75 印张　200 千字
版次印次：2021 年 3 月第 1 版　2021 年 3 月第 1 次印刷
定　　价：38.00 元

如发现本书因印装质量影响阅读，请与出版社发行部联系调换

1984年8月，胡华重访张家口

序

中共党史学史的一部力作
——写在《胡华学术思想研究》出版之际

1938年10月，面对祖国山河破碎、中华民族危在旦夕，16岁的胡华，作为父母膝下的独生子，毅然痛别了双亲，告别江南鱼米之乡——浙江奉化，奔赴贫瘠的陕北延安，投身中国共产党领导的全民族抗日战争。从此，半个世纪以来，无论枪林弹雨、饥寒交迫，无论风霜雨雪、道路坎坷，无论是在新民主主义革命时期还是在社会主义建设时期，他毕生不忘为中国人民谋幸福的初心，始终牢记为中华民族谋复兴的使命；他坚信马克思主义，具有坚定的革命理想和信念。他从敌后抗日根据地来到首都北京，从一名战火中持枪抗敌的政治教员成为蜚声中外的革命家、史学家、教育家。他为中国革命史、中共党史学科奠基、开拓、创新、砥砺前行、鞠躬尽瘁……他是对党无限忠诚的共产主义战士，是新中国中共党史学界的一面旗帜。

胡华在坚守半个世纪的中国革命史、中共党史教学与研究的岗位上，培养了一代代党史、党建人才和革命骨干；他的大量著作影响巨大，享誉海内外，并有着多项"新中国第一"：

（1）《中国新民主主义革命史》（胡华著，1950年，全国新华书店、人民出版社出版），是新中国成立后第一本讲中国革命史、中共党史的教材和读物。

（2）《中国历史概要》（翦伯赞、邵循正、胡华合著，1956年，人民出版社出版），是新中国成立后第一本讲中国通史的教材和读物。

（3）《中国革命史讲义》（胡华主编，1959年，中国人民大学出版社出版），是新中国第一本全国高校中国革命史类通用（从1956年启用）的教材和读物。

（4）《中国社会主义革命和建设史讲义》（胡华主编，1985年，中国人民大学出版社出版），是改革开放后第一本讲中国社会主义革命和建设史的全国高校通用教材和读物。

（5）《青少年时期的周恩来同志》（胡华著，1977年，中国青年出版社出版），是经邓颖超亲笔审改的新中国第一本写周恩来生平的读物。

（6）《中共党史人物传》（胡华主编1—50卷，1979—1991年，陕西人民出版社出版），是新中国第一套大型中共党史人物传记丛书。胡华因此荣获由光明日报社、中国青年报社和新华书店等单位主办的1986年全国优秀畅销书评选活动最佳主编奖，1987年荣获吴玉章奖金历史学一等奖。

（7）胡华还是国务院学位委员会首届学科评议组成员、全国高校中共党史专业第一位博士生导师。

（8）胡华是第一个以中国共产党的立场、原则和思想方法向西方学术思想界面对面介绍中国革命的中共党史学家。

⋯⋯⋯⋯⋯⋯

作为全国党史学界的一面旗帜，胡华享有崇高的威望。越来越多的头衔使他身上的担子也更加沉重。在中国人民大学，他先后担任中共党史系主任、名誉主任，博士生导师等。随着时代的前进，他兼任的社会职务也越来越多，如国务院学位委员会学科评议组成员、政治学社会学分组召集人，中共中央党史资料征集委员会委员，全国中共党史研究会（后改名为中国中共党史学会）常务副会长、全国中共党史人物研究会（后改名为中国中共党史人物研究会）副会长兼大型丛书《中共党史人物传》主编（以上两个学会是他亲自发动组织筹备成立的），中国史学会常务理事，北京市史学会副会长，《中国大百科全书》历史学编委、科学社会主义编委兼"社会主义在中国"卷主编，中国国际交流理事会理事，北京市高校职称评定委员会副主任，等等。繁重的教学、科研、编审、组织领导工作，各种会议、会见、出访等，使胡华每天超负荷工作。有着强烈使命感和责任心的胡华，殚精竭力、废寝忘食。他的科研成果一天天在增加，健康状况却一日日地恶化，以致旧疾复发，转化为难以救治的肝癌。1987年12月14日，胡华在他差两天过66岁生日时被病魔夺去了生命，当时他还有许多未了的心愿。

胡华的品德风范、治学精神及学术思想和杰出成果为后来者留下了一笔极为宝贵的财富。应该说，不仅是现在，而且在将来，该财富对党史学界也依然具有重要的指导意义。自胡华离世后的30余年以来，一方面，他的许多研究成果被再版发行，凝聚其一生心血的集大成者，便是被纳入国家出版基金项目的六卷本《胡华文集》；以"缅怀前辈学者的治学风范和学术业绩、反映中国共产党历史与理论研究前沿动态"为宗旨的"胡华大讲堂"于2014年4月开讲，成为从事党史研究的国内外学者重要的学术交流平台。另一方面，学界对于胡华本人的研究也从未间断，相关文章散见在各个报纸、杂志，《追思史学家胡华》《革命史家胡华》等书，以及多次缅怀胡华的纪念座谈会的发言中。而从学术史角度全面考察评述胡华的学术人生、学术贡献的，当属这本《胡华学术思想研究》。

青年中共党史学者石宏亮曾在中国人民大学党史系攻读博士学位，是胡华的再传弟子。走上高校教学岗位后，他在博士学位论文的基础上继续追寻胡华的人生轨迹，深入学习和研究胡华的治学精神和成果，对胡华的学术生涯和学术成就有了更为全面的把握。他系统地梳理出胡华跌宕起伏的学术人生以及独具特色的学术贡献，并结合时代变迁和党史学科发展进程，以历史唯物主义观点对胡华的学术成果做出客观的评析，完成了本书的写作。

著名中共党史学家、北京师范大学教授张静如对党史研究本身的发展历程及其研究成果非常重视，特别是对有突出贡献的党史学家及产生深远影响的党史著述等方面的研究，他是中共党史学史研究的首倡者。他对改革开放伊始胡华在党史学界"拨乱反正"、勇闯禁区、拓展研究领域等给予了高度评价，并提出"在中共党史学发展史上应该认真记载"。2018年他与丁俊萍教授合著发表了《一九八〇年前后胡华关于中共党史学科建设的思考》。他希望党史学界的研究者能在这方面下些功夫，促进史家和史书评论工作的开展。本书作者石宏亮便成为中共党史学史薪火相传的后来人。

习近平总书记强调："不忘初心、牢记使命，必须作为加强党的建设的永恒课题和全体党员、干部的终身课题常抓不懈。"学习领悟党史、新中国史，是牢记党的初心和使命的重要途径。胡华是新中国成立后中国革命史、中共党史学科的重要奠基人、开拓者，他一生有着坚定不移的共产主义理想信念，胸怀全局、勇于担当的原则立场，实事求是、严谨治学的科学态度，坚韧不拔、埋头苦干的献身精神，遵纪自律、廉洁奉公的公仆作风，是共产党员"不忘初心、牢记使命"的榜样。《胡华学术思想研究》深情回顾和评介了胡华在中共党史学科建设中的革命与学术事迹，显然是新时代学习与研究中共党史和新中国史、继承弘扬红色传统的一本生动的教材。

2021年是胡华诞辰100周年，《胡华学术思想研究》一书的问世，也是对胡华很好的纪念。

胡华后人胡宁、刘涓迅
2020年1月18日

目　录

导　言 ·· 1
 一、写作缘起 ·· 1
 二、研究现状 ·· 3
 三、难点及创新 ·· 9
 四、研究方法 ·· 10

第一章　胡华的中共党史研究历程 ·· 12
 第一节　起步：在革命的洪流中踏上中共党史研究的人生新路 ··· 13
 第二节　发展：在社会主义建设的艰辛探索中书写和宣扬革命
     功绩 ·· 20
 第三节　曲折：在政治动荡中深陷中共党史研究的历史困境 ······ 24
 第四节　高潮：在改革开放新时期开创中共党史研究的人生
     辉煌 ·· 28

第二章　胡华对中共党史学理论问题的认识 ···························· 33
 第一节　关于中共党史学的学科性质等问题的认识 ················ 34
  一、中共党史学的学科性质与特点 ···································· 34
  二、中共党史研究的意义和价值 ······································· 37
  三、中共党史学的研究对象和内容 ···································· 41
  四、中共党史的历史分期 ·· 45
  五、中共党史研究的基本原则 ··· 47
  六、中共党史史料的占有和掌握 ······································· 50
  七、中共党史工作者研究水平的提高 ································· 52
 第二节　关于编写中共党史人物传记的认识 ·························· 54
  一、中共党史人物传记的编写意义 ···································· 54

二、中共党史人物传记的编写要求 …………………………… 56
　　三、中共党史人物传记的编写方法 …………………………… 57

第三章　胡华的宏观中共党史研究 …………………………………… 60
第一节　撰写《中国新民主主义革命史》………………………… 60
　　一、《中国新民主主义革命史（初稿）》的史学成就及
　　　　特色 …………………………………………………………… 60
　　二、《中国新民主主义革命史（初稿）》的历史局限 ………… 72
　　三、《中国新民主主义革命史》由初稿到终稿 ………………… 75
第二节　主编《中国革命史讲义》………………………………… 80
　　一、《中国革命史讲义》的史学成就和特色 …………………… 80
　　二、《中国革命史讲义》的修订与完善 ………………………… 89
第三节　主编《中国社会主义革命和建设史讲义》……………… 94
　　一、重视研究新中国成立后的中共党史 ………………………… 94
　　二、主编《中国社会主义革命和建设史讲义》………………… 97
　　三、《中国社会主义革命和建设史讲义》的史学成就 ………… 98

第四章　胡华的中共党史专题和史实研究 …………………………… 102
第一节　关于若干重要专题的研究 ………………………………… 102
　　一、对国民经济恢复时期社会主要矛盾的分析 ………………… 102
　　二、对抗日战争史若干问题的解读 ……………………………… 105
　　三、对统一战线中独立自主原则的阐释 ………………………… 112
　　四、对国外和港台地区中共党史研究的评述 …………………… 115
第二节　关于若干史实的考证与纠偏 ……………………………… 118
　　一、还原中国共产党早期组织的名称 …………………………… 118
　　二、纠正"十万农军围攻长沙"的说法 ………………………… 119
　　三、澄清项英、周子昆牺牲的经过 ……………………………… 121

第五章　胡华的中共党史人物研究 …………………………………… 123
第一节　为革命先贤著书立传 ……………………………………… 123
　　一、倡议编写中共党史人物传记 ………………………………… 123
　　二、主编《中共党史人物传》…………………………………… 126

第二节　广泛研究中共党史人物 ………………………………… 132
　　　一、对中共党史人物群体的考察 ………………………………… 132
　　　二、对周恩来的研究 ……………………………………………… 135
　　　三、对陈独秀的研究 ……………………………………………… 142
　　　四、对其他中共党史人物的研究 ………………………………… 147

第六章　胡华的史学贡献、学术风格和治史精神 ……………………… 150
第一节　胡华对中共党史学发展的历史贡献 ……………………… 150
　　　一、开创和奠基中共党史学科 …………………………………… 150
　　　二、丰富党史研究的学术宝库 …………………………………… 152
　　　三、倡议并参与创建中共党史研究的领导机构和学术
　　　　　团体 ……………………………………………………………… 154
　　　四、培育中共党史教学和研究的新生力量 ……………………… 155
　　　五、促进中外学术交流 …………………………………………… 157
　　　六、积极"抢救"中共党史史料 ………………………………… 160
　　　七、遗留丰富的教学理念和方法 ………………………………… 162
第二节　胡华的学术风格 …………………………………………… 163
　　　一、论从史出，史论结合 ………………………………………… 163
　　　二、亦教亦研，教研相长 ………………………………………… 165
　　　三、饱含激情，寄情于史 ………………………………………… 166
　　　四、关注学术动态，注重学术梳理 ……………………………… 167
第三节　胡华的治史精神 …………………………………………… 168
　　　一、"生是奋斗，死是休息" …………………………………… 168
　　　二、思想解放，敢于突破 ………………………………………… 170
　　　三、钟情教育，淡泊名利 ………………………………………… 171
　　　四、谦虚严谨，精益求精 ………………………………………… 174

主要参考文献 …………………………………………………………… 179

后　　记 ………………………………………………………………… 188

导　言

一、写作缘起

胡华是著名的马克思主义历史学家、中共党史专家。他热爱、钟情中共党史，无怨无悔地将自己的一生奉献给中共党史的教学、宣传和研究事业，为推动中共党史学的繁荣和发展付出大量辛勤的劳动，贡献良多，在中共党史学史上留下精彩、厚重的一页。李新先生曾说："胡华同志虽不是什么伟大人物，但他的一生很有价值，很值得研究，为人们提供了一些很值得深思的人生哲理。"① 高放先生称胡华是将革命家、史学家、教育家集于一身。② 研究胡华及其思想，具有重要的学术价值和现实意义。

第一，有利于拓宽中共党史人物研究的范围。

毋庸置疑，新民主主义革命的胜利、新中国的建设成就来源于中国共产党的正确领导和广大人民艰辛的共同努力。党和国家领导人在革命、建设和改革中起着至关重要的决策和领导作用，而在经济、文化等各条战线上的杰出人物在具体贯彻落实政策、决策上亦功不可没、不可或缺。在过往的中共党史人物研究中，革命领袖等重要政治人物一直受到学者们的高度关注，相关的研究成果汗牛充栋，但在科教文卫等其他战线上的突出人物的相关研究成果却较为单薄、十分有限。虽然近些年来，此种现象有所改观，中共党史人物研究的范围得到一定的拓展，但仍有一些在中共党史上尤其在科教文卫事业上有重要影响和突出贡献的历史人物尚未进入中共党史学界的视野或者受到的学术关注不够。因此，龚育之先生主张，"党

---

① 李新：《他的一生很有价值》，见陈威、杨凤城主编《长与英烈共魂魄——追思史学家胡华》，中国民主法制出版社2011年版，第7页。

② 高放：《革命家、史学家、教育家集一身的胡华》，载《中共党史研究》2012年第2期。

史人物的范围还是放宽一点为好","往多写科教文人物方面放宽"。① 这无疑也是拓展深化中共党史人物研究的一个重要方向。胡华是中共党史学领域一位举足轻重的人物,他为宣传、教学和研究党史奉献、奋斗了一生,他在党史学科的建立和发展过程中发挥了不可替代的作用。对他的研究能够进一步引起学界关注此类毕生战斗在文化教育前线并有所建树的历史人物,从而进一步拓宽中共党史人物研究的范围和视野,丰富中共党史人物研究的成果。

从忧国忧民的爱国青年成为无怨无悔的革命志士,再成为享誉海内外的中共党史专家,这是胡华一生的主要轨迹。他是中共党史的亲历者、宣传员、教学者和研究者,他的一生与中共党史学的发展有着不可分割的联系。在近半个世纪的蹉跎岁月中,无论风云变幻、政治动荡,胡华始终坚守在中共党史这片园地上辛勤劳作、默默耕耘,结下了丰硕的果实。从某种程度上说,他对中共党史学几十年如一日的坚守彰显了其人生的主要价值。因此,研究胡华这一历史人物绝不能离开其苦心耕耘的中共党史教学、宣传和研究事业,不能离开其丰富的史学思想。只有对胡华从事中共党史宣传、教学和研究的历程进行系统追述,对他的学术成果进行深入评析,才能客观地评价他在中共党史和中共党史学史上的地位和作用,才能更加全面、深入地认识这一历史人物。

第二,有助于丰富和深化中共党史学史的研究。

中共党史学史是研究中共党史学产生和发展规律的科学,是中共党史学科的重要基础。中共党史学史的研究内容广泛,对史家、史著的研究则是其不可或缺的一部分。胡华是从抗日战争的烽火中历练成长起来的中共党史专家,一生专注于中共党史教学、宣传和研究,勤于著述,硕果累累。他的一些著作和文章,在当时和之后的很长一段时间里,在社会上都有很大的影响。许多人在他的著述的滋养下逐步走入学术殿堂。对他及其著述的研究和评析自然是中共党史学史研究所无法绕开和回避的。1997年,张静如先生曾在纪念胡华逝世10周年的文章中提出这一重要课题,他说:"像对胡华同志这样的在党史界有很大影响的学者,就没有人去分析他的史学思想、史学观点,研究他对中共党史学的贡献,考察他在研究

---

① 龚育之:《关于党史人物研究》,载《炎黄春秋》2004年第6期。

中有何不足或失误……研究了这些问题，对中共党史学的发展大有益处。"① 这一课题虽已提出多年，但至今仍无人完成，着实有一些遗憾和不足。因此，本选题试图解决这一搁置许久的课题，力争完成张静如先生所提出的研究任务，从而在一定程度上丰富中共党史学史的研究。

第三，挖掘胡华的治学方法、精神等，具有现实借鉴意义。

时隔几十年，胡华当年的许多新思想、新观点，已显得陈旧，有些甚至已经与时代脱节，其资政育人的现实价值无疑大打折扣。新中国成立初期人们了解和学习党史的必读著作《中国新民主主义革命史》，现在被贮藏在图书馆的某个角落，恐怕也少有人翻阅、品读。现在提起胡华的名字，知晓的人并不多，甚至从事党史专业的人也不甚了解。但是需要铭记的是，今天的成就都是在前人艰辛开创的基础上取得的，中共党史学的发展离不开胡华等老一辈党史学者的辛勤付出、默默耕耘。而且胡华在几十年的教学和研究实践中形成的治学方法、精神，具有永恒的价值和光辉，值得后人深入挖掘和学习借鉴，并永久流传下去。尤其是在学术风气较为浮躁的今天，学习胡华等老一辈学者的优良品格、作风，现实意义更加突显。

二、研究现状

从广义上来说，对胡华的研究由来已久。早在1950年4月20日，《人民日报》就发表了一篇题为《评〈中国新民主主义革命史〉（初稿）》的文章，该文是评述胡华著述的开篇之作。此后，陆续有学者发表文章评介胡华的学术成果。1987年胡华逝世后，学界和他生前的诸多亲友、同事、学生等为缅怀和纪念他发表了多篇文章，并于1997年胡华逝世10周年之际集结成《胡华纪念文集》一书。2001年和2011年胡华诞辰80、90周年之际，党史学界两次召开座谈会，从不同角度深切缅怀胡华，追思他的革命精神、史学思想和崇高风范，对胡华一生尤其是他在中共党史和中国革命史研究与宣传领域的成就给予了高度评价。此外，在胡华亲属的努力下，2010年、2011年，《胡华诗抄》《胡华画传》《革命史家胡华》

---

① 张静如：《与胡华同志一起去山东讲学》，见陈威、杨凤城主编《长与英烈共魂魄——追思史学家胡华》，中国民主法制出版2011年版，第104页。

《长与英烈共魂魄——追思史学家胡华》等著作相继出版问世。2013年，在国家出版基金项目的资助下，六卷本《胡华文集》得以出版。文集系统地收录了胡华的著作、文章、书信，全面地呈现了胡华的学术思想、人文气质，为人们了解胡华的学术贡献和地位提供了较为完整的文献资料。在《胡华文集》出版座谈会上，陈威先生评价说："所收录的文稿是胡华同志从事马克思主义理论、中国革命史、中共党史的研究和教学近半个世纪科研成果和经验的总结，较为全面地反映了他的治学精神、学术思想和理论贡献，为后人研究、学习和了解中国共产党的光辉历史提供了丰富的素材和资料；同时，作为学术性研究的对象，它也客观反映了中共党史学科形成和发展的一段历史过程……《胡华文集》中收入了许多胡华同志不同时期的专著，这些专著不仅在当时，即使在今天仍具有广泛的必要的宣传学习意义；但一些讲稿、书信、心得文章等内容，或史实材料或理论观点，在今天也许只具进行学科史学术研究的意义，这一点需要学界和读者们给予理解。"现将当前胡华研究的基本状况概述如下。

（一）关于胡华中共党史著述的研究

胡华一生勤学好思、笔耕不辍，撰写了丰厚的党史著作和论文，蕴含了他对中共党史的深刻认识和见解，饱含着丰富的史学思想。因此，对胡华党史著述的介绍和评析是胡华研究的重要组成部分。

1. 对《中国新民主主义革命史》的介绍和研究

《中国新民主主义革命史》是胡华的重要学术成果之一，它是新中国成立后的第一本中国革命史著作，为几代中共党史的教学和研究人员提供了原始的学术滋养，在中共党史学史上占有重要地位，因此，学界对该书的评析较多。

《评〈中国新民主主义革命史〉（初稿）》一文高度评价了《中国新民主主义革命史（初稿）》（以下简称《初稿》）一书，认为该书"与所有地主阶级的、资产阶级的及小资产阶级的作者所写的现代史根本不同，把共产党所领导的人民大革命当作现代史的主流来处理的，这就符合了客观历史的真实"。文章还指出该书从理论上解决了中国共产党如何实现对新民主主义革命的领导问题。此外，文章也提出《初稿》存在有些内容上叙述不够充分以及写作体例上不一致等不足。彭明先生对胡华进行《中国新民主主义革命史》的教学和写作过程进行了回顾，解析了该书的思想、资料来源和实践基础，认为胡华对毛泽东《新民主主义论》的钻研，形成了该书的指导思想。而且，胡华从事中国新民主主义革命史的教学和写作是以对解放区的实际运动的了解和亲自从事工人运动以及对史料的精心搜集为基础的。陈威先生认为，《中国新民主主义革命史》的魅力和价值在于："胡华适时地以毛主席的《新民主主义论》为指导，在占有大量史料的基础上，清晰地梳理了新民主主义革命的历史进程，充分阐述了这种革命的历史必然性和积极成果，并且融入自己参加革命的心得和激情。"戴逸先生为2009年修订出版的《中国新民主主义革命史》作序，详细介绍了新民主主义革命史从课堂讲义到畅销党史书的事实经过，展现了胡华为教学、写作和修订新民主主义革命史所付出的艰辛与努力。从序文中可以发现，《中国新民主主义革命史》能够取得显著影响的主要原因在于：第一，有着对党的领导、对解放区实际斗争的切身感受做基础；第二，重视收集史料；第三，胡华谦虚治学的态度。与上述分析和研究不同，周一平先生则从学术史的角度，对《初稿》给予了高度评价，认为《初稿》是新中国成立以后出版的第一本中国革命史教材，与胡乔木的《中国共产党三十年》一样，都是新中国成立初期极有影响的中国革命史、中共党史著作。此外，他还从史学思想、史学成就和史学方法三个层面对《初稿》进行了深入的剖析。

2. 对《中国历史概要》的介绍和研究

编写《中国历史概要》始自1951年。胡华在介绍该史著的出版背景时说："1951年，中国史学会为了适应国内外广大读者的需求，决定编写一本简明的阐述中国通史的书。郭沫若会长、范文澜副会长召集了十几位中国史研究工作者开会，决定书名为《中国历史概要》，字数为十四五万，书的内容要反映中国史学界多数同志的观点。推定翦伯赞（1898—1968，当时为燕京大学社会学系教授，1952年后任北京大学历史系主任）、邵循正（1909—1973，当时为清华大学历史系主任）和我3人执笔。此后，范文澜同志始终主持了此书的讨论、修改和定稿工作。1952年印出初稿，1954年印出二稿。两稿均曾分送国内史学界同志广泛征求意见。根据收集到的意见，范文澜同志多次召集十几位史学工作者参加此书的讨论和修改。1955年定稿后，由人民出版社于1956年2月出版，此后又重印过几次。同时，由外文出版社翻译成英文、德文、法文出版，由民族出版社翻译成朝鲜文、维吾尔文、哈萨克文出版。这是新中国成立后第一本讲中国通史的读物。"根据分工，胡华负责撰写其中的现代史部分。《中国历史概要》的出版发行，是经中共中央宣传部和对外文化联系委员会批准的，当时在国内外产生了较大的学术影响。新中国成立之初，出版这样一本用马克思主义理论指导的、内容基本正确的、简明扼要的中国通史，是国内外广大读者学习中国历史的客观需要。

学界有人撰文对《中国历史概要》一书进行了分析和研究。蔡美彪先生认为《中国历史概要》一书有几个显著的优点，即：它是第一部时代完整的中国通史；它在每个时代都用一定的篇幅分别地而又联系地对政治、经济、文化等各方面做了说明；虽然它是一部通俗性的书，但它是建立在科学研究的基础上的。同时，他也发现了该书的若干弱点和不足：首先，本书分为古代、近代和现代三个部分，三个部分的配合还不够好；其次，作为一部完整的中国通史，它不只是汉民族的历史，而且还应该包括我国各兄弟民族的历史；最后，本书缺少必要的参考地图和文物插图。王志刚先生则注意到《中国历史概要》编纂时的社会历史背景，他认为，伴随着20世纪50年代初期的思想改造运动和唯物史观的大普及，史学界在探讨中国历史理论问题的过程中，彻底变革了旧的中国历史体系，形成了新的中国历史体系，这些为《中国历史概要》一书的创作奠定了历史唯物主义的基础。基于此，他认为，该书是史学界集思广益的产物，该书的观点代表了当时中国史学界对于中国历史最新的总体认识。此外，他还对该书的叙事方式进行了归纳，认为革命、革命、再革命是其历史叙事的主旋律。曾经担任过翦伯赞学术助手的张传玺先生撰文称："《中国历史概要》在埃及开罗书展成为畅销书证明，至少到此时，也就是从1956年2月初印首发的29年后，这本书的生命力犹如此强劲。"

（二）关于胡华生平的介绍和评价

传记是对人物生平进行系统研究的成果和表现形式。它能够集中呈现人物一生的成长历程，反映人物一生的发展与曲折、成就与不足，为人们全面了解传主提供综合性材料。胡华生前主编《中共党史人物传》期间曾多次谈及编写人物传记的意义、方法，强调要在充分掌握资料的情况下，实事求是地记叙传主的一生，还提出编写人物传要符合"科学性、思想性、鲜明性、生动性"四项具体的要求。

第一篇胡华传记由王顺生先生所写，刊载于1993年出版的《中国人民大学人物传》(第一卷)。该传简略地记述了胡华参加革命、从事党史教学和研究的光辉历程,虽短短几千言,但抓住了胡华跌宕起伏的人生和主要事迹。字里行间流露出作者对胡华的钦佩和敬重。作者给予胡华高度评价,认为他"热爱教育事业,热爱党史、革命史的教学研究工作,学而不厌,诲人不倦,一息尚存,矢志不移"。之后,1997年出版的《中共党史人物传》第61卷载入了胡华传记。曾为这部大型丛书前50卷呕心沥血的主编,在他离世10年后,作为有突出贡献的党史人物被载入史册。这部胡华传记由戴知贤先生撰写,分"抗日救亡,奔赴延安""在战火中锻炼成长""年轻的中国革命史教授""大动乱年代的严峻考验""冲破'禁区',拨乱反正""表彰先烈,教育后代""严谨治学,严教身传""生是奋斗,死是休息"八个部分,较严格地遵循了胡华生前经常倡导的人物传记写作规范和要求。该传记叙了青年以后的胡华的人生,展现了他从一个怀揣抗战救国志向的知识青年走上革命道路,最终历练成为一位享誉世界的党史专家的丰富人生历程,呈现了胡华的光辉业绩和学术贡献,展现了胡华所具有的革命知识分子的共性和独具特色的人物个性。2002年,中央电视台科教频道《人物》栏目摄制播出了电视纪录片《胡华》,以影像形式浓缩地展现了胡华66年的光辉人生轨迹。2011年,为纪念胡华90周年诞辰,当代中国出版社出版了刘涓迅先生编著的《革命史家胡华》。该书40余万字,是目前为止对胡华生平介绍最为详尽的一部文学传记。作者通过整理传主的日记、书信、工作笔记、著作和遗稿以及大量的走访资料,在编写"胡华年谱"的基础上完成传记的撰写。全书翔实地描述并评介了胡华的革命与学术人生,在展示胡华筚路蓝缕的革命历程和学术生涯中,揭示了他的曲折遭遇和人文情怀,素描般刻画出了胡华作为革命史学家的真实形象。

除上述传记之外,胡华逝世后,他生前的许多亲友、同事、学生为缅怀和纪念他,撰文追忆自己与他交往过程中许多鲜为人知的往事,从不同细节、不同侧面和角度反映胡华的崇高精神和优良品格,并讲述了自己对胡华的认识和评价。例如,刘经宇先生回忆了在华北联合大学读书期间胡华对他学习上的指导和帮助,认为"胡华善于教学,长于著述,严于培养师资和研究人才,为党的历史和理论教育事业作出了重大贡献"。陈威先生从读书、史料收集和研究工作三个方面总结了胡华在指导、培养研究生上的方法和经验。陈志凌先生记叙《中共党史人物传》的编写经过以及主编胡华所付出的辛勤的努力,认为"胡华枵腹为公、勤奋不懈的治学精神,是党史界的楷模"。郭洛夫先生讲述自己从事《中共党史人物传》的编辑过程中与胡华的一些交往和切身感受,用"尽职尽责的丛书主编""生命不息工作不止的老党员""关心小编辑的大学者"三个标题高度概括了胡华的鲜明人物形象。姜华宣先生结合自己和胡华的交往经历,总结了胡华的学者风范和学术贡献,即"为业爱党史,逆境意更坚""创十年辉煌,铸学者风范""主编人物传,党史谱新篇"。戴逸先生追忆自己与胡华朝夕相处的往事点滴,对胡华给予高度的评价,认为"他是一位宽容、和蔼、爱护青年的导师,是一位怀抱理想、渴望工作、坚持原则、内柔外刚的革命者,是一位才华焕发、知识渊博,做出了重要贡献的党史专家"。清庆瑞先生也结合胡华对他研究的指导和帮助表达自己对胡华的钦佩之情,认为"胡华治学的严谨、勤奋,对名利的淡泊,生活的简朴,给他留下了难忘的印象,树立了一个极好的学习榜样"。胡安先生忆述了胡华在"文化大革命"的逆境中,铁骨铮铮,不被困难压倒,坚持党性、坚持实事求是的高贵品质。张腾霄先生总结指出,胡华同志最大的优点,就是为人正直。遇到一些恶性的事,他总是仗义执言,从不随声附和;对于一些犯了错误的同志,他从不落井下石以让自己得到些好处。王中杰先生亦对胡华给予高度评价,认为"胡华在长期的革命和学术活动中,处处表现出共产党员的光明磊落、作风正派、平易近人的优秀品质"。此外,还有其他一些回忆和纪念文章,在此不一一赘述。

(三)关于胡华的治史态度、方法及精神的分析和研究

作为一个史学家,其治史的态度、方法和精神从根本上决定了他的学术成就。在这三个方面,胡华堪当党史学界的典范和榜样。很多学者也对胡华的治学态度、方法和精神予以总结和评判。

王淇简要叙述了"文化大革命"发生后胡华从事党史工作的基本情况,认为胡华"具有实事求是、拨乱反正和秉笔直书写党史的精神"。戴鹿鸣认为:"胡华严谨治学、奋笔写史、刚正不屈、秉笔直书。他实事求是、尊重事实,十分重视历史资料的收集和整理。"黄高谦和方孔木回顾了胡华在中国革命博物馆工作期间对中共党史陈列修改的指导工作,认为胡华研究历史的最大特点是"不只是注重理论,而且很重视搞清具体的历史事件和历史人物的细枝末节"。金戈认为,"胡华老师给他印象最深

的是'妙手著文章'的治学精神；是'业精于勤'的勤勉和刻苦；是史论结合，注重调查研究，理论联系实际，实事求是的严谨学风"。卢家骥剖析胡华的治史经历，总结了胡华治史的鲜明特点，即"崇尚史实，言必有据；注意发挥史的社会功能，以古鉴今，总结革命和建设的历史经验；重视国外对中共党史的研究和国际学术交流"。魏宏运概括总结了胡华写作和演讲的重要方法："第一，他重视文献的钻研，又强调社会的调查，将两者有机地结合起来，使自己的著作和演说扎实，有说服力。第二，他钻研学问、探求真知、考察历史细节的方法是很突出的，将已成为静态的历史，描绘成为动态的历史。第三，一个学者的成功，良师益友是不可缺少的条件。"高放从史料、史观和史德三个维度对胡华进行深刻的剖析和解读，认为胡华具有"刻意求索真实史料、注重坚持正确史观、努力恪守崇高史德"这三个鲜明的治史特点，并揭示这些鲜明特点和优点的具体原因：一是在长期革命实践、教学和研究实践中逐步形成的，二是向革命先辈、史学先驱学习得来的，三是继承了中国史学的优良传统。

综上所述，对胡华的研究已取得不少成果，尤其是《革命史家胡华》的出版，全景式地呈现了胡华的人生全貌和学术成就，为进一步探究胡华的精神世界以及他在中共党史学发展过程中的地位和作用奠定了良好的基础。但总体上看，现有的成果大多为纪念和缅怀他而创作，侧重介绍胡华的生平、事迹，忆述胡华从事党史教学和研究事业的某一片段，尚缺乏对胡华史学思想的系统介绍和评述。由此，本选题的研究具有一定的学术价值和现实意义。

三、难点及创新

本选题的难点主要在于：
（1）胡华的学术遗产较多，内容丰富而精深，如何分门别类地进行分析和研究，既要形成体系，又要避免出现内容上的相互交叉，是首先要解决的一大难点。
（2）胡华的学术遗产和思想中，有些至今仍散发着真理的光辉，具有超时空的价值，有些则明显地带有历史的陈迹和局限性，如何在阐释其史学精华的同时，区分并解剖其中不合时宜、带有时代局限性的部分，无疑是又一难点。

（3）胡华是中共党史学史上的一位重要人物，对他及其著述的研究无法脱离中共党史学发展的整体背景。如何在中共党史学的动态发展中客观地呈现胡华的学术贡献，廓清其在中共党史学史上的学术地位，也是难点所在。

本书的创新之处主要有：

（1）从学术史角度系统梳理胡华的研究历程和思想轨迹，全面展现他的学术成就和贡献，并客观分析他在学术研究中的不足和缺陷，力求全面、客观，从而改变当前纪念性研究和零碎化研究的现状。通过加强对党史研究者自身的研究，进一步拓宽党史人物研究的范围和视野，丰富中共党史学史的研究成果。

（2）结合社会变迁和中共党史学的总体发展状况，对胡华的学术研究历程进行科学的阶段划分，并总结和概括胡华在每一阶段学术研究的基本取向及其影响因子。根据胡华党史著述的表现形式和研究内容的不同进行合理分类，分别加以评述，并注意胡华对其自身学术研究的自我扬弃和发展。

（3）纵观胡华党史研究的基本历程和取得的学术成就，总结概括其治史精神和风格，实事求是地评价他对中共党史学发展的历史贡献，厘清他在中共党史学史上的地位。

（4）经胡华亲属的允许，笔者有幸查阅了藏于中国人民大学档案馆的有关胡华的档案资料，获得不少有价值的第一手资料。

四、研究方法

（1）文本研究方法。通过对胡华的中共党史著述进行认真的研读，提炼和归纳出其中蕴含的学术思想和理论价值。

（2）历史分析方法。将人物还原到具体的历史场景之中，结合当时的学术环境分析胡华有何学术创新，做出怎样的贡献，又有怎样的历史局限性。既不故意拔高，也不刻意贬低，遵守实事求是的原则，给予胡华这一历史人物以客观的分析和评价。

（3）比较研究方法。人的思想和认识并非一成不变的，往往随着自身实践的丰富、知识的扩充和方法的改进而得以发展。通过对胡华学术思想的纵向比较，能更深入地展现其思想认识的自我升华和发展轨迹。另外，对党史上同一历史现象和过程，不同学者又有不同的认识，因此，通过与其他学者研究成果的横向比较，展现胡华的治学特点和风格，更能清晰地揭示其在中共党史学史上的地位。

第一章 胡华的中共党史研究历程

胡华是"我国著名的马克思主义历史学家和教育家,中国革命史和中共党史学科的奠基人和开拓者之一"①。中共党史教学和研究是胡华一生锲而不舍、执着追求的光辉事业,也是他服务人民、报效国家的主要方式。在中共党史教学和研究领域,胡华实现了个人价值和社会价值的高度统一。

抗日战争全面爆发后,中华民族危机的日益加重激发起中国人民的爱国热情,但凡不愿做亡国奴的国人都立志抵抗外贼、为国尽忠。抗战救国成为当时中华民族和中国人民的时代主旋律和核心价值。年轻的胡华怀揣献身革命、热血报国的崇高理想,毅然决然地离开家乡奉化,历经艰险、排除万难奔赴革命圣地——延安,入读陕北公学,从此义无反顾地踏上艰辛的革命道路。由于当时革命的客观需要和自身的浓厚兴趣,他很快开始了中共党史的教学和研究工作,开启了新的人生轨迹。新中国成立后,他毫不动摇地坚守着自己的事业,不遗余力地书写和宣扬波澜壮阔的中国革命史。随着政治运动的不断袭来,人们的宝贵时光被占用和耗费,正常的学术探讨和争鸣逐渐被政治批判和斗争所取代,科学的中共党史研究举步维艰。尤其是"文化大革命"时期,中共党史被林彪、"四人帮"集团篡改得一塌糊涂,成为他们打击他人、抬高自己的工具。许多不屈服于林彪、"四人帮"集团的正直学者被架上"资产阶级反动学术权威"的枷锁,遭到残酷的迫害,胡华亦无法幸免,其党史研究难以为继。"文化大革命"结束后,各行各业开始拨乱反正、正本清源,党史研究也亟须恢复实事求是的科学态度,重现历史原貌。胡华率先解放思想、大胆突破,成为中共党史学界拨乱反正的急先锋,与此同时,他也迎来了自己学术创

---

① 张凤娜:《胡华教授诞辰 90 周年纪念座谈会召开 刘延东致信缅怀》,载《中国社会科学报》2011 年 12 月 21 日。

作的"春天",为纠正中共党史研究领域"左"的倾向和重新恢复中共党史原貌做了不懈的努力,贡献了大量的学术成果。

总之,在近半个世纪的风雨岁月里,由于社会变迁和政治动荡的影响,胡华历尽坎坷与艰辛,但他始终在中共党史这片园地上辛勤开拓、苦心经营,结下了累累硕果,成为享誉海内外的中共党史专家。

第一节 起步:在革命的洪流中踏上中共党史研究的人生新路

胡华,原名胡家骅,1921年12月16日出生于浙江省奉化县(今奉化区)一个职员家庭。父亲胡明伦正直守身,喜爱读书,擅长诗书画。母亲钟惠梅勤劳善良,节俭且乐于助人。1927年,胡华进入奉化县北街村北山庙岫云小学读书。1934年秋,胡华入读奉化县立初级中学。由于他学习刻苦勤奋、成绩出众,前两年每学期都获得学校颁发的"品学兼优"奖状。不过,从当时的思想政治状况来说,他尚处于蒙昧的阶段。对此,胡华曾回忆说:"惟从我家境贫苦的小资产阶级的阶级本能出发,对国民党豪富朱守梅(鹤年)、俞阿成(俞济时和俞济民之父)等抱有恶感;对腐败的国民党当局统治下的黑暗社会深为不满;对觊觎中国国土而疯狂入侵的帝国主义更为憎恶和痛恨,但还称不上有革命的觉悟。"[①] 这种朴素的阶级意识为胡华日后走上革命道路奠定了初步的思想基础。1935年"一二·九"学生爱国运动爆发后,抗日救国的巨浪席卷中国大地,激荡着每一个中国人的心灵。祖国危亡的命运促使少年胡华开始关注国家大事、关心政治。他经常阅读《申报》《大公报》《申报周刊》、邹韬奋主编的《大众生活》、生活书店出版的《青年自学丛书》和鲁迅著作,以及苏联的文艺作品,受到这些进步作品的影响,那时的胡华"除有抗日思想外,也萌发了反对国民党蒋介石、追求革命的心理"[②]。由此,在内心深处播下了革命救国的种子。

---

① 胡华:《从奉化中学求学到走向革命》,见《胡华文集》,中国人民大学出版社1997年版,第307页。
② 胡华:《从奉化中学求学到走向革命》,见《胡华文集》,中国人民大学出版社1997年版,第308页。

1937年夏初中毕业后，胡华因家境清贫报考位于慈溪县（今慈溪市）的浙江省立杭州师范学校的公费生，被录取入学。但不久由于战事影响，学校外迁，他被迫肄业返回家乡。在全国抗日救亡浪潮的推动下，胡华和张正通、胡重华等进步青年共同发起组织"醒民剧社"抗日宣传队，他具体负责文字宣传工作。1937年9月至1938年5月，"醒民剧社"以演剧、歌咏等形式到农村进行抗日救亡宣传活动，演出《放下你的鞭子》《募寒衣》《朝鲜亡国恨》等抗日救亡话剧，演唱《义勇军进行曲》《打回老家去》《热血》等抗日救亡歌曲，张贴抗日救亡标语，编写抗日救亡墙报，还铅印出版9期当时奉化唯一的抗日救亡刊物——《醒民刊》，开展了大量的抗日救亡宣传活动。期间，胡华经人介绍与中共浙东地下党组织的负责人竺良牧结识，开始与中国共产党发生联系。在地下党同志的帮助和指引下，胡华如饥似渴地阅读《解放杂志》《西行漫记》《大众哲学》《毛泽东抗战言论集》《救国时报》等书刊，开始受到马克思主义的教育和革命思想的熏陶，萌发了对延安的向往和革命的追求，并"开始对党的历史发生了浓厚的兴趣"[①]。

抗日战争全面爆发后，由于中国共产党坚持抗战，积极倡导全民族抗战，组织抗日民族统一战线，一时间"天下人心归延安"，广大热血青年纷纷从祖国四面八方冲破重重阻拦，涌向延安和陕甘宁边区，投身抗战和革命。1938年4月，胡华受浙东临时特委指示，组织爱国青年去陕北公学和中国人民抗日军事政治大学等校学习。他欣然接受党组织交付的任务，积极联络和组织奔赴陕北的爱国青年。5月初，胡华组织安排几位向往延安又思想坚定的爱国青年一同赴陕，但他自己因路费问题未能同行。此后，在奉化地下党同志的指导下，他和几个校友创办了适用于宣传中国共产党抗日主张和抗战近况的通俗小报——《战时大众报》。《战时大众报》用奉化方言讲述抗战形势和中国必胜的道理，并报道各地的抗战消息，成为当地很受欢迎的一份报纸。几十年后胡华追忆此事："我和严圣荪、方宗慧、陈天健等同学，凑拢几元钱，用奉化方言编写这个小报，每三日刊出，开始自行刻写油印，招些失学失业儿童到四乡去卖，每份三枚铜板。这种小报，粗通文字的人就能看懂，很受大家欢迎，所以一发下去

---

① 胡华：《热爱党史，坚持阵地》，见《浙江日报》编辑部主编《学人谈治学》，浙江人民出版社1982年版，第359页。

就被抢购一空。办了几期，有了盈余，就改为铅印，由大桥镇九芳斋印刷厂承印，销售数扩大到五百份，为当时国民党官办的《奉化新闻》报从未达到的数字。我从主编、校对到发行以至会计，什么都管，忙得不亦乐乎。"胡华曾把每期小报寄一份给延安的毛泽东。1938年7月间，他们收到毛泽东的一封亲笔信，信中写道："战时大众报执事先生：收到贵报。你们用通俗的文字，向人民大众进行抗日救亡的宣传，这一工作很好。希望报纸由宣传工作，进而起到组织群众的作用。"① 虽寥寥数语，但可看出毛泽东对胡华等人办报的工作给予了充分的肯定和赞扬，并指明了今后的工作方向，使胡华等人受到莫大的鼓舞和鞭策。不久，报纸因国民党政府的无理干涉被迫停刊，胡华遂按照毛泽东的指示，从事实际的群众动员工作。

1938年10月5日，年仅17岁的胡华和奉化中学校友张岱相约，排除万难，共赴陕北。他们携带中共奉化县委的介绍信抵达长沙，在八路军、新四军办事处考取陕北公学入学资格。10月12日，他们由长沙出发，乘轮船过洞庭湖到达武汉。在汉口八路军办事处的安排下，胡华一行40个青年男女组成"新四军战地服务团"，在一位老红军的带领下，历经艰险，跋山涉水，于11月7日辗转抵达陕甘宁边区，进入陕北公学学习。此后，胡华先后在陕北公学普通班和高级研究班学习，曾经聆听了毛泽东、周恩来、刘少奇、张闻天等中共中央领导人做的报告，受到莫大的教益。1939年2月26日，刚满18周岁的胡华经曾毅民、潘任劳介绍加入中国共产党，成为一名坚定的革命者。在陕北公学学习的半年多时间里，胡华勤学苦读，不仅按照课程安排学习了《论持久战》等光辉著作和有关中国革命的一系列理论，而且挤时间自学，通读《列宁文集》，还有《马克思恩格斯选集》和《斯大林选集》中的许多文章。他后来回忆说："当时不少东西都看不懂，也还是硬读，那真叫生吞活剥。不过，马克思主义理论的基础，我还是那时开始打下的。"② 通过系统学习马克思主义哲学、政治经济学、科学社会主义和中国革命运动史，胡华初步掌握了马克思主

---

① 胡华：《从奉化中学求学到走向革命》，见《胡华文集》，中国人民大学出版社1997年版，第313页。

② 朴逸：《让青年一代懂得党的历史——访胡华同志》，载《学理论》1982年第8期。

义的科学真理以及中国革命历史，其中他对中国革命运动史最感兴趣。①

1939年6月，根据抗日战争形势发展的需要，中共中央决定将陕北公学、鲁迅艺术学院、延安工人学校与安吴堡青年训练班合并成立华北联合大学，该校迁至晋察冀敌后抗日根据地办学。7月13日，胡华提前从陕北公学毕业，随华北联合大学师生艰难行军、长途跋涉，赶赴目的地——中共中央北方分局和晋察冀军区所在地阜平县城南庄。在3000里的长途行军中，翻山越岭、跑步前进是经常的事。为了减轻负担、轻装前行，许多人都忍痛扔掉了一些书籍。但胡华宁可扔掉衣物，也不舍得丢弃一本书，即使是通过同蒲铁路敌人封锁线时的百余里急行军，也坚持背着自己从延安带出来的书籍。不久，他作为"马列主义理论队伍中的新生力量"②，加入华北联合大学政治理论研究室的中国问题研究小组，开始了初步的研究工作。1940年4月，党组织决定让胡华到社会科学部和工人部担任"中国近代革命运动史"课程的教员。当时著名的历史学家何干之将自己从延安运来的有关中国历史和中国革命史的书籍赠予胡华。校长成仿吾也将《中国问题提纲》和《中国苏维埃运动史提纲》二书送给胡华。自此，在成仿吾、江隆基、何干之等前辈的鼓励和指导下，凭借着这些资料，19岁的胡华登上华北联合大学的三尺讲台，开始他教书育人的第一课。在此后的几年间，胡华先后在华北联合大学的社会科学院、法政学院和教育学院任教，讲授"中国革命基本问题""中国通史"等课程，并兼做一些行政和党务工作。胡华一边参加抗日斗争实践，一边在艰难困苦的环境中从事教学和研究，利用有限的条件博览史籍，并开始尝试用马克思主义观点分析革命形势和斗争实践。1941年年初，国民党军队发动震惊中外的"皖南事变"，掀起了第二次"反共高潮"。为痛斥国民党的这一卑劣行径，晋察冀军区《抗战月刊》约请当时华北联合大学的教务长兼社会科学部部长江隆基撰写一篇名为《论中国大资产阶级的反动性》的文章。由于行政工作繁忙，江隆基遂将这一任务托付给胡华。文章完稿后经江隆基修改，以胡华当时的笔名华维清署名，刊载于《抗

---

① 胡华：《热爱党史，坚持阵地》，见《浙江日报》编辑部主编《学人谈治学》，浙江人民出版社1982年版，第359页。

② 苗高生：《华北联合大学慢忆——兼怀江隆基同志》，见刘葆观主编《血与火的洗礼（上卷）——从陕北公学到华北大学回忆录（1937—1949）》，中国人民大学出版社2007年版，第166页。

战月刊》第3期。① 这是胡华公开发表的第一篇关于中国革命的理论文章。

1945年8月抗日战争胜利后,胡华受党组织的派遣到张家口从事工人运动工作,并先后被选为市总工会执行委员和宣传部部长。他和张家口市总工会其他同志一起指导和组织了张家口工人的130多次反奸清算斗争和生产竞赛运动,并在工人中发展党的组织。为歌颂工人运动的伟大成就、总结和宣传工人运动的成功经验,胡华查考许多文献资料,并走访一些老工人、工运指导者,在当时公开出版的《北方文化》《群众》等杂志和《晋察冀日报》上发表《领导城市工人斗争的经验》《张家口工人组织和斗争的主要经验》《新的工资制度和工人生活》《张市失业职工怎样被解救》《英勇斗争的二十五年——中共诞生后张垣工人阶级的英勇斗争》《张市的劳资合作和民族工业的发展》《中国工人斗争史页——京绥路张家口工人斗争史迹纪实》《人民解放的伟大时代——工人运动在新时期的新高潮》等多篇文章,"最早把中共北方党组织领导的京绥铁路和张家口工人运动历史写成专文公之于世"②。尤其是《中国工人斗争史页——京绥路张家口工人斗争史迹纪实》一文,较为详尽地叙述了1921年到1946年期间,在中国共产党的领导下,张家口市工人阶级为争取民主、自由而不屈不挠、坚持斗争的光辉历程,为进一步研究地方工人运动史提供了重要的史料基础。对张家口这一曾经战斗和生活过的地方,胡华有着浓厚的情谊。改革开放后,他还时常关注张家口市的经济建设和社会发展,曾致信当时的国家领导人杨尚昆,陈述张家口的历史、现状、改革开放后的成绩和困难,建议中央给予开放的放宽政策,并得到杨尚昆和谷牧同志的批示。③

1946年10月,由于国民党军队占领张家口,胡华奉命重返华北联合大学,任教育学院党总支副书记、史地系副主任,主抓历史教学和研究工作。1947年2月,他总结几年来的教学经验和体会,在《联大生活》第

---

① 苗高生:《华北联合大学慢忆——兼怀江隆基同志》,见刘葆观主编《血与火的洗礼(上卷)——从陕北公学到华北大学回忆录(1937—1949)》,中国人民大学出版社2007年版,第167页。
② 刘健生:《史学家胡华教授的山城情结》,载《乡音》2010年第6期。
③ 刘健生:《胡华教授与张家口的乡情》,见《胡华纪念文集》,中国人民大学出版社1997年版,第88页。

2期上发表《略谈近代史教学》一文，阐明学习中国近代史的重要性和讲授中国近代史的具体方法，为革命战争环境中开展干部教育提供了一定的参考。为给干部提供时事学习的参考材料，胡华又带领近代史研究小组的彭明、邓毅等人编写《日本投降以来中国政局史话》一书，简略地叙述了日本投降后到1947年蒋介石"改组政府"这一年多时间里，中国发生的主要政治事变和政治形势变化，深刻地揭露了蒋介石撕毁停战协定，发动内战，陷广大人民于水深火热之中的图谋。此外，他自己还挤时间编写了《日本投降以来美帝国主义侵华史略》一书，该书讲述自日本投降以来美国对中国的军事、政治、经济侵略的客观事实，痛斥美国企图把中国变成其殖民地的阴谋，表达美蒋必败、人民必胜的坚定信心。

1948年春，由于解放战争节节胜利，党中央决定由新成立的华北局筹建华北大学，为解放全中国培养干部。5月，按党中央决策部署，华北联合大学和北方大学合并为华北大学，共设政治学院、教育学院、文艺学院、研究部、工学院和农学院。中共中央任命吴玉章担任校长，范文澜、成仿吾为副校长，钱俊瑞为教务长。政治学院主要开设马列主义基本理念、中国新民主主义革命运动史、中国共产党介绍、政策等四类课程，胡华被任命为中共党史教学组组长。① 为满足学生学习的需要，胡华一边讲课，一边在吴玉章、成仿吾、钱俊瑞等前辈的指导下，着手编写中国革命史教材。《中国近代革命史讲话》正是胡华在讲授和研究中国新民主主义革命史的基础上撰写的一部著作，奠定了新中国成立后具有巨大影响的《中国新民主主义革命史（初稿）》的蓝本。彭明曾回忆当时胡华写作时的艰苦情景："没有电灯，也没有煤油灯。只有一只漆黑的小铁碗盛着为数不多的菜籽油；几支灯芯草轮流地燃起一缕缕摇曳不定的灯光。灯光下，一位不满27岁的青年正在用一支蘸水的钢笔（还需不时地更换笔尖）奋笔疾书。时值三伏天，他还需不时地抽出一只手来拍打叮在腿上的蚊蝇。"② 新中国成立前夕，为介绍苏联的社会主义建设成就、宣扬中

---

① 高峻：《严谨治学 勇于创新——深切怀念中共党史专家胡华教授》，载《福建党史月刊》1988年第4期。
② 彭明：《科学研究的艰苦岁月——〈中国新民主主义革命史（初稿）〉是怎样写成的》，见《胡华纪念文集》，中国人民大学出版社1997年版，第187页。

苏兄弟般的友谊，天津联合出版社编辑出版《中苏问题讲话》①一书，胡华撰写了其中大部分内容，用问答的形式简要说明了苏联的建国历程、国家性质和经济建设成就，以及如何认识《中苏友好同盟条约》及其他相关协定。

大致来说，从1940年4月首登华北联合大学讲台到新中国成立，是青年胡华开始涉足中共党史教学和研究的起步阶段。这一阶段，胡华一边坚持革命斗争，一边坚持学习、教学和研究，实现了理论和实践相结合，为日后打下了坚实的基础。通过对这一阶段胡华中共党史研究历程的基本考察，结合中共党史学的发展动态，可以发现：

第一，胡华在革命的洪流中走上中共党史教学和研究的道路，主要出于当时革命斗争的需要和自身的兴趣选择。在抗日战争期间，为培养各条战线上的骨干和领导，延安创办了不少干部学校，如中国人民抗日军事政治大学、陕北公学等。当时各学校都十分注重学员的政治理论和革命历史教育，培养学员的无产阶级思想和革命意识，因而急需相关的理论课和历史课教师。这在客观上为胡华踏上党史研究和教学的道路提供了历史契机。另外，胡华在投身革命、奔赴延安之前就已经对党的革命历史产生浓厚的兴趣，并始终未改。再加上何干之、成仿吾等革命前辈的引导、鼓励和帮助，胡华开启了中共党史教学和研究的人生新航向。

第二，这一阶段，胡华经过系统的学习，初步掌握了马克思主义的基本理论和中国革命历史，并在教学和研究实践中进一步深化和提高了认识，开始自觉运用马克思主义原理观察分析中国革命形势和斗争实践。另外，参加抗日斗争、工人运动、土地改革等革命实践的切身体验，不仅磨炼了胡华的革命意志，激发了他对日本帝国主义和阶级敌人的痛恨，增强了对无产阶级革命的感情，也充实了他对新民主主义革命的直观认识，使他对新民主主义革命史的感悟更深、理解更透。这些为他研究新民主主义革命史和中共党史奠定了重要的基础。

第三，在革命战争年代，从事党史研究的大多是党内的理论家或从事宣传教育的工作者，党史研究是党的工作的重要部分。而且，党史研究主要是为直接的现实革命斗争服务的，其主要目的和任务是揭露革命对象的

---

① 该书共分三讲，第一、二讲由胡华所写，分别为"苏联是怎样的一个国家"和"怎样认识《中苏友好同盟条约》及其他有关协定"，第三讲由廖盖隆所写，为"中苏关系简史"。

反动本质和罪恶，揭示中国革命的深刻道理和人民民主革命的正义性，宣传中国共产党的理论、方针、政策，抵制错误倾向，从而教育中共党员和广大人民群众。总体而言，这一时期，中共党史研究的学术性服从于政治性，具有浓厚的意识形态色彩。胡华在这一阶段亦不例外，他自觉地将自己的教学和研究与现实斗争融合起来，侧重叙述革命进程，分析革命形势，宣传革命道理，其教学和研究通俗性、宣传性、战斗性较强，但思想性不够深刻，学术味不浓。

第四，在战火纷飞的革命年代从事中共党史研究实属不易。一方面，险恶的战争环境使得研究资料的搜集异常困难，难以获得充足的史料，其他的物质条件也相当匮乏。另一方面，从事工人运动、参加土地改革等斗争实践占据了胡华大量时间，使得他难以有充足的精力从事学术研究工作。相对而言，胡华是从高校中成长起来的首批中共党史学者之一，除参加一些斗争实践之外，他的主业仍是学习、讲授和研究中共党史，这是他能够迅速成长为一位中共党史专家的重要因素之一。

第二节 发展：在社会主义建设的艰辛探索中书写和宣扬革命功绩

新中国成立后，亿万群众欢呼雀跃、热情高涨，积极投身到轰轰烈烈的国家建设之中，在昔日的"地狱"上建设人间"天堂"，各行各业呈现出朝气蓬勃的生机和活力。胡华亦坚守着自己的工作岗位，以笔和口投身于中国新民主主义革命史的书写和宣传事业，在自己的专业领域上苦心耕耘、挥洒青春、施展才华。

解放战争即将结束之际，毛泽东等中共中央领导人就在思索和决断新中国的外交战略，最终审时度势，在两大阵营的激烈对抗中采取了"一边倒"的外交方针，做出了符合中国实际和根本利益的正确选择。随着中苏关系急剧升温，加上确立马克思主义在意识形态领域主导地位的需要，国内歌颂列宁、斯大林和中苏关系的文章非常多。应当时人民日报社社长兼总编辑邓拓的邀约，胡华于1950年2月7日和1951年1月21日在《人民日报》上陆续发表《学习斯大林关于中国革命的学说》和《学习列宁关于中国革命的学说》两文，系统地介绍了斯大林、列宁关于中国革命的理论、策略及其对中国革命的指导作用，为当时人们学习列宁、斯大林思想提供了参考和辅助。1950年2月14日《中苏友好同盟互助条约》签订后，胡华在《人民日报》和《教学与研究》杂志上又陆续发表《从"中苏友好同盟条约"到"中苏友好同盟互助条约"》《关于移交中国长春铁路》《关于旅顺口及大连的新协定》《关于苏联贷款给中国》《关于确认和保证蒙古人民共和国的独立地位》《中苏盟约——斯大林毛泽东思想的伟大胜利》《苏联——最早和中国订立平等条约的国家》《介绍〈斯大林全集〉第九卷论中国革命部分》等一系列文章，热情歌颂中苏间亲如兄弟般的友谊以及苏联对中国革命和建设的大力支持、帮助。朝鲜战争爆发后，胡华在《人民日报》上发表《美帝在走着日寇侵华的老路》一文，论述"美帝不过是一只纸老虎"，理性分析美国必败的结局和原因，号召中国人民为"从美帝手中解放台湾及其他领土而斗争"①。这些文章的写作和发表具有较强的现实意义，迎合了当时政治宣传和现实斗争的客观需求。

为给全国人民了解、学习中国新民主主义革命史提供素材，胡华以其在华北大学工作期间编写的《中国近代革命史讲话》为蓝本，修改补充写成《中国新民主主义革命史（初稿）》一书。书稿经时任中宣部常务副部长胡乔木、中共中央宣传部教材编写组组长胡绳、中央出版总署编审局局长叶蠖生等领导审阅后，于1950年3月由北京新华书店出版。作为当时少有的中共党史专家和学者之一，胡华应邀到北京大学、清华大学等许多院校、单位讲授新民主主义革命史。当时的许多听众都感到异常惊讶，原来声名远扬的中共党史专家胡华竟是一位20多岁的青年。1950年4月1日和15日，胡华还应邀在北京人民广播电台主办的"新民主主义论"广播学习讲座上，播讲《谁领导了"五四运动"和第一次大革命》《谁领导了抗战，谁发动了内战》等学术讲座，深刻论证中国共产党在五四运动、大革命和抗日战争中发挥的领导作用，有力驳斥了当时社会中存在的一些错误论调。1950年4月20日，政协全国委员会推定王昆仑、章乃器、邢西萍、沈志远、郭则沉、于振瀛、于光远、胡华、王惠德9人组织学习座谈会干事会。②胡华等人遂在周恩来、李维汉的领导下，组织、指

---

① 胡华：《美帝在走着日寇侵华的老路》，载《人民日报》1950年11月3日。
② 政协全委会研究室编：《中国人民政治协商会议全国委员会大事记》，中国文史出版社1988年版，第13页。

导有关人士进行理论学习。胡华在学习报告会上做过《关于新民主主义革命史学习》《关于社会发展史学习的解答和启发报告》等专题辅导。为帮助人们研究中国新民主主义革命史，解决找资料的难题，胡华与戴逸、彦奇以在撰写《中国新民主主义革命史（初稿）》中所搜集的资料为主，于 1951 年共同编辑出版《中国新民主主义革命史参考资料》一书。① 该书与《中国新民主主义革命史（初稿）》一样影响广泛，成为当时全国干部、青年和高校学生学习和了解中共党史和中国新民主主义革命史的基本资料书。1951 年，中国史学会决定由翦伯赞、邵循正和胡华合作编写一本简明的中国通史——《中国历史概要》，胡华负责撰写现代史部分。《中国历史概要》以 10 万字概括 4000 年中国历史，简要地叙述了中国社会发展的基本轮廓，成为"第一部完整记述中国古代、近代和现代历史的通史著作"②。此外，当时高等教育部决定在全国高等院校开设中国现代革命史课程，作为新中国大学生的政治理论必修课之一。因此，讲授中国革命史的教师急缺。为满足师资需要，以华北大学为基础的中国人民大学成立后，设置了中国革命史教研室；为承担起为各高等院校培养中国革命史教学力量的任务，编写教材的工作也随之提上日程。1953 年，胡华开始执笔编写《中国革命史讲义》，并将其作为全国高等院校的文科教材，于 1959 年正式出版。

从 1950 年开始，胡华结合自身多年的教学和研究实践，陆续撰写了《怎样教学革命历史》《怎样学习中国新民主主义革命史》《关于中国新民主主义革命史的学习方法》《怎样讲授中国新民主主义革命史》《谈谈研究生怎样写毕业论文》《关于党史课的教学与研究的几个问题》《关于研究和编写历史的几个问题》等多篇理论文章，总结出学习、讲授、研究中国新民主主义革命史和中共党史的经验和方法，同时在一些文章中开始探讨和思索中共党史学的基本理论问题。尤其是《怎样讲授中国新民主主义革命史》一文，不仅论述了讲授中国新民主主义革命史的基本目的，还提出几项重要的原则，即"必须把中国新民主主义革命史和世界现代史紧密地联系起来"，"具体地揭示出中国革命的经济基础和中国社会的

---

① 《中国新民主主义革命史参考资料》一书发行了几十万册，所给稿费亦较丰厚。当时正值抗美援朝，胡华遂提议将所得全部稿费捐献给志愿军，他们的爱国情操可见一斑。
② 王志刚：《重温〈中国历史概要〉的革命化历史叙事》，载《学术研究》2009 年第 1 期。

发展规律","揭示出政治斗争（阶级斗争和民族斗争）的规律和中国社会各阶级的动态","贯彻爱国主义的教育，把爱国主义的教育和阶级教育、国际主义教育结合起来"。① 此外，在社会主义建设初步探索时期，胡华还就一些重要的理论问题进行了深入的探究，公开发表《中国革命的性质问题》《关于"统一战线中独立自主原则"的几个问题》《关于国民经济恢复时期的社会主要矛盾问题》《试述陈独秀右倾机会主义思想的发展》等多篇学术文章。

胡华在中共党史、中国新民主主义革命史教学和研究上的努力和取得的成绩是有目共睹的，得到学界的充分肯定和认可。1950 年和 1956 年，胡华先后被评为副教授、教授，并先后担任中国人民大学中国革命史教研室副主任、中共党史教研室主任，中国科学院中国近代史研究所学术委员会委员、中国史学会中国现代史组副组长、北京史学会理事等重要学术职务。勤学深思的胡华在党史教学和研究的路途上大步流星，迎来了更为广阔的发展空间。

总体而言，从新中国成立到"文化大革命"发生前的 17 年间，国家各项事业在艰辛探索中曲折前进，中共党史研究逐步展开、渐趋成型。这一时期也是胡华个人党史教学和研究事业的一个重要发展期。从胡华的教学和研究实践，可以看出：

首先，新中国成立后，和平环境的到来和各项物质条件的逐步改善、全国学习中国革命史高潮的形成、中共党史文献和相关史料的汇编和出版、中国革命史课程在高等学校的广泛开设，为中共党史学的发展创造了良好机遇，也为胡华等中共党史学者提供了成长和发展的巨大空间。在这一阶段，胡华除参加政治运动外得以心无旁骛地宣传、教学和研究中国新民主主义革命史。他勤奋著述，编著和撰写了不少党史著作和文章，尤其是《中国新民主主义革命史》《中国革命史讲义》《中国历史概要》三本著作，影响广泛、深远，提升了胡华的社会知晓度和影响力，初步奠定了胡华在中共党史学史中的地位。

其次，"中国共产党成为执政党以后，需要向全国人民群众进行'没有共产党就没有新中国'的教育，进行中国革命的历史和理论的教育，人民群众也渴望了解中国共产党、中国革命。这决定了当时党史研究的宣

---

① 胡华：《怎样讲授中国新民主主义革命史》，载《新建设》1953 年第 1 期。

传色彩浓厚"①。中国共产党在初掌政权时，阐释宣传共产党执政的合法性、增进人们对马克思主义的理解和认同的任务十分迫切，这就需要进行大量宣传，强化党史学的意识形态性。因此，宣传色彩浓厚成为当时中共党史研究的共同时代特征。胡华在这一时期的党史著述也无法摆脱时代的局限，不可避免地带有较浓的宣传意味，重在歌颂和宣传中国共产党领导新民主主义革命的奋斗历程以及毛泽东的革命功绩和思想。

再次，从主要内容上看，胡华在这一阶段研究的着重点是新民主主义革命史，集中宣扬中国共产党领导新民主主义革命取得的光辉业绩，为人们了解学习中国新民主主义革命史和中共党史提供了基础性的素材。由于将主要精力投入宣传和研究前期的新民主主义革命史，胡华对新中国成立后新的党史内容则研究得不多，着墨较少，仅在《中国历史概要》一书中概要式地记述了新中国成立后5年的发展与建设历程，另有一篇论文专门探究了国民经济恢复时期的社会主要矛盾问题。

第三节　曲折：在政治动荡中深陷中共党史研究的历史困境

新中国成立后，中国共产党带领中国人民在摸索中艰难前进。由于经验不足，未能及时调整革命式思维，又急于改变中国贫穷落后的面貌，中国共产党内急躁冒进的情绪滋长，"左"的倾向抬头，一些决策出现失误。在这样的背景下，思想改造运动、"反右"运动、"大跃进"、"四清"运动等各种政治运动、群众性运动接连不断，最终演绎成"文化大革命"，许多知识分子在一次又一次的运动中遭殃。作为一名宣传马克思主义、毛泽东思想的中共党史工作者，胡华也无法超脱在外，被迫地陷进政治运动的漩涡，"几历惊涛与险波"②，遭遇了不少坎坷和磨难。

在1951年，胡华就开始遭到不公正的批判，其"罪名"是"为新潮书店组织了许多书稿，而新潮是一家私营书店，这就沾上了与资产阶级勾

---

① 周一平：《中共党史史学史》，甘肃人民出版社2001年版，第119页。
② 《胡华文集》第6卷，中国人民大学出版社2013年版，第276页。

结的罪状"。① 戴逸先生曾回忆说:"新潮书店的同仁们大多是跟随共产党多年的文化出版界的进步人士,他们当年所做的也是有益的工作,即使有缺点,也可以引导、纠正,没有必要扣上大帽子,一棍子打死。思想文化工作中的关门主义和'左'的倾向,只能给工作带来损失。"② 然而,胡华当时被迫多次做检讨。"从此,在胡华领导下一个颇有生气的青年学术群体停止了写作,偃旗息鼓,闭门思过。"③ 1964年3月至6月,胡华被中国人民大学校方派遣带领5位导师制研究生和学术助手,赴粤、湘、鄂、赣、浙、沪五省一市调研,参观革命历史遗迹,访问罗明、区梦觉、罗章龙等革命前辈,并与当地高校、党校、档案馆等机构的科研人员座谈交流。七八月间,由于胡华在史学研究方面长期注重搜集资料,主张"论从史出",遂被错误地定性为"到处不择手段的猎取党内机密资料,违背党的保密制度","在教学上代表的是资产阶级的教学路线"。④ 为此,胡华受到组织上的处理,被免去中国人民大学中共党史教研室主任职务,并责令检查,交出搜集整理的有关历史资料。"文化大革命"伊始,胡华就被戴上"资产阶级反动学术权威""走资派"等帽子,横遭批判、批斗,关进"牛棚",身心遭到极大的创伤。他长期积累的许多珍贵资料,尤其是他在担任吴玉章学术助手的10余年间所记录的大量口述资料亦被搜走,造成难以弥补的重大损失。"文化大革命"期间,胡华虽遭受迫害,但他"始终坚持共产党人的党性原则,在任何压力面前也不屈服,决不乱说一句话,决不嫁祸于旁人"⑤。1969年中共九大闭幕后,中国人民大学在军代表、工宣队的主持下,处理了一批干部。1970年3月,胡华与其他教师职工一起被下放到江西省余江县(今余江区)中国人民大学"五七"干校劳动。胡华被分配去养猪,每天从事拉车、打猪草、担泔水、做饲料、喂猪、清圈等繁重的体力劳动。

---

① 戴逸:《与胡华同志相处的岁月》,见陈威、杨凤城主编《长与英烈共魂魄——追思史学家胡华》,中国民主法制出版社2011年版,第59页。
② 戴逸:《与胡华同志相处的岁月》,见陈威、杨凤城主编《长与英烈共魂魄——追思史学家胡华》,中国民主法制出版社2011年版,第59-60页。
③ 戴逸:《与胡华同志相处的岁月》,见陈威、杨凤城主编《长与英烈共魂魄——追思史学家胡华》,中国民主法制出版社2011年版,第60页。
④ 《胡华简历表》,馆藏于中国人民大学档案馆,1965-X212-4。
⑤ 李新:《他的一生很有价值》,见陈威、杨凤城主编《长与英烈共魂魄——追思史学家胡华》,中国民主法制出版社2011年版,第6页。

"文化大革命"期间,林彪集团为了捞取自身的政治资本,无视事实真相,随意篡改历史,将中共党史作为抬高自己和打击别人的工具。在他们的操纵下,一些博物馆在中共党史陈列上存在突出林彪、歪曲事实的严重倾向和错误。林彪叛逃事件发生后,中共党史、中国革命史的陈列工作亟待修正,必须将林彪集团颠倒的历史重新纠正过来,肃清林彪集团的遗毒和危害。1972年4月,周恩来总理指示中国革命博物馆准备开放中共党史陈列,先筹备一个研究室,并提出调胡华回京,任党史顾问,参加有关党史和革命史的陈列工作。① 此后,胡华才得以初步解放,返京入中国革命博物馆工作。"他到馆后,便很快进入了角色,对党史陈列修改工作,真正发挥了一个著名党史专家的作用。"②

1973年4月至7月底,胡华同中国革命博物馆徐彬如、黄高谦、方孔木等人赴粤、湘、赣、闽、浙、沪五省一市参观学习,共参观120多处革命旧址和纪念馆。结合参观的体会和认识,胡华执笔撰写了一份长达1.7万多字的《到粤湘赣闽浙沪五省一市参观学习的初步汇报》(以下简称《汇报》)。

《汇报》首先肯定地方博物馆在调查研究毛泽东革命实践活动上取得的成绩,进一步提出:"关于毛主席的伟大革命实践活动的许多情况,还有待于我们深入研究和多多去吸取各地的研究成果。"③《汇报》委婉地指出一些地方博物馆在党史陈列上的不妥之处:其一是把毛泽东革命路线的发展表现得一帆风顺,其二是把毛泽东思想和革命路线仅仅局限在毛泽东直接管的部门和亲身到的地方。对于如何表现阶级斗争和路线斗争的问题,《汇报》认为:"我们在陈列中必须把阶级斗争的艰苦性、曲折复杂性充分表现出来,这在一方面是历史的真实,另一方面也只有这样才能提高陈列的思想性,使我们的陈列能更好地对广大群众进行阶级斗争和革命传统教育,使广大国内外群众特别是年轻一代认识到革命胜利来之不易,继承革命传统,使陈列起到回忆对比的作用,发挥我们党这一个进行政治

---

① 贺捷生:《雄鸡在高声鸣唱》,见刘涓迅、胡宁选注《胡华诗抄》,中国民主法制出版社2010年版,第4页。
② 黄高谦、方孔木:《胡华老师与中国革命博物馆》,见《胡华纪念文集》,中国人民大学出版社1997年版,第68页。
③ 《胡华文集》第4卷,中国人民大学出版社2013年版,第177页。

思想工作的优良传统。"① 《汇报》痛斥林彪及其同党随意篡改历史的恶行，并告诫"我们必须坚持历史唯物主义的观点，坚持党性的原则，严肃地对待历史，决不能看风使舵，违背史实瞎说"②。《汇报》末尾总结了中共党史陈列工作中需要注意的问题和成功经验，包括"党史陈列的体系，基本按历史顺序，又要适当的按问题集中"，"搞好党史陈列，需要丰富的文物"，"加强调查研究"，"注意培养干部和研究力量"，"兄弟馆之间应该互相学习和支援"等。《汇报》深入地分析了当时中共党史陈列中存在的一些问题，提出诸多真知灼见，为进一步调整、改善陈列工作提供了有益的指导。可以说，在"左"倾思潮泛滥的岁月里，《汇报》起到在党史领域局部"拨乱反正"的历史作用和价值。《汇报》得到中国革命博物馆领导的高度重视，当时的馆长杨振亚肯定地指出："总结得不错，发现了很多问题。""有了这个报告，党史陈列指导思想就比较明确了。"③ 1973年年底至1974年年初，胡华又同董谦、贺捷生、赵力赴延安、西安、成都、重庆、遵义、柳州、南宁、百色等地，进行党史调查研究，亦收获颇丰。

1970年10月，中国人民大学停办，中共党史系集体并入北京师范大学历史系。1974年4月，又从历史系分出，按原建制恢复中共党史系。④ 1974年6月，胡华离开中国革命博物馆，到北京师范大学参加教学工作，直到1978年中国人民大学复校才奉命回校主持中共党史系的工作。1976年1月周恩来逝世后，胡华在万分悲痛之余，下定决心研究周恩来，开始顶着压力、担着风险悄悄地搜集周恩来的生平资料，准备撰写周恩来传记。

"文化大革命"是新中国建设史上最为严重的一次挫折和失误，给中华民族带来了不可估量的损失，造成知识分子的落寞和悲情，导致整个学术界万马齐喑的寂静场面。在林彪、"四人帮"集团的操纵下，党史被随意歪曲、篡改，忠于历史、坚持原则的正直党史工作者往往被扣上"反

---

① 《胡华文集》第4卷，中国人民大学出版社2013年版，第179页。
② 《胡华文集》第4卷，中国人民大学出版社2013年版，第183页。
③ 转引自黄高谦、方孔木《胡华老师与中国革命博物馆》，见《胡华纪念文集》，中国人民大学出版社1997年版，第69—70页。
④ 王顺生、罗正楷：《历史的足迹——中共党史系发展概貌》，见中国人民大学高等教育研究室、校史编写组《中国人民大学教学科研及辅助单位简史》，1993年版，第18页。

动学术权威""走资派"等帽子并遭到无情批判和打击,正常的学术空气被窒息,科学的中共党史研究处于停滞状态。在这种环境下,包括胡华在内的广大党史学者在这场空前的政治运动中受尽颠簸,只能被迫停止研究,无奈地发出"空有雄心编党史"的哀叹和"更著新篇待后贤"的期待。① 这一期间,一向勤于写作的胡华仅写下《缅怀杨展烈士》《学习和发扬井冈山斗争的光荣革命传统》等少量纪念性文章。

第四节 高潮:在改革开放新时期开创中共党史研究的人生辉煌

1976年10月,为扭转极度混乱的局面,华国锋、李先念、叶剑英等党和国家领导人及时采取果断措施,将"四人帮"集团打倒。一颗危害中国正常发展的毒瘤被拔除,全国人民无不奔走相告、欢欣鼓舞,胡华听到这一消息后兴奋地感叹:"这口气我都憋了十年了。"② 流露出他对"四人帮"集团祸国殃民的极度愤恨,抒发了遭受"文化大革命"之苦的广大人民尤其是知识分子的共同心声。拨开云雾见青天,长期的压抑和苦闷一旦释放,将迸发出巨大的能量。

为扭转党史研究的萧条局面、改变随风改史的不正风气、纠正被颠倒的历史、恢复党史的真实面貌,胡华率先在党史学界冲破禁区,开始"拨乱反正"工作,捍卫党史研究的科学性。时值南昌起义50周年之际,胡华编写《南昌起义史话》一书,叙述南昌起义的起因、过程、结果和意义,弘扬周恩来、朱德、贺龙等老一辈无产阶级革命家在武装反抗国民党反动派和创建新型革命军队中的光辉业绩,从而有力地揭穿了林彪"领导南昌起义"的丑陋谎言。1978年6月,胡华在全国历史学规划座谈会上发言,号召广大史学工作者"应当积极地加强和开展中共党史和中国现代史的科学研究工作",批判和澄清被林彪、"四人帮"破坏、糟蹋

---

① 胡华:《悼念干之同志》,见刘涓迅、胡宁选注《胡华诗抄》,中国民主法制出版社2010年版,第116页。

② 转引自胡安《文化大革命中的胡华》,见《胡华纪念文集》,中国人民大学出版社1997年版,第233页。

的内容,"解决心有'余毒',心有'余悸'的问题"。① 此后,胡华应邀到各地讲演了几十场学术报告,带头解放思想、突破禁区,以实事求是的精神纠正曾被林彪、"四人帮"歪曲和篡改的历史,继续肃清党史领域的"左"倾遗毒。

1978年中国人民大学复校后,胡华先后担任中共党史系主任、名誉主任、博士生导师,领导中共党史系扩大办系规模、调整教研室设置、加强资料室建设、带头开展学术科研,有力地推动了中国人民大学党史学科的快速建设和发展,始终保持中国人民大学党史学科在全国同领域的领先地位。同时,他还担任国务院学位委员会学科评议组成员、政治学社会学分组召集人、中国社会科学院近代史研究所学术委员会委员、全国中共党史研究会副会长、全国中共党史人物研究会副会长、中国史学会常务理事、中共中央党史资料征集委员会委员、《中共党史人物传》主编、《中国大百科全书·科学社会主义》卷主编等多个重要学术职务,为全国党史科学的进步和发展贡献了才华和能量。

"文化大革命"结束后,荒废了10年光阴的人们惜时如金,再次投入国家建设之中。胡华也争分夺秒,忘我地投入中共党史教学和研究工作中,不知疲倦地进行科研和著述,产出了大量有价值的学术成果。归结起来,主要包括六个方面。

第一,投入大量精力研究中共党史人物。为悼念革命领袖朱德,胡华在1977年《北京师范大学学报》第3期上发表《学习朱德委员长的革命精神——记朱德同志从八一起义到会师井冈山的光辉历程》一文,客观陈述朱德从八一起义到井冈山会师期间的革命事迹和功绩,展现朱德矢志报国、一心向党的革命品质和精神,痛斥了林彪、"四人帮"集团篡改历史、玷污朱德光辉形象的卑劣行为。在"四人帮"无情地阻挠和镇压人们纪念和哀悼周恩来的"天安门事件"发生后,胡华就开始默默地搜集周恩来的生平资料,准备撰写周恩来传,向人们展示真实的周恩来及其为中国革命和建设做出的杰出贡献。1977年,他编写出版了《青少年时期的周恩来同志》一书,用通俗的语言、故事的形式叙述了少年周恩来的成长历程。1977年以后,他和林代昭、清庆瑞等同志合作,组成了一个

---

① 胡华:《加强党史、现代史的研究》,见《胡华文集》第4卷,中国人民大学出版社2013年版,第408-409页。

关于周恩来的研究小组，陆续撰写了十几篇有关周恩来生平和思想的论文，并于1982年择取其中一些文章编辑成册，以《周恩来的思想及理论贡献》为名出版。除周恩来外，胡华还对其他许多重要党史人物进行了广泛的研究。为纪念五四运动60周年，胡华又主编《五四时期的历史人物》一书，分别介绍了李大钊、毛泽东、陈独秀等11位具有代表性的历史人物在五四时期的思想和革命活动，弘扬了他们推动马克思主义在中国的传播以及与工人运动结合的历史功绩。1979年12月中共党史人物研究会正式成立后，胡华被推举担任副会长和《中共党史人物传》主编，为这套传记丛书的编辑出版，胡华更是殚精竭虑、呕心沥血。

第二，修订和编写教材。为进一步提高教材质量和教学效果，及时反映中国革命史研究的新成果、新观点，胡华于1979年和1981年分别组织人员重新修订出版《中国革命史讲义》和《中国新民主主义革命史》两书。为满足教学的客观需要，1981年胡华又根据《关于建国以来党的若干历史问题的决议》组织人员编写中华人民共和国成立后的党史内容，于1985年出版《中国社会主义革命和建设史讲义》，弥补了长期缺少反映新中国成立后党史内容的教材的不足。

第三，研究抗日战争史的若干重要问题。抗日战争胜利40周年的契机推动了抗战史研究的广泛热潮，许多新的成果涌现。胡华也积极参与其中，就"抗日战争领导权""国民党正面战场""中国战场在世界反法西斯斗争中的作用"等问题进行研究，撰写和演讲了《创建抗日根据地是中国革命胜利的基础》《关于抗日战争史研究的方向和课题》《关于抗日战争的正面战场》《在抗日民族统一战线的旗帜下，抗日战争的伟大胜利》等多篇理论文章和学术报告。

第四，论述中共党史学的相关理论问题。经过多年的学术实践，胡华对中共党史学的学科性质、研究对象等基本理论问题进行了深入的思考和总结，在《加强党史、现代史研究》《热爱党史、宣传党史、坚持阵地》《怎样学习中共党史》《党史，不可不读》等文章和报告中阐述了自己对党史学科的独到见解和认识，为中共党史学理论体系的构建提供了一些思想资源。

第五，关注和分析中共党史研究动态。胡华非常关注国内外对中共党史研究的成果，经常对此加以总结和评述，如《国内外党史研究动态和开展党史人物传的研究》《台港和国外中共党史研究述评》《当前党史研究的动态和问题》《美国对中国的研究》等文章和报告，为党史学界了解国内外学术动态提供了有价值的参考。

第六，反思和总结新中国历史上的前进和曲折。胡华撰写了《建国以来党史的几个问题》《建国后意识形态领域斗争的几个问题》《关于民主法治、生产力革命和反对极"左"思潮问题》《"文化大革命"起因及教训》等文章和报告，对中华人民共和国成立以来的历史进行宏观概括和总体评价，梳理和分析中华人民共和国成立以后"左"倾错误的发展历程，对"文化大革命"进行了深入的分析和总结。此外，他还对改革开放后的社会现实问题进行观察和思考，撰写了《从历史上的改革看中国当前的体制改革》《学习十二届三中全会精神的一些体会》《新时期社会主义建设在理论上的新发展》《关于人民民主专政和建设高度民主问题》等重要文章，从历史维度论证了改革的必要性，表达了坚决拥护改革的鲜明立场，对未来中国民主政治发展建言献策。

综上所述，"文化大革命"结束后，在广大中共党史学者的共同努力下，中共党史研究开始打破万马齐喑的暗淡局面，逐渐呈现欣欣向荣的复兴景象。胡华以恢复中共党史的真实面貌和实事求是的学术风气为己任，不遗余力地进行马克思主义的历史研究，在党史领域施展才华、贡献青春。令人惋惜的是，正当胡华的党史事业蒸蒸日上的时候，由于疾病的折磨，年仅66岁的他就不幸逝世，这是党史学界和教育界的重大损失。否则，以他的功力和学识，必能为党史学界贡献更多的学术成果，培养更多的学术精英和人才。总体而言，纵观这一时期胡华的研究历程和成果，我们可以发现：

首先，注重中共党史人物的研究，相关的研究成果也最为丰硕。促使胡华这一转变的主要因素在于：第一，人物的思想和活动构成活生生的历史，党史人物本身就是党史研究不可或缺的重要内容。第二，以此为突破口扭转"文化大革命"期间形成的极致的歪曲党史的不正之风。"文化大革命"中，个人崇拜的倾向走入极端，有时在党史中会夸大和神化个人的作用，有时也刻意贬低或忽略某些革命领袖的历史功绩，有时对一些在历史上曾犯过错误的同志更是大加鞭挞、大肆丑化。因此，对历史人物的再研究和评价、重塑历史人物的真实形象、揭露和纠正歪曲的认识，有利于重申和恢复实事求是的研究态度。第三，平反冤假错案的现实需要。"文化大革命"期间，林彪、"四人帮"集团对广大干部和群众进行残酷迫害，仅被立案审查的国家干部就占当时国家干部总人数的17.5%，中央、国家机关副部级以上和地方副省级以上的高级干部，被立案审查的达75%。① 因此，展现客观的历史人物形象，赋予公正的认识和评价，能够为尽快平反冤假错案提供某些历史依据。

其次，加强对新中国成立后党史内容的思考、研究和著述。党的十一届三中全会后，我党亟须对新中国成立后的历史进行研究，澄清是非曲直、总结经验教训。因此，与前期不同的是，胡华在这一阶段除继续深化研究新民主主义革命时期的党史外，开始加强对中华人民共和国成立后党史的思考、研究和著述，尤其是对中华人民共和国成立以后"左"倾错误长期存在的现象以及"文化大革命"产生的原因和教训，进行了深思和总结。

再次，学术性明显增强。党的十一届三中全会以前，受政治环境的影响，胡华的党史著述具有较浓的现实战斗性和政治宣传性，也存在一定的从政治因素出发论史的现象。"文化大革命"结束后，尤其是党的十一届三中全会后，胡华作为党史领域"拨乱反正"、正本清源的一面旗帜，积极肃清"左"倾错误在党史领域留下的遗毒，更好地秉持了实事求是、尊重历史、力求客观的研究态度，单纯的宣传式的文章明显减少，学术色彩和反思意味显著增强。

---

① 中共中央文献研究室编：《关于建国以来党的若干重大历史问题的决议注释本》，人民出版社1983年版，第473页。

第二章 胡华对中共党史学理论问题的认识

中共党史研究几乎伴随着中国共产党的成立而展开,至今已历时近百年。在几代学者的接力探索和不懈努力下,中共党史学朝着科学化的方向前进,渐趋规范、成熟,在资政育人的同时,自身的专业性、独立性、学术性也得以日益增强。

中共党史研究虽早已有之,但在很长的时间内,学者们在埋头书写中国共产党诞生、发展、壮大的宏伟历史过程,探寻中国革命、建设和改革的规律,总结历史经验教训时,却难以顾及和充分关注中共党史学科自身的理论建设问题。然而,"任何学科要想最终作为一门科学而立足,都需要有自己合乎客观规律的,独立、完整、系统的学科理论"①。中共党史学作为历史学的一个分支,除了需要传统史学理论的支撑外,还需要根据其自身的特殊性建构本学科的史学理论。有学者指出:"中共党史史学理论就要研究马克思主义史学理论和方法的基本原理及其在中共党史学科中研究的具体运用,研究中共党史学科的性质、特点和社会功能,研究中共党史学科的对象和主要内容,研究中共党史的体系和历史分期问题,马克思主义史学理论应用于中共党史研究时需要注意的问题等等。"② 1942年,毛泽东撰写了《如何研究中共党史》一文,十分精辟地阐述了中共党史学的研究目的、研究对象、研究方法、历史分期等问题,是第一篇专论中共党史学基本理论问题的文章,它至今对中共党史研究仍然起着重要的指导作用。中共党史史学理论的建构和发展亦是以此为基础。

胡华热爱中共党史教学和研究,持之以恒地在中共党史学这片园地上

---

① 朱佳木:《论新中国史研究》,载《中国社会科学》2009年第1期。
② 王仲清主编:《中共党史学概论》,浙江人民出版社1991年版,第2-3页。

辛勤耕作长达近半个世纪，积累了丰富的学术实践经验和心得。他在不断学习、思考和探究的过程中，写下了大量的学术篇章和著作，其中不乏对中共党史学的学科性质、学科特点、研究意义、研究对象、研究原则等问题的理性认识，蕴含了丰富的史学思想。然而，学界却鲜有论及胡华在构建中共党史史学理论上的建树和贡献。胡华对中共党史学基本问题的认识大多散见在学术报告和论文之中，对其进行归纳、提炼和评述，对于推动党史学长远发展、完善党史史学理论具有一定的意义。

第一节 关于中共党史学的学科性质等问题的认识

一、中共党史学的学科性质与特点

有学者指出："一门学科的性质，是该学科区别于其他学科的关键。中共党史是什么性质的学科，属于社会科学的哪个门类，与其他相关学科是什么关系，这是中共党史学研究首先遇到的问题。"① 也有学者认为："中共党史学科的性质问题是中共党史学理论研究的前提，只有对中共党史学的学科性质做出准确的表述，才能进一步弄清中共党史学的对象、内容等问题。"② 总之，明确学科性质是中共党史学发展中无法回避的重要理论问题。至今学界对中共党史学的学科性质的界定仍争论不休、莫衷一是，但总体而言，赞成划归历史科学的居多。③ 就笔者所看到的材料而

---

① 王仲清主编：《中共党史学概论》，浙江人民出版社1991年版，第25页。
② 周一平、许曾会：《2000年以来中共党史学理论问题发展研究综述》，载《中共银川市委党校学报》2010年第1期。
③ 中共党史学界关于中共党史学的学科性质主要有以下几种观点：一，一门马列主义理论实践学科。（参见田酉如《中共党史学基本理论问题研讨会简介》，载《中共党史研究》1989年第1期）二，历史科学。（参见张静如《党史学科建设断想》，载《党史研究》1987年第6期）三，既是一门历史科学，又是一门理论科学，是历史科学和理论科学的结合。（参见邢贲思《对中共党史研究的几点意见》，载《中共党史研究》1992年第1期）四，政治性、理论性很强的历史学科。（参见郭德宏《关于加强中共党史学科的若干问题》，载《中共云南省委党校学报》2003年第1期）五，一门独立的学科。（参见宋俭、丁俊萍《关于中共党史学学科建设问题的思考》，载《中共党史研究》2008年第3期）

言，胡华实际上是最早明确提出这一论断的学者。

1962年7月10日，胡华在中国人民大学党史系毕业班的讲话中明确指出："党史科学也是历史科学，历史科学本身是有其逻辑性、系统性和科学性的。作为具有高度思想性的党史科学，更需要赋有高度的系统性和科学性，不然，党史的研究和讲授，就不能变成一门科学，就没有提高到科学的水平。"① 在此，他把中共党史学归类于历史科学，作为它具有系统性和科学性的论据，虽没有进一步阐释和说明中共党史学的学科性质问题，但毕竟已明确提出中共党史学归属于历史科学这一判断。

1963年4月，胡华又撰写了《关于历史的研究和编写的几个问题》一文，不仅全面地表述了他对历史和历史科学的理性认知和深刻理解，还进一步明确中共党史学的学科归属。他指出："历史就是客观事物的发展过程。"② 这句话抓住了历史的本质，其中蕴含两层含义：第一，历史是真实、客观的，不以人的主观意志为转移；第二，历史具有过程性，随着事物的发展而不断丰富和延伸，它有起点，但没有终点，今天的现实将成为明天的历史。他接着又指出："马克思主义历史科学是研究人类社会的发展过程，研究各个时代、各个国家、各个民族的社会生活现象的总和，通过具体历史事实来揭示社会发展的规律性的科学。"③ 这一简单的概括既阐明了历史科学的研究对象，即人类社会的发展过程和各个时代、各个国家、各个民族的社会生活现象的总和，又明确了历史科学的基本任务，即揭示社会发展的客观规律。在科学阐释历史和马克思主义历史科学的基础上，胡华进一步划分历史科学的类型，界定了中共党史学在历史科学中的位置。他认为："专史是研究人类社会生活某一个方面的发展过程。它的范围很广泛，如像经济史、政治史、革命史、党史、军事史、思想史、文化史、文学史等等。"④ 中共党史学主要研究中国共产党产生发展的具体过程及其规律，因而将其归属为历史学中的专门史是比较适宜的。后来，在这一认识的基础上，有学者进一步断定："中共党史是具有通史特性的断代专门史，或者说是断代的综合性专门史。"⑤

---

① 胡华：《关于党史课的教学与研究的几个问题》，载《教学与研究》1962年第5期。
② 胡华：《关于历史的研究和编写的几个问题》，载《军事学术研究通讯》1963年第9期。
③ 胡华：《关于历史的研究和编写的几个问题》，载《军事学术研究通讯》1963年第9期。
④ 胡华：《关于历史的研究和编写的几个问题》，载《军事学术研究通讯》1963年第9期。
⑤ 王仲清主编：《中共党史学概论》，浙江人民出版社1991年版，第36页。

中共党史学虽属于历史科学的一部分，但它毕竟是一门独立的分支学科，具有自身的特殊性。胡华认为："党史是党性和科学性相统一的科学。"① 对于中共党史学来说，科学性首要的是尊重历史的客观性，自觉寻求历史的本真，按照历史的本来面貌去研究，不能按照主观意愿建构历史，更不能剪裁历史以迎合现实的需要。其次，在此基础上，运用科学的方法即历史唯物主义和辩证唯物主义分析纷繁复杂的历史事件和现象，从而得出科学的认识和结论，揭示出历史发展的客观规律，总结出有益的经验教训。正如胡华多次强调："党史是一门严肃的科学。我们必须贯彻历史唯物主义的精神，还历史本来面目，决不允许歪曲、篡改党史。"② 歪曲和篡改党史，既践踏了中共党史学的科学性，又丧失了史学工作者的基本道德和素养。

此外，由于中国共产党是执政党，中共党史学作为研究中国共产党历史的学科，与现实政治有着不可分割的联系，在将其作为历史学追求科学性的同时，不能忽视它对现实政治的影响。党史研究工作者要注意遵守党的政治纪律、宣传纪律，注意维护中国共产党的执政形象，对中国共产党的理论、方针、政策和行为的评价要注意场合和分寸。如胡华所说："什么问题可以讲，什么问题暂时不能讲，要有步骤，有一个过程；宣传什么、不宣传什么，也要有鲜明的马克思主义的党性原则。历史不能篡改，但有些问题暂时可以回避。"③ "科学没有禁区，宣传要有纪律，理论看法，内部看法，我们不受束缚，但是写到报刊上，向港澳和外宾讲话要有纪律。在课堂上讲课也还是要有分寸。"④ "我们内部谈问题，可以自由讨论，但是对外要有纪律，这就是既要解放思想，又要有高度纪律。"⑤ 这是从事中共党史教学和研究在党性上的基本要求。总之，"党史研究者必

---

① 胡华：《以实践检验真理的态度来研究历史》，载《教学与研究》1979年第1期。
② 胡华：《关于党史教学的若干问题——在杭州大学召开的党史讲义讨论会上讲话（一九七八年十一月二十七日）》，载《杭州大学学报》（哲学社会科学版）1978年第4期。
③ 胡华：《关于党史教学的若干问题——在杭州大学召开的党史讲义讨论会上讲话（一九七八年十一月二十七日）》，载《杭州大学学报》（哲学社会科学版）1978年第4期。
④ 中国人民大学中共党史系资料室、北京建筑工程学院政治资料室编印：《关于建国以来党史中的一些问题》，1980年，第23页。
⑤ 胡华：《当前北京理论界、教育界关于建国以来党史的讨论意见》，见《胡华文集》第3卷，中国人民大学出版社2013年版，第434页。

须有高度的党性和严肃的科学态度"①。

从本质上看，党性和科学性并非格格不入、相互冲突，而是相互统一的。实事求是是中国共产党思想路线的核心，是中国共产党取得革命、建设和改革胜利的重要法宝之一，也是每一位共产党员应当自觉遵守的基本原则。如胡华所说："坚持实事求是，坚持历史唯物主义，这就是我们党史工作者的党性。"② 毛泽东也曾明确指出："没有科学的态度，即没有马克思列宁主义的理论和实践统一的态度，就叫做没有党性，或叫做党性不完全。"③ 另外，实事求是，从事实而不是主观臆断和推测出发，又是历史科学的基本要求，是科学性的首要条件。

从党史教学和研究实践上，如何保持党性和科学性的统一？胡华给出了明确的答案："总的来说，应尊重历史事实，秉笔直书，直书独论，按事实讲。但要有步骤，这就有个政策问题，即有些问题暂时可不讲，不讲不等于篡改。要有组织纪律性，有些属于党的机密，有些是大问题，需要中央做出决定。要保守党的机密。但是我们也不能歪曲篡改，这就是党史教学中党性与科学性的统一。"④

二、中共党史研究的意义和价值

无论在革命战争年代，还是在社会主义建设时期，中共党史研究都有其存在的现实意义和理论价值。随着时代的变迁和社会形势的变化，中共党史研究的侧重点有所不同，但其资政育人、服务社会的基本价值始终存在。

早在延安时期，毛泽东就深刻阐明了中共党史研究的必要性。他认为："如果不把党的历史搞清楚、不把党在历史上所走的路搞清楚，便不能把事情办得更好。……我们要研究哪些是过去的成功和胜利，哪些是失

---

① 胡华：《以实践检验真理的态度来研究历史》，载《教学与研究》1979年第1期。
② 胡华：《纪念建党六十周年，掀起学习和研究党史的高潮》，见《胡华文集》第3卷，中国人民大学出版社2013年版，第457页。
③ 《毛泽东选集》第3卷，人民出版社1991年第2版，第800页。
④ 胡华：《关于党史教学中的若干疑难问题（摘要）——在杭州大学召开的党史讲义讨论会上的发言》，见《胡华文集》第4卷，中国人民大学社2013年版，第465页。

败，前车之覆，后车之鉴。"① 在新民主主义革命时期，研究中共党史并非纯粹的学术追求，而是作为革命工作的一部分，服务于革命事业。其主要功能在于，一方面，通过研究总结以往革命实践的得失、成败及经验教训，为现实路线、政策的科学制定提供依据和借鉴，防止重蹈覆辙、走上歧路。另一方面，也为中国共产党党内教育和对外宣传提供基本的素材，帮助中国共产党形成理论和政治优势，确立马克思主义在意识形态中的主导地位。

新中国成立后，中国共产党的社会角色发生质的变化，从革命党转换为执政党，开始承担起领导人民群众为建设社会主义国家而奋斗的历史重任，中共党史研究的意义和价值更加凸显。胡华认为："关于研究中共党史的目的和意义，也就是为什么要教学中共党史。"② 他高度肯定和概括了中共党史研究的现实意义。他认为："要学习和继承发扬老一辈无产阶级革命家、革命先烈、革命人民英勇奋战、艰苦卓绝、不怕牺牲的革命精神和革命传统，使我们当代和后代的青年，高举毛泽东思想的旗帜，沿着毛泽东、周恩来、朱德、陈毅、贺龙等老一辈无产阶级革命家开创的道路，在新的长征中奋勇前进。"③ 老一辈无产阶级革命家们抛头颅、洒热血，为建设自由民主的新中国牺牲奉献。他们的身躯虽已朽，但他们生命中所闪耀的革命精神和优良品格永放光芒、光照千秋。学习和研究中共党史，有助于继承和弘扬无产阶级革命精神和传统，为广大群众尤其是青年提供深刻的历史教育，促进青年的健康成长。如胡华所说，研究、宣传党史，"最重要的，是让我们青年一代都懂得党的历史"④。戴逸的回忆就是一个很好的例证。他曾这样谈起求学时的经历："我虽然是北京大学历史系的学生，热爱历史专业，读过一些通史和专门史，却从来没有听说过中国共产党的历史。党如何诞生、如何成长、如何奋斗、如何历经挫折、走向胜利，我毫无所知；第一次从胡华同志那里听到这些知识，了解当代最重要的历史发展，犹如发现了一个新世界，既新鲜、惊奇、又兴奋、感

---

① 《毛泽东文集》第2卷，人民出版社1993年版，第399页。
② 胡华：《关于党史教学的若干问题——在杭州大学召开的党史讲义讨论会上讲话（一九七八年十一月二十七日）》，载《杭州大学学报》（哲学社会科学版）1978年第4期。
③ 胡华：《关于党史教学的若干问题——在杭州大学召开的党史讲义讨论会上讲话（一九七八年十一月二十七日）》，载《杭州大学学报》（哲学社会科学版）1978年第4期。
④ 朴逸：《让青年一代懂得党的历史——访胡华同志》，载《学理论》1982年第8期。

佩，对共产党的崇敬之心油然而生，革命的信念更加坚定。"① 胡华也多次以他的学生张志新为例，说明"系统的而不是零碎的革命理论、革命历史的教育，对一个青年的革命世界观的形成，有着何等重要的意义"②。他还从反思十年"文化大革命"期间"左"倾错误泛滥成灾的角度，进一步说明中共党史对青年教育的重要性。他指出："为什么许多无知的青年，跟着林彪、康生、'四人帮'这些阴谋家去砸烂这个，砸烂那个，把我们祖国锦绣的社会主义江山砸得一塌糊涂？为什么他们被煽动起来，打倒我们的各级党委，打倒我们党的一大批优秀干部，造成一场浩劫？一个重要的原因，就是这些阴谋家利用了这些青年的无知，对党史革命史的无知。他们由于不懂党史，才轻易地受骗上当。"③ 可见，学习和研究中共党史，有利于当代青年熟悉中国革命、建设的历程，了解中国共产党如何带领中国人民在艰难困苦中走向一个又一个胜利，认识马克思主义的科学性，从而分辨是非、善恶、忠奸，自觉抵制现实中的一些错误思想和做法。当前，学习和研究中共党史，也有利于当代青年感悟中国特色社会主义事业大好局面的来之不易，认识到"只有社会主义才能救中国""只有中国特色社会主义才能发展中国"的深刻道理，从而自觉坚持四项基本原则，继承老一辈革命家的高尚精神和品格，积极投身到实现中华民族伟大复兴的伟业之中。

胡华还指出，学习和研究中共党史，"就是要总结历史的经验，接受历史的教训，使我们今后尽量避免重犯历史的错误"，"就是帮助我们完整地准确地了解和掌握马列主义、毛泽东思想的思想体系，避免和克服生搬硬套、照抄、照搬的错误"，"就是帮助我们认识革命和建设的客观规律，按客观规律办事"。④ 这些论述集中强调了中共党史的资政功能。历史学具有重要的借鉴和警示功能，中共党史与现实距离较近，对现实的借鉴和警示作用无疑更为直接和明显。科学总结经验教训，可以避免重演同

---

① 戴逸：《与胡华同志相处的岁月》，见陈威、杨凤城主编《长与英烈共魂魄——追思史学家胡华》，中国民主法制出版社2011年版，第57页。
② 胡华：《学习中共党史》，1983年5月手稿。
③ 胡华：《学习党史，发扬高度民主精神，发扬爱国主义和共产主义精神》，载《历史教学》1982年第9期。
④ 胡华：《关于党史教学的若干问题——在杭州大学召开的党史讲义讨论会上讲话（一九七八年十一月二十七日）》，载《杭州大学学报》（哲学社会科学版）1978年第4期。

样的历史悲剧,保证社会主义中国沿着正确的方向和轨道前进,不走邪路、歪路。另外,规律是客观存在的,不以人的主观意志为转移,违背规律也往往遭受惩罚。无论是革命还是建设、改革,都必须从实际出发,按照客观规律进行,忽视或违背规律必然会遭受损失甚至走向失败。因此,学习和研究中共党史,可以总结出一些本质性、规律性的东西,为继续推进中国特色社会主义事业提供有益的指导。

此外,胡华还从其他角度论及中共党史研究的意义和价值。1978年6月,他在南开大学历史系所做的学术报告《加强党史、现代史的研究》中指出:"我们应当积极地加强和开展中共党史和中国现代史的科学研究工作。这是意识形态斗争中和历史科学研究中的一项重要任务。"① 在这里,他指明了中共党史研究具有学术研究和意识形态斗争的双重意义。1982年,胡华在接受采访时进一步强调研究中共党史的斗争性,他说:"搞党史,也是一种战斗。国际上的反动势力,常常歪曲和污蔑我们党的历史。我党的一些叛徒,跑到国外往往也写书、做文章,篡改党史的本来面目。我们以科学态度研究和宣传党史,实际上就是同他们进行有力的斗争。"② 胡华一生正是用笔和口战斗在中共党史教学和研究的第一线,与歪曲中共党史、践踏中共党史科学性的现象做斗争,捍卫着真实、客观的中共党史。

胡华深感学习和研究中共党史的必要性和重要性,除勤勤恳恳地从事中共党史教学和研究外,他还经常向人们倡导学习和研究中共党史。1983年4月,他应《工人日报》邀请畅谈工人学习中国革命史和中共党史的重要性,他说:"我热忱希望广大职工同志,特别是青年职工,系统地学习和研究中国人民革命的历史和党的历史,通过学习和研究,增加我们的历史知识,提高我们的阶级觉悟,理论水平和工作能力,更好地为四化建设服务。"③ 1983年8月,他又发表《党史,不可不读》一文,热情地向人们倡议读中共党史、中国革命史书,并指出:"中共党史,中国革命史的书不可不读。读党史、革命史的书,将激励我们发扬爱国主义精神,立

---

① 胡华:《加强党史、现代史的研究》,见《胡华文集》第4卷,中国人民大学出版社2013年版,第408页。
② 朴逸:《让青年一代懂得党的历史——访胡华同志》,载《学理论》1982年第8期。
③ 胡华:《提倡学习中国革命史和中共党史》,载《工人日报》1983年4月27日。

志为中华的崛起振兴，腾飞于世界而奋斗。"① 胡华一生专注于中共党史教学和研究，其动力源之一就是对学习和研究中共党史的价值的高度肯定和深刻体认。因此，只有全面深刻地认识到学习和研究中共党史的重大意义和价值，才能进一步推动中共党史研究的繁荣和发展，更好地发挥中共党史资政育人的社会功效。

三、中共党史学的研究对象和内容

研究对象是对某一学科研究客体的集中概括，研究内容则是研究对象的外延和伸展，比研究对象更为具体、详细。一般来说，一门学科的研究对象是相对稳定的，研究内容则是不断更新和丰富的。研究对象和研究内容是区别不同学科的重要参数。在胡华的中共党史著述中，他虽没有明确提到研究对象和研究内容的概念，但从具体的含义上看，他所谈及的研究方向即研究对象，研究领域即研究内容。

中共党史的研究对象是什么？毛泽东曾明确指出："我们是用整个党的发展过程做我们研究的对象，进行客观的研究，不是只研究哪一步，而是研究全部，不是研究个别细节，而是研究路线和政策。"② 这是对中共党史学研究对象的最早表述，成为今日对中共党史学研究对象概括、界定的重要基础，但将研究对象局限在路线和政策上，显然存在一定的片面性。

胡华认为："关于中共党史的研究方向，也就是什么是中共党史。"③ 言下之意，搞清楚什么是中共党史，它的研究对象自然就清晰可辨了。他概括指出："中共党史，是中国共产党领导人民进行新民主主义革命取得胜利并继续进行社会主义革命和建设的历史，是毛泽东、周恩来、朱德同志等老一辈无产阶级革命家为代表的正确路线同'左'右倾机会主义路线作斗争，特别是同林彪、'四人帮'假左真右的反革命修正主义路线作斗争，并取得胜利的历史，是马列主义普遍真理同中国革命具体实践不断

---

① 胡华：《党史，不可不读》，载《北京日报》1983年8月12日。
② 《毛泽东文集》第2卷，人民出版社1993年版，第399页。
③ 胡华：《关于党史教学中的若干问题——在杭州大学召开的党史讲义讨论会上讲话（一九七八年十一月二十七日）》，载《杭州大学学报》（哲学社会科学版）1978第4期。

相结合,逐步认识中国民主革命与社会主义革命和建设规律的历史,也就是毛泽东思想体系形成和不断发展的历史。"① 历史过程是历史学的研究对象。以什么样的历史过程作为研究对象是区分不同历史学科的重要标准。按照胡华的表述,中共党史学的研究对象应主要包括:中国共产党领导人民进行新民主主义革命、社会主义革命和建设的历史过程;中国共产党党内斗争和自身建设的历史过程;马克思主义中国化并形成中国化马克思主义的历史过程。这一认识无疑在前人的基础上又前进了一步。

长期以来,中共党史研究大多集中在政治领域,广大学者热衷于研究革命,研究中国共产党的路线、方针和政策。尤其是"文化大革命"时期,在林彪、"四人帮"集团的干扰下,中共党史更被曲解成路线斗争史,其研究领域极其狭窄。这种现象严重阻碍了中共党史研究的健康、科学发展。胡华及时地意识到这一状况的弊病,强烈呼吁拓展中共党史学的研究领域。他不无担忧地指出:"现在对党史,不是不要研究或教学的问题,而是更加扩展的问题,是从较狭小的研究范围走出来,走向更宽广的研究领域和教学领域。"② 他从理论和现实两个方面阐明拓展中共党史研究领域的紧迫性和必要性。从理论上看,它是"学科自身发展的需要","一门学科要想充满着生命力,不断丰富和发展,就必须不断增添新的研究领域和教学内容"。③ 事实上,任何学科如果仅在现有的研究领域进行研究,不求拓展和深化,势必难以实现新的突破和发展。就像一块菜园,不管耕者如何精耕细作,其产量亦是有限的。只有不断垦荒,扩大其规模,产量才能不断攀升、品种才会更加丰富。一部党史虽时间跨度不长,但它对中华民族的深刻影响却是以往任何历史时期都无法比拟的,包含的内容也十分丰富庞杂。只有从多方面、多角度进行解剖和研究,才能呈现出党史的深刻性、复杂性,推动党史研究的深入和党史学科的整体发展。从现实来看,"目前我们的教材、讲义和专著,都存在着领域不宽、内容不丰富的缺陷,不能给人以完整的知识,甚至不能吸引学生和更多的读者

---

① 胡华:《以实践检验真理的态度来研究历史》,载《教学与研究》1979 年第 1 期。
② 胡华:《关于扩展中国革命史、中共党史的研究领域和教学内容问题》,见《胡华文集》第 4 卷,中国人民大学出版社 2013 年版,第 597 页。
③ 胡华:《关于扩展中国革命史、中共党史的研究领域和教学内容问题》,见《胡华文集》第 4 卷,中国人民大学出版社 2013 年版,第 600 页。

去学习、探讨这门学科"①。为丰富党史著作的内容，增强其可读性，引起人们学习和研究的兴趣，扩展研究领域成为当时所需。

历史是不断发展、延伸的，中共党史本身亦随着中国共产党领导的中国特色社会主义实践的推进而不断丰富、厚重，因此，在对现有内容的研究不断深化的同时，应当在横向和纵向上进一步拓展研究领域，从而形成更加开阔的学术空间。胡华对中共党史研究领域狭窄的现象进行了深入剖析，指出当时存在的具体问题。他认为："一个问题是，在叙述历史进程中，讲敌、友、我三方面情况时，讲'我'这方面，即讲党和革命的情况偏多，而讲敌情方面、反革命方面情况偏少，讲朋友方面，即讲友党友军、民主党派、民主人士方面也偏少，有些干脆没有讲到。"② 中国新民主主义革命是敌我之间的生死较量和残酷斗争，在这一历程中，敌我力量此消彼长，敌、我、友的界限也时有变化，三方的互动和博弈造成了这段历史的艰辛和复杂。没有对敌友的分析和研究，很难说清中国共产党何以能走在时代前列、引领革命潮流、代表社会前进方向，面临怎样的艰难险境，从而难以凸显中国共产党的伟大，也无法讲清为何历史和人民选择了中国共产党。因此，研究和编写新民主主义革命史，应以"我"为主，兼顾叙述敌友的情况及其变化，从而更好地展现革命斗争的复杂性、尖锐性。"第二个问题，在教材和讲授内容的定性和定量方面，定性多，定量少。所谓定性方面多，也就是论断多，结论多，概括性的论述多，也就是概念性的偏多。定量方面偏少，也就是具体的历史过程、历史事实、人物活动的叙述偏少，社会经济资料和多方面的政治、军事、文化情况的运用和叙述也较少。"③ "历史是具体的科学"，不能脱离具体过程，将其变为"空论或社会学的公式"。"作为中共党史，必须叙述党和人民的各方面活动和英勇斗争的客观史实"，④ 而不能以概念和结论来替代。只有定量方面的研究扎实、充分，定性研究才能有可靠的支撑和依据。相对来说，定

---

① 胡华：《关于扩展中国革命史、中共党史的研究领域和教学内容问题》，见《胡华文集》第4卷，中国人民大学出版社2013年版，第600页。
② 胡华：《关于扩展中国革命史、中共党史的研究领域和教学内容问题》，见《胡华文集》第4卷，中国人民大学出版社2013年版，第597-598页。
③ 胡华：《关于扩展中国革命史、中共党史的研究领域和教学内容问题》，见《胡华文集》第4卷，中国人民大学出版社2013年版，第598页。
④ 胡华：《关于党史课的教学与研究的几个问题》，载《教学与研究》1962年第5期。

量研究更加费时费力，更需要细致的功夫和深入的钻研。实际上，党史研究中定性多、定量少的问题恐怕不只是在以前存在，即使在今天，也未彻底解决。

中共党史研究领域应如何扩充？对此，胡华在多个场合给予说明和解答。1980年9月，胡华在中国人民大学党史进修班开课导言中提出："我们要研究党的理论、纲领、策略、路线、领导；研究党史上的重大事件、重要会议、重要斗争、党史上的重要人物，也要研究各个地区、各条战线、各路革命军队、各个党组织的光荣革命事迹。"[①] 1983年3月，在中国人民大学召开的纪念马克思逝世100周年社科研究长远规划会议上，胡华针对当时国内中共党史研究领域狭窄、研究方法陈旧等问题，进一步强调："应将革命根据地的经济史（兼国民党统治区的经济史）以及社会主义时期的经济史作为党史的重要研究内容，这样做才能抓住党史研究的基础环节。"[②] 此后，他又进一步指出："我们必须把现在党史、革命史的结构加以调整和扩展，使敌、友、我三个方面讲得更加翔实、具体，使社会的经济、政治、军事、文化状况，交代得更加清楚、准确。"[③] 在教学和研究实践中，胡华也是如此身体力行，带头丰富和拓展党史的研究视野。胡华担任中国人民大学党史系主任期间，就鼓励党史教员围绕党史开展研究，开设新课。在他的指导和推动下，党史系很快在本科生和研究生中开设了与中国革命史和中共党史有关的民主党派史、国民党史、中国革命对外关系史、文化思想史和党的建设等课程，大大丰富了党史教学和研究的内容。[④]

总体来看，胡华针对中共党史研究领域狭窄的问题进行了透彻的分析，提出了具体的解决方案，这就拓宽了中共党史学界的学术视野，为更加全面、深入地研究中共党史提供了明确的指向。但需要注意的是，在拓

---

① 胡华：《全国高校党史进修班开课引言》，见《胡华文集》第4卷，中国人民大学出版社2013年版，第544页。

② 转引自高峻《严谨治学勇于创新——深切怀念中共党史学专家胡华教授》，载《福建党史月刊》1988年第4期。

③ 胡华：《关于扩展中国革命史、中共党史的研究领域和教学内容问题》，见《胡华文集》第4卷，中国人民大学出版社2013年版，第606页。

④ 杨云若：《对胡华同志的记忆永驻心中》，见陈威、杨凤城主编《长与英烈共魂魄——追思史学家胡华》，中国民主法制出版社2011年版，第199页。

宽中共党史学研究领域的同时，不能不加以限制，以免忽略中共党史和中国革命史以及新中国史的区别。正如有学者所指出的："党的领导并不是无限制地延伸到所有方面和所有细节，因此党史研究也是有限度的，不能把历史叙述无限制地推进到一切方面去。"① 在拓展党史研究领域的同时，还应注意不能超越本学科自身的范畴、模糊学科间的界限。

四、中共党史的历史分期

历史发展本身是有规律、呈阶段性的。"研究历史之所以需要确定分期，不仅仅是为了便于研究和说明，根本原因在于人类历史的主体——人们的社会实践活动本身就是一个从低级到高级逐步发展的运动过程。"② 在历史学中，对历史分期的科学与否直接体现于这一学科的整体发展水平和成熟度上。另外，对历史分期的研究和争鸣往往推动历史学的整体发展和进步。新中国成立初期史学界对古代史分期的争论便是例证。

中共党史从纵向上来看，虽然时间不长，但它包含了中国共产党领导的新民主主义革命、社会主义革命和社会主义建设等逐步递进发展的过程，而且每一阶段由于社会主要矛盾的变化，党所肩负的主要任务、工作重心完全不同，因而对这一整体历史进程进行科学的分期实属必要。从中共党史学发展本身来说，它是完善中共党史学科体系的基本要求；从中共党史研究工作者的角度来说，划分历史时期不仅便于分工协作，也有利于从总体上科学把握中共党史的基本脉络，从而更好地开展研究。

胡华对中共党史分期的具体认识，主要体现在他编著和主编的《中国新民主主义革命史》《中国革命史讲义》《中国社会主义革命和建设史讲义》等著作、讲义之中，这些将在后面的篇章中予以论述，在此只谈及他对中共党史分期的一个原则性认识，即要科学地划分历史时期。胡华认为："马克思主义的科学观点十分注意历史科学的确切性"，"历史时代，历史时期，都要放到科学的基础上来"。③ 具体而言，他所强调的科

---

① 李向前：《党史与国史：在怎样的意义上应有区别？》，载《当代中国史研究》2001年第3期。
② 孙大力：《党史分期与进入历史新时期的标志》，载《中共党史研究》2001年第1期。
③ 胡华：《怎样教学革命历史》，载《清华学习》1950年第2期。

学，一方面是指划分历史时期要依据科学的标准和原则，不能随意。另一方面则指对各个历史时期的称谓要合乎科学、准确。

首先，胡华提出民主革命时期中共党史分期的标准和原则。他指出："在通史、革命史这些书里，划分历史阶段的原则，主要是根据阶级斗争的情况。""在中国新民主主义革命时代，同样的，根据革命阶级斗争的具体敌情的变化，革命的同盟军的部分的变化，可以划分为五个时期。"①在阶级社会，阶级斗争是社会发展的直接动力，根据阶级斗争的情况划分历史时期是比较适宜、科学的。另外，他还强调："在每个时期中，又根据阶级矛盾的激化和缓和，革命的来潮和退潮，革命发展的形势和特点，而划分为若干阶段。"对此，他举例予以说明："如第三次国内革命战争时期，又可以划分为三个阶段：1945年9月至1946年6月，是党领导人民为争取国内和平民主而斗争的阶段；1946年7月至1947年6月，是党领导人民为粉碎国民党反动派的军事进攻而斗争的阶段；1947年7月至1949年10月，是党为争取中国人民革命战争在全国胜利而斗争的阶段。"② 第三次国内革命战争时期是抗日战争胜利到新中国成立之间，中国共产党领导广大人民群众与国民党反动集团做殊死搏斗、顽强斗争并取得最终胜利的一个重要历史阶段。抗日战争虽然以中华民族、中国人民的胜利而告终，但也付出了极其惨重的代价。因此，抗战一结束，经历战争劫难的广大人民群众纷纷要求实现和平，反对内战。以毛泽东为核心的中国共产党人顺应时代要求和人民期盼提出联合政府的主张，并为建设国内和平民主而奋斗。中国共产党的努力也取得过一定的成效，维持了短暂的和平，但好景不长。1946年6月，国民党反动集团一意孤行，维持其独裁统治，无视全国人民的根本利益和热切期望，依仗其军事上的暂时优势，违背自己签订的政协决议，对解放区发起进攻，使广大人民重新回到战火和硝烟之中。自此，在和平努力无法奏效的情况下，中国共产党及其领导的军民被迫开始了粉碎国民党反动派进攻的英勇斗争。1947年7月，中国共产党领导的人民军队先后粉碎国民党反动派的全面进攻和重点进攻后，为彻底实现和平，实现人民当家作主，又开始了坚决打倒国民党反动派的英勇斗争，并取得最终的胜利。根据历史实际，在这三个阶段，阶级

---

① 胡华：《关于历史的研究和编写的几个问题》，载《军事学术研究通讯》1963年第9期。
② 胡华：《关于历史的研究和编写的几个问题》，载《军事学术研究通讯》1963年第9期。

矛盾表现得日益激烈,中国共产党所制定的革命策略和斗争任务亦有所不同。

其次,胡华主张用"毛主席确定的科学用语来写历史"①。胡华对以往出现的一些习惯称谓,如北伐战争时期、大革命时期、土地革命时期、解放战争时期等表示异议,认为它们不能作为写历史的科学的分期名称,并陈述了具体的理由。他认为:"如果叫北伐战争时期,那么北伐战争,是一九二六年开始的,不能包括平定商团,两次东征,平定刘、杨,南征邓本殷等战争,不能概括这一时期。叫大革命时期,则以后的革命规模更大,也不能作一个时期的名称。叫土地革命战争时期,不能概括当时十年中伟大的抗日救国运动、西安事变等各方面斗争,反封建必须和反帝结合起来。叫人民解放战争时期,则以前的战争,也是人民解放战争。"② 这些表述不无道理,充分表明了胡华对中共党史分期科学性的重视和追求。

五、中共党史研究的基本原则

无论时代环境如何变化,党史研究要体现科学性,就必须遵循一些基本原则。坚持实事求是是中共党史研究的首要原则。胡华指出:"只有用马克思主义的历史唯物主义,作为历史研究的理论基础和方法论基础,揭示出社会生活和社会历史的发展的规律性,社会历史的研究,才能成为科学。"③ "研究党史,必须贯彻辩证唯物主义和历史唯物主义精神,实事求是,理论联系实际,用历史实践来检验真理,判断是非,破除迷信,解放思想,如实地编写党史、革命史。"④ 历史是已经成为过去的客观事实,是无法变动和更改的,研究历史应自觉地求真、求实,从历史的原貌出发,而不能随意假设、幻想或更改历史情节。实事求是无疑是研究历史、

---

① 胡华:《关于党史教学的若干问题——在杭州大学召开的党史讲义讨论会上的发言(一九七八年十一月二十七日)》,载《杭州大学学报》(哲学社会科学版)1978年第4期。意指按《毛泽东选集》确定的分期名称来表述,分别为第一次国内革命战争时期、第二次国内革命战争时期、抗日战争时期、第三次国内革命战争时期、社会主义革命和社会主义建设时期。
② 胡华:《关于党史教学的若干问题——在杭州大学召开的党史讲义讨论会上的发言(一九七八年十一月二十七日)》,载《杭州大学学报》(哲学社会科学版)1978年第4期。
③ 胡华:《关于历史的研究和编写的几个问题》,载《军事学术研究通讯》1963年第9期。
④ 胡华:《以实践检验真理的态度来研究历史》,载《教学与研究》1979年第1期。

研究中共党史所必须遵循的首要原则。违背了实事求是，任何历史学无法成为科学，党史研究亦复如是。脱离事实的研究成果，纵使逻辑再严密、理论再深刻，亦没有任何学术价值，只能是经不住时间检验的"冒牌货"和文字垃圾。然而，党的十一届三中全会以前，中共党史研究中随风改史的现象时有发生。胡华揭示了其中的缘由，他认为："第一，是研究者得不到大量的资料，既缺乏'实事'，也就'求'不出'是'来。第二，是有的人出于好心，为了讴歌领导人而篡改了历史。第三，是人云亦云。"① 除了资料限制属于客观因素以外，其他两点都是主观因素，是研究者自身的学风和态度问题。因此，胡华强调："实事求是之风不张，党史不能直书独论，处处用曲笔，不用马克思主义的历史主义的具体分析态度，那么党史研究还是不能成为科学。"② 胡华清醒地意识到，如果实事求是的原则被破坏、践踏，党史研究就无法进步、发展，也难以得到社会的认可。因此，粉碎"四人帮"以后，胡华极力主张恢复实事求是的原则，并在党史领域率先垂范、充当先锋。从中共党史学健康、科学发展的角度出发，任何学者都应坚定不移地遵循和维护实事求是的首要原则，自觉与捏造、篡改历史事实的现象做斗争。

遵循史论统一、史论结合是中共党史研究的又一重要原则。胡华指出："一部党史本身，就体现了历史发展和理论发展的一致。"对此，胡华进一步解释："党和人民革命事业的发展和胜利与马列主义、毛泽东思想的发展和胜利是一致的。"另一方面，"党的全部活动的历史，只有用马列主义、毛泽东思想的观点来研究和分析，才能得到正确的解释和总结，党史的研究才能提高到科学的地位"。③

从史论统一的原则出发，在具体的党史研究上就要坚持"史论结合"的方法。其内涵表现在："第一，必须用马克思列宁主义的理论来指导历史的研究和编写"；"第二，必须通过对大量史料的分析研究，找出其中内在的联系，即规律性，对历史发展过程的全貌或历史事件、问题，做出理论的分析和概括"；"第三，在《国际共产主义运动史》、《联共（布）党史》、《中国革命史》、《中国人民解放军战史》这类书里，还有一个重

---

① 胡华：《谈党史编写工作》，载《读书》1979年第4期。
② 胡华：《谈党史编写工作》，载《读书》1979年第4期。
③ 胡华：《关于党史课的教学与研究中的几个问题》，载《教学与研究》1962年第5期。

要的任务，就是要把从马克思到毛主席的马克思列宁主义经典作家的重要著作的基本思想及其在历史上的作用，写进这些历史著作里面去"。①

为进一步说明"史"和"论"两者需要有机结合、不可偏废，胡华从反面阐述了"史""论"脱节的情况：

> 第一，如果党史的研究和讲授只是单纯地搜集和考订一些历史材料、堆积和叙述一些历史现象，既不能用马列主义、毛泽东思想的理论观点来正确地分析和总结历史现象、历史事件，又不能正确地阐明马列主义、毛泽东思想的理论和政策在各个历史时期指导革命历史发展中的伟大作用；那么，这样的党史研究就是"史"和"论"的脱节。没有了"论"，"史"的研究也不能成为科学。第二，如果党史的研究和讲授，只是空洞抽象地叙述一些各个历史时期马列主义、毛泽东思想的各篇著作的一般内容，脱离了活生生的历史事实，或者只是"以论带史"附带地讲到一些历史事实，那么，这样的历史研究，就是"论"和"史"的脱节；没有了"史"，"论"也就显得概念化、公式化，同样不能成为党史科学，而顶多只能成为各个历史时期党的主要文件、政策的摘录和汇编。②

应当说，史论统一是历史自身发展的内在逻辑和规律，史论结合则是这一规律在历史研究上的具体表现和要求。党史研究亦不例外。如胡华所强调的："党史科学本身，就应该是'史'和'论'的统一、'史'和'论'的结合；无论偏废了哪一方面，都不能使党史的研究成为科学。"③

综上所述，任何中共党史学者应在坚持实事求是基本原则的基础上，进一步遵循史论统一和史论结合的重要原则，自觉运用马克思主义理论指导中共党史研究，在客观叙述中共党史进程的同时，加以科学的总结，加强中共党史著述的理论性。

---

① 胡华：《关于历史的研究和编写的几个问题》，载《军事学术研究通讯》1963年第9期。
② 胡华：《关于党史课的教学与研究中的几个问题》，载《教学与研究》1962年第5期。
③ 胡华：《关于党史课的教学与研究中的几个问题》，载《教学与研究》1962年第5期。

六、中共党史史料的占有和掌握

史料是史学研究的基础和根据，史学研究在很大程度上依赖于史料的获取和运用。马克思曾指出："研究必须充分地占有材料，分析它的各种发展形式，探寻这些形式的内在联系。只有这项工作完成以后，现实的运动才能适当地叙述出来。"① 恩格斯也明确指出："即使只是在一个单独的历史实例上发展唯物主义的观点，也是一项要求多年冷静钻研的科学工作，因为很明显，在这里只说空话是无济于事的，只有靠大量的、批判地审查过的、充分地掌握了的历史资料，才能解决这样的任务。"② 因此，没有史料的支撑，"巧妇难为无米之炊"，党史研究就只能成为无本之木、无源之水，再好的学者也无法创作出科学的、有价值的成果来。

胡华在长期的学术实践中深刻体认到史料对于党史研究的极端重要性。新中国成立之初，胡华就强调史学工作者要重视史料搜集工作，并注意到口述史料的重要价值。他指出："需要学习掌握历史唯物主义，把它应用到具体历史的研究中来"，"还须经常地有系统地认真留意和搜集有关的大量史料，并向现在活着的一些历史人物请教"。③ 1951年6月，胡华在《学习〈实践论〉与研究中国革命的历史——纪念中国共产党诞生三十周年》一文中再次强调："我们只有认真地搜集关于中国政治、经济、文化和革命战争的各种史迹的材料，搜集活人口述材料，和自己参加一定的革命实践，才算得到了这方面的感性认识。"④ 只有掌握了大量的感性材料，才能进一步去伪存真、去粗取精、由此及彼、由表及里，得到对历史的理性认识，总结出经得住检验的结论。

从史学工作者个人角度来说，应当尽其所能地搜集史料，在丰富的史料基础上展开研究。但是档案由国家统一保管，具有严格的调阅制度，许

---

① 中共中央马恩列斯著作编译局编：《马克思恩格斯选集》第2卷，人民出版社1995年第2版，第111页。
② 中共中央马恩列斯著作编译局编：《马克思恩格斯选集》第2卷，人民出版社1995年第2版，第39页。
③ 胡华：《怎样讲授中国新民主主义革命史》，载《新建设》1953年第1期。
④ 胡华：《学习学习〈实践论〉与研究中国革命的历史》，见《胡华文集》第4卷，中国人民大学出版社2013年版，第348页。

多档案未对外公开，非一般的史学工作者所能借阅利用。这一问题并非一己之力所能解决，需要国家进一步加强档案工作，尽可能地向史学工作者开放、为科研工作服务。1979年5月，胡华在中国人民大学召开的档案工作科研大会上的书面发言中强调："没有党的历史档案作依据，党史研究很难做到准确，很难成为科学。"① 历史档案记载了大量的原始历史信息，是最有价值的研究资料。但若不加以科学利用，其自身价值难以呈现和发挥。胡华在发言中陈述了美日等国重视资料汇编和搜集档案工作的情况，揭示当时我国档案工作落后的现状，呼吁档案工作要为史学工作服务，并提出几条具体而中肯的建议："（一）开放中央档案馆和省、地、县档案馆的部分档案；（二）继续征集和收集散在各地的和私人手中的档案资料，继续影印珍贵的有关党史的档案、文献；（三）编出公开的和内部的《党史档案资料》刊物，组织人力编出公开的和内部的编年的党史档案资料集和党史档案的专题丛书，继续整理和编出南京国民党档案；（四）放宽进口国外和港台地区印出的有关中共党史的档案资料和文献，去伪存真，加以鉴别；（五）大力支持和扩大人民大学档案系，有条件的大学历史系和各地档案馆也可开办档案专业或档案训练班，培养档案人才。"② 上述建议对改进档案工作、发挥档案对中共党史研究的支撑作用具有现实的指导意义。1981年，胡华在大连市党史学术讨论会上再次倡议："档案部门应真正贯彻中央的'以用为纲'的方针，历史档案应该向党史研究工作者开放，尤其是30年前的档案。"③ 在胡华等老一辈党史学者的共同呼吁和倡导下，20世纪80年代以来，国家解密、汇编了一批重要的文献档案，还组织翻译了许多苏联解密档案，档案的利用程度大幅提高，一批学者利用新解密的档案，研究出了不少新成果，推动了党史研究的进一步深入。

搜集到的史料并不一定都能反映历史事实，不能对史料不加分辨地随意利用，还要注意对史料进行整理、分析、消化，去伪存真，才能真正地

---

① 胡华：《加强档案工作同党史研究工作的配合和联系》，见《胡华文集》第4卷，中国人民大学出版社2013年版，第481页。

② 胡华：《加强档案工作同党史研究工作的配合和联系》，见《胡华文集》第4卷，中国人民大学出版社2013年版，第483页。

③ 胡华：《纪念建党60周年，掀起学习和研究党史的高潮》，见《胡华文集》第3卷，中国人民大学出版社2013年版，第458页。

占有史料、利用史料。毛泽东在《改造我们的学习》一文中就提出："要凭客观存在的事实，详细地占有材料，在马克思列宁主义一般原理的指导下，从这些材料中引出正确的结论。"① 所谓"详细地占有材料"，胡华给予了具体的解释和说明，他认为："第一，必须力求全面。只根据片断的、很不完整的材料，或者'孤证'，是引不出正确的结论来的。这就需要有不厌其烦、不避艰难、竭力搜求材料的精神。第二，必须力求准确。如果所占有的材料是错误的，或者内容有许多不准确的地方，或甚至是伪材料，那么，同样引不出正确的结论来，甚至会造成很大的谬谈，所谓'差之毫厘，失之千里'。这就需要有细心审慎的考订（比较、辨伪）材料的精神，务使所掌握的材料是确实可靠的，并且力求是第一手的，以免以讹传讹。"② 胡华的这一解读是比较全面和准确的。对于史学研究来说，最重要的基础工作便是全面、准确地掌握史料，只有这一工作做得扎实、细致，引出的结论才能更具有说服力和科学性，经得起时间的检验。

对于如何掌握和熟悉史料，胡华提出了两大步骤。"首先，一般说，根据所研究的问题，先要有一个搜集史料的提纲。然后，按这个提纲来广泛地搜集、阅读和摘取有关的材料。对于摘取重要的材料，一般采用做'卡片'的方法。对于选用大量的材料，一般采用做'索引'的方法。此外，还可以用写笔记、写心得等方法。这些可以根据各人的经验来灵活运用。其次，可以把所掌握的材料，分门别类加以系统化；经过考订、比较，进一步可以写成年表、纪事表或历史事件对照表，这样就初步可供利用，也可供进一步补充、考订之用。"③ 现今，由于网络技术和数据库系统的快速发展，搜集史料的手段、方法更加多元、先进、科学，掌握和熟悉史料也更为简便、快捷。无论技术如何进步，对于党史工作者来说，掌握和熟悉党史资料，是开展研究的必要前提，这方面的功夫必须下足。

七、中共党史工作者研究水平的提高

中共党史学的发展依赖广大党史工作者的共同努力，中共党史研究的

---

① 《毛泽东选集》第3卷，人民出版社1991年版，第801页。
② 胡华：《关于历史的研究和编写的几个问题》，载《军事学术研究通讯》1963年第9期。
③ 胡华：《关于历史的研究和编写的几个问题》，载《军事学术研究通讯》1963年第9期。

总体水平也在很大程度上取决于党史工作者的素质和能力。因此，加强中共党史工作者的队伍建设、提高整体素养，是推动中共党史学长远发展的一个重要课题。

就如何提高研究水平，胡华提出了不少见解。例如，他认为党史工作者需要具备广博的知识。胡华指出："研究党史，还需要有一些必备的基础知识：像中国史和世界史，特别是中国和世界近代史的知识，中国地理的知识，国际共产主义运动史的知识，马列主义的哲学特别是历史唯物主义的知识，经济学的知识，还需要有一定程度的中国古文和文学的知识。"① 历史包罗万象，中共党史内容也纷繁复杂，涉及经济、政治、军事、文化等诸多方面，单一的知识结构、狭窄的学术视野难以满足现代中共党史研究的客观需求。为了进一步推动中共党史研究走向深入，需要借鉴和吸收其他学科的研究方法和理念，有些问题甚至需要跨学科的研究，这就更需要中共党史工作者具备多学科的知识背景。因此，中共党史工作者在深钻本学科内容的同时，还应广博地吸收其他相关学科的知识。早在1962年，胡华就在人民大学校刊《教学与研究》杂志第五期上发表文章强调，国际共产主义运动史知识是研究中共党史必备的基础知识之一。他说："'博而后返诸约'，要有适当的'博'，才能进一步提高我们的研究水平。"② 需要指出的是，博学是为"专精"服务的，不能本末倒置，一味地追求博学，而忽视本领域研究的专业和精深。

此外，通过长期的实践，胡华对党史工作者如何提高研究水平提出了"两步走"的建议。他提出："第一步，必须熟读马列主义创始人的与中国革命和建设关系较密切的一些基本经典著作，必须熟读《毛泽东选集》，必须熟悉党史的基本内容和基本材料。"③ 中共党史研究离不开对马克思主义理论和中共党史本身内容的掌握。一部党史实际上就是马克思主义中国化的历史，研究党史首先要把握马克思主义基本原理，熟悉党领导人民进行革命、建设、改革的基本历程。延安整风时，中共中央编译了一些马克思主义的经典著作，整理了不少党的重要历史文献，其目的就是通过对它们的学习，提升全党的马克思主义理论水平和加强对党的历史的把

---

① 胡华：《关于党史课的教学与研究中的几个问题》，载《教学与研究》1962年第5期。
② 胡华：《关于党史课的教学与研究中的几个问题》，载《教学与研究》1962年第5期。
③ 胡华：《关于党史课的教学与研究中的几个问题》，载《教学与研究》1962年第5期。

握,从而自觉运用马克思主义理论认识中共党史进程,总结其中的经验教训。所以,胡华认为:"熟悉马列主义创始人的最基本的经典著作,熟悉毛泽东著作和熟悉党史的基本内容与基本材料,这是研究党史的'基本功',也是我们提高的第一步功夫。"① 他进一步指出,"在这个基础上,再开始提高的第二步,就是通过专题研究来提高"。"你深入研究了某个专题,阅读和搜集了大量材料,在这方面,就提高了;同时也提高了研究能力;触类旁通,随着科学研究的发展,你的水平也不断提高。"② 中共党史工作者尤其是初学者应按照胡华所提出的"两步走"方案,先打牢自身的基本功,夯实学科基础,然后再通过专题研究逐步提高自己,久而久之,自身的研究水平必定有质的飞跃和突破。

第二节 关于编写中共党史人物传记的认识

一、中共党史人物传记的编写意义

胡华晚年一个突出的学术成就是主编了大型丛书《中共党史人物传》1—50卷,用鲜活的文字记载了诸多党史人物的生命历程和历史功绩。从1979年到1987年的8年岁月中,胡华为此殚精竭虑、不辞劳苦,付出了大量的精力和心血,丰富的实践也使他对编写人物传记心得颇深。

1979年12月,在广州举行的中共党史人物传第一次学术讨论会上,胡华当选为全国中共党史人物研究会常务副会长兼《中共党史人物传》主编。担任《中共党史人物传》的主编后,胡华曾在多处场合和文章中反复论述编写中共党史人物传记的重要意义。

他认为,其一,"人物传记是历史学的一种重要的基本的体裁,党史人物传是中共党史、中国现代史的一个重要组成部分"③。"在世界上,历史学和历史书,主要也是两种体例,一种是编年史性质的通史、专史或断

---

① 胡华:《关于党史课的教学与研究中的几个问题》,载《教学与研究》1962年第5期。
② 胡华:《关于党史课的教学与研究中的几个问题》,载《教学与研究》1962年第5期。
③ 胡华:《关于党史人物传记的研究和写作问题》,载《福建党史月刊》1985年第3期。

代史；再一种体例，就是人物传记。"① 可见，撰写中共党史人物传记无疑在中共党史研究中占有重要的一席之地。其二，"我们写革命前辈的牺牲奋斗的传记，既是为了纪念和缅怀前人，更是为了教育后人，给后人以怎样做一个共产主义者的活的榜样"②。革命的成功来之不易，它是无数先辈浴血拼搏、英勇献身换来的，作为后人，我们在享受他们艰辛开创的奋斗成果、沿着他们铺垫的新道路上前进时，不应遗忘他们英勇奋斗的光辉历程，不应湮没他们在革命中的丰功伟绩。同时，革命前辈们坚持马克思主义信仰、坚持真理的崇高精神值得颂扬和传承。他们的生命历程中有许多闪光点，为后人提供了学习的榜样和楷模。因而，编写党史人物传既可以追思、缅怀前人，也可以教育、启迪后人。其三，"通过党史人物传的编写，大大充实和丰富了党的历史，比较生动具体地反映出许多重大历史事件中党的活动，勾画出了许多战线和地区党的发展史"③。编写的中国现代史、中国革命史和中共党史著作，往往只能叙述和分析历史发展的梗概、重要事件的经过和领袖人物的某些活动，许多重要人物的事迹无法呈现。然而，一个伟大历史人物的一生，往往是一部历史的缩影。中共党史人物传记，通过一个个具体人物的成长和发展历程，给人们提供许多历史事件中党的领导和党员活动的具体情节，反映出许多战线和地区党的发展史中较为详细的情况，从而具体地显示出历史的经验、得失。其四，"我们抓紧编写党史人物传，还是要强调抢救史料的紧迫性"④。编写中共党史人物传记，不仅要穷尽搜集有关传主的文字资料，还要寻找活资料。从人们的记忆中挖掘出的传主的思想轨迹和生命历程，可为研究中共党史提供丰富的史料。

从大力呼吁编写中共党史人物传记，到承担《中共党史人物传》的主编工作，胡华始终尽心竭力，这源于他对编写党史人物传记重要性的深刻认同和作为党史学家的使命感和责任感。

---

① 胡华：《关于党史人物传记的研究和写作问题》，载《福建党史月刊》1985年第3期。
② 胡华：《论〈中共党史人物传〉的编写》，载《求索》1984年第1期。
③ 胡华：《论〈中共党史人物传〉的编写》，载《求索》1984年第1期。
④ 胡华：《论〈中共党史人物传〉的编写》，载《求索》1984年第1期。

二、中共党史人物传记的编写要求

胡华作为大型丛书《中共党史人物传》的主编，为保证传记的品质，对每一篇稿件都严格审核把关，提出了编写党史人物传记的具体要求，即科学性、准确性、鲜明性和生动性。

胡华指出："科学性，就是要求我们用马克思主义的立场、观点、方法，用历史唯物主义，作为编写传记的指导思想。"① 一方面，"传记的科学性，就是要写出党史人物既是人民的一分子、党的一员，又是一位有其特点的杰出的人物。要实事求是地用事实说明问题，既不要任意发挥，擅作溢美之词，片面夸张个人的作用，也不要贬低，抹煞人物的特点、出色之处和历史功绩"②。历史唯物主义是历史研究和写作的根本原则，写人物传记自然也要以历史唯物主义为指导。对待党史人物的功过是非，要实事求是，以事实为依据。另一方面，"要通过写前人的事迹、言论，用马克思主义观点，找出一些规律性的东西，分析成败得失的经验，使人读了传记，在思想上有所收获，得到启迪和教益"③。写传记不能仅罗列和记述人物的事迹和活动，简单地再现人物的人生轨迹和生命历程，还要做一定的理论分析，总结出一些规律，从而提高传记的思想性，给读者以更大的教育和启迪。准确性指的是"党史人物传必须是信史，要做到言必有据"④。人物传记应反映人物真实的成长历程，容不得半点虚构和演绎，每一句话都要经得住考验，每一个材料都必须有据可查，从而确保能够真实地反映传主的生平和事迹。鲜明性则指："写党史人物传记，有着鲜明的目的，这就是纪念前人，树立楷模，教育后人，有利于党的事业。革命人物有共性，有个性，我们要注意写出人物的性格、作风、特点来，而不要写成千人一面，使人们读后对人物的印象不深。"⑤ 党史人物往往在理想信念、道德情操等许多方面具有共性的一面，但每个人都有与众不同的一面，在具体推动社会发展中也具有自身的特殊性，因此，撰写人物传记

---

① 胡华：《论〈中共党史人物传〉的编写》，载《求索》1984年第1期。
② 胡华：《论〈中共党史人物传〉的编写》，载《求索》1984年第1期。
③ 胡华：《论〈中共党史人物传〉的编写》，载《求索》1984年第1期。
④ 胡华：《论〈中共党史人物传〉的编写》，载《求索》1984年第1期。
⑤ 胡华：《论〈中共党史人物传〉的编写》，载《求索》1984年第1期。

更要侧重突出人物的特性，将传主独具特色的一面呈现出来。生动性的含义在于，"深入研究人物，熟悉人物，在这个基础上，可以对人物活动的重大情节作些生动描写"①。在传记写作中，运用生动、活泼的语言对人物活动情形和心理状态进行刻画，做到"以事感人，以理服人，以情动人"，有利于凸显人物个性，增强传记的吸引力和可读性。

在主编《中共党史人物传》的过程中，胡华一直以上述四点要求每一位传记作者，在是否采用稿件上也以此为主要准绳，严格把关，精心修改，从而有效地保证了该多卷本传记的整体质量。

三、中共党史人物传记的编写方法

为进一步给传记作者提供帮助和指导，胡华及时总结了一些传记写作过程中的注意事项和具体方法。这主要包括：

关于党史人物的发展过程。胡华认为："要如实写出党史人物的思想和行动的发展过程，不要把党史人物写成天生的圣哲。"② 任何党史人物，都是在革命和建设实践中经过千锤百炼、风霜洗礼逐渐成长起来的，无一不经历从幼稚到成熟、从茫然到坚定的发展过程。把党史人物写成天生的圣哲，则显然违背了历史唯物主义的基本原理。

关于党史人物的历史功绩。胡华认为："要用事实来说话。就是要把人物奋斗的事迹说清楚，要把人物在历史事件中的地位和作用作出恰当的交待。"③ 对于怎样呈现党史人物的地位和作用，胡华提出两点注意事项：一是分清主次，即"对人物的一生中主要的重要的事迹要写得充分……而对于一些次要的事迹，可以写得简略些"④。叙述党史人物的事迹，不能平铺直叙、面面俱到，而要有所选择、有主有次、有轻有重。二是注意角度，即"要着重从他参加革命活动、党的活动这个角度来写，其他方面的贡献和成就不作更多的展开"⑤。事实上，很多党史人物既是职业革命家，又是文学家、史学家、诗人等，在其他方面也有所建树甚至成就显

---

① 胡华：《论〈中共党史人物传〉的编写》，载《求索》1984年第1期。
② 胡华主编：《中共党史人物传》第25卷，陕西人民出版社1985年版，第342页。
③ 胡华主编：《中共党史人物传》第25卷，陕西人民出版社1985年版，第343页。
④ 胡华主编：《中共党史人物传》第25卷，陕西人民出版社1985年版，第343页。
⑤ 胡华主编：《中共党史人物传》第25卷，陕西人民出版社1985年版，第344页。

著，但由于是写党史人物传记，受体裁的限制，应主要从他为党和国家所做的贡献这一角度来写，其他方面的成就则不宜描述过多，防止冲淡主题、主次不分。

关于党史人物的过失。一些党史人物在革命和建设过程中功绩突出，但也犯有或大或小的过失。胡华认为："我们写历史人物传记，主要的是注意写大是大非的功过。一些小是小非，无关大局的生活琐事方面的偶然的小过失，则不必上传。对于党史人物的一些关系到大局的重大的过失，则必须写，不能回避。我们要写明人物重要过失的事实，分析过失的性质和严重程度，指出教训，使读者看了党史人物的传记，从前人的失误中，也能得到有益的教训。"① 金无足赤，人无完人。在某种程度上说，犯错和失误是每个人成长过程中不可避免的，总结其中的经验教训往往能促进个人的成长与进步。因此，客观地叙述并深刻分析重大过失，不仅是全面展现历史人物的需要，也是分清是非、辨别真理与谬误，从而总结经验教训的需要，但对于一些细小的过失，不宜纠缠，苛求于前人。

关于写党史人物的优良品德和作风。许多党史人物在中国革命和建设、改革的事业中展现了高尚的品德和优良的作风，他们是后辈的楷模和榜样。因此，胡华强调："我们写传记，就要注意把这些为后人留榜样的好儿女的精神风貌、道德情操、优良作风写出来，这是不可缺少的重要内容。"②

关于党史人物传记如何按历史顺序写作。历史事件的发生发展是有先后次序的，历史人物也是从童年、少年、青年、中年到老年渐次成长起来的。按时间顺序写作是历史学的基本规范之一。胡华认为："写历史人物传记，应该按照历史的顺序，基本上按编年的叙述的体裁，来写人物一生的发展过程。"③ "我们写正式的历史人物传记，不采取文学小说、电影的那种倒叙的、穿插的手法。"④ 按照时间维度撰写人物传记，才能清晰地反映党史人物的成长历程。

关于怎样写历史人物活动的历史背景。胡华认为："历史人物活动的

---

① 胡华主编：《中共党史人物传》第25卷，陕西人民出版社1985年版，第344页。
② 胡华主编：《中共党史人物传》第25卷，陕西人民出版社1985年版，第346页。
③ 胡华主编：《中共党史人物传》第25卷，陕西人民出版社1985年版，第347页。
④ 胡华主编：《中共党史人物传》第25卷，陕西人民出版社1985年版，第348页。

历史背景,是必须写的。因为人的言行,是在什么历史背景下发生的,关系是很大的。"① 任何历史人物的言行都是在特定的社会历史背景下发生的,具有社会历史性。胡华强调:"我们不能脱离历史条件来叙述人物活动,更不能离开历史条件来要求历史人物"②,"要适当地写明时代背景和当时的历史条件"③,但要注意的是,叙述历史背景是为了更准确、清晰地展现历史人物在当时的社会环境下的思想和行动,是为写历史人物做铺垫的,因此,"我们也不要把人所共知的、一般的历史背景叙述得太多,扯得太远"④。过多地描绘历史背景,会冲淡主题,显得拖沓,占据叙述历史人物的写作空间。

综上所述,胡华对中共党史学的学科性质、学科特点、研究对象、研究内容以及党史人物传记写作等诸多问题的理性认识,是他在长期的学术实践中勤于思考和总结得出的,是其学术思想的一个重要组成部分。当然,囿于所处历史环境、条件和自身认识,他的某些论述并不全面,有些认识甚至带有历史的陈迹,但这是我们不能苛求于前人的。总体来说,他较早地探讨了中共党史学的一些基本理论问题,为中共党史史学理论的拓展和完善奠定了较好的基础。

---

① 胡华主编:《中共党史人物传》第25卷,陕西人民出版社1985年版,第348页。
② 胡华主编:《中共党史人物传》第25卷,陕西人民出版社1985年版,第348页。
③ 胡华:《关于党史人物传讨论会的指导思想》,见《胡华文集》第5卷,中国人民大学出版社2013年版,第237页。
④ 胡华主编:《中共党史人物传》第25卷,陕西人民出版社1985年版,第349页。

第三章 胡华的宏观中共党史研究

编著中共党史通史或断代史对任何学者来说都是极大的挑战。它不仅要求作者掌握广博的历史知识、宏观的思维、丰富的史料，具有高超的驾驭材料和精炼的文字表达能力，还要求作者善于自觉地运用历史唯物主义和辩证唯物主义进行阐述的同时，加以理论概括、分析和总结，从而揭示出历史发展规律、得出有益的经验教训。在胡华的中共党史著述中，既有对细小问题的探幽索微和深钻细研，又有对宏观历史的广角叙事、宏观分析。胡华一生中编著和主编了三部中共党史断代史著作，包括《中国新民主主义革命史》《中国革命史讲义》《中国社会主义革命和建设史讲义》。这些著作在当时和以后很长的一段时间内都产生了不可低估的学术与宣传影响，本章旨在对它们逐一进行介绍和评述。

第一节 撰写《中国新民主主义革命史》

一、《中国新民主主义革命史（初稿）》的史学成就及特色

新民主主义革命史是中国共产党领导中国人民经过浴血奋斗、艰苦卓绝的英勇斗争，成功推翻帝国主义、封建主义和官僚资本主义三座大山的压迫，实现民族独立和民族解放，实现广大人民当家作主、建立自由民主的新中国的辉煌历史。这段历史不仅反映了中国共产党的产生以及经过各种艰难考验、复杂斗争而逐渐成熟的发展历程，还展示了马克思主义传入中国后如何和中国实际相结合，进而形成毛泽东思想的过程，呈现了中国人民如何选择中国共产党并在它的领导下顽强斗争的奋斗过程，以及中国由半殖民地半封建社会蜕变为自由民主的新民主主义社会的历程。因此，新民主主义革命在中共党史上具有举足轻重的历史地位，这也决定了新民

主主义革命史成为中共党史研究的重镇。尤其是党的十一届三中全会以前，广大党史学者的学术旨趣大都集中在新民主主义革命时期。

为了使全国人民尤其是原国统区人民了解新民主主义革命的经过是怎样的；在灾难深重的旧中国，各族人民为什么选择了中国共产党；在完成这场伟大的革命中，党因何成为中华民族的中流砥柱……胡华遂以在华北大学编写的《中国近代革命史讲话》一书为蓝本，吸收周恩来、吴玉章、胡乔木、田家英、王惠德、邓拓、胡绳、叶蠖生、何干之等有关领导及学术界专家提出的意见建议，编写了《中国新民主主义革命史（初稿）》（以下简称《初稿》），并于1950年3月由全国新华书店出版发行。由于它是中华人民共和国成立后首本新民主主义革命史著作，不仅成为当时中学和大专院校的教材，还成为广大党员、群众的必读之作。一时间，全国掀起学习社会发展史和新民主主义革命史的热潮。该书一版再版，在"文化大革命"以前，仅人民出版社就印行了13版，共230多万册；东北、上海、汉口、天津等地的新华书店和华东军区、广州中国南方大学等有关单位相继印行，另有外文出版社和民族出版社出版了日文版、朝鲜文版，以及哈萨克族、维吾尔族等少数民族文字版本。1981年，经胡华本人重新修订、完善，该书又由中国青年出版社再版；外文出版社同时翻译成英、日、法、德等文字出版。2009年，经中共中央党史研究室（现中央党史和文献研究院）专家修订，中国青年出版社又重版印行。

由于"文化大革命"以前的《初稿》出版了13次，每出一版，胡华都会根据前一版的不足以及当时所能收集到的新资料加以修订，此处仅对1950年3月版的《初稿》加以评析。

《初稿》"在占有大量史料的基础上，清晰地梳理了新民主主义革命的历史进程，充分阐述了中国革命的历史必然性和积极成果，并且融入自己参加革命的心得和激情"[①]。该书的影响是广泛而深远的，不仅在当时推动了全国人民学习中国革命史的热潮，而且哺育了几代中共党史学者，为后人继续研究这段辉煌的历史奠定了初步的基础。正如有的学者指出的："在建国初期专业著作十分鲜见的年代，能够得到此书，如获至宝，为我从事中共党史专业教学和科研工作的起步奠定了良好基础，这恐怕是

---

① 陈威：《研究新民主主义革命历史的奠基之作——读胡华〈中国新民主主义革命史〉》，载《求是》2009年第21期。

新中国建立伊始，党培养的第一代政治理论课教师共同的经历和感受。"①《初稿》的史学成就是显而易见的，归结起来主要有两点。

第一，该书奠定了新民主主义革命史的研究体系和基本框架。《初稿》共分为四编十章，将五四运动到抗日战争胜利的这段革命历史划分为四个时期，依次为"中国新民主主义革命的开始时期——'五四运动'（一九一九年至一九二一年）""第一次国内革命战争时期（一九二一年至一九二七年）""第二次国内革命战争时期（一九二七年至一九三七年）"和"抗日民族解放战争时期（一九三七年至一九四五年）"。这一历史分期与稍晚问世的《中国共产党三十年》中的分期的不同之处在于，它将五四运动作为一个独立的历史时期，而《中国共产党三十年》一书则将五四运动的内容作为中国共产党成立的历史背景，放在"党的成立和第一次国内革命战争时期"中予以追述。《初稿》以五四运动作为新民主主义革命史的开端，吸收了毛泽东的一些判断和认识。毛泽东曾明确指出："我们研究党史，只从一九二一年起还不能完全说明问题，恐怕要有前面这部分的材料说明共产党的前身。这前面的部分扯远了嫌太长，从辛亥革命说起差不多，从五四运动说起可能更好。"② 如果书写新民主主义革命史仅从中国共产党成立开始，则难以说明旧民主主义革命失败后，中国人民如何经过艰辛的探索走上新民主主义革命的新型道路，难以说明近代的许多仁人志士是如何在探求比较中选择马克思主义并转变成坚定的马克思主义者，也难以说明中国共产党成立的历史必然性。而且，五四运动推动了中国无产阶级走上历史舞台，新民主主义革命由此开端，从五四运动开始书写中国新民主主义革命史是比较合理且适当的。胡华所建构的中国新民主主义革命史分期体系和革命史时间起点，对以后的中国新民主主义革命史和中共党史研究影响深远，后来的许多相关著作都沿用这一历史分期或在此基础上稍有调整。

由于当时新中国才刚刚成立，胡华还来不及搜集资料将这段历史书写出来，但社会上又急需新民主主义革命史的教材，所以《初稿》不得不在缺少解放战争时期内容的情况下出版，因而体系上并不完整。

---

① 郑德荣：《我心目中尊敬的师长和学术大师》，见陈威、杨凤城主编《长与英烈共魂魄——追思史学家胡华》，中国民主法制出版社2011年版，第68页。
② 《毛泽东文集》第2卷，人民出版社1993年版，第402页。

第二,该书提出了一些创新的理论观点。一本史书的价值不仅在于叙史,通过精炼的文字、清晰的描述让读者了解历史经过,还在于论史,即运用马克思主义的立场、观点和方法对历史事件和历史现象给以透彻的分析,从而提炼出科学的理论观点,使读者得到思想上的教育和启发。《初稿》根据大量的史料,不仅简略地叙述了中国共产党领导全国人民进行新民主主义革命的光辉历程,还在此基础上加以科学的总结和归纳,提出了不少创新性见解和真知灼见,为人们深刻理解这段历史提供了重要的参考。

五四运动是中国近现代史上具有划时代意义的重大历史事件,开启了新民主主义革命的开端。毛泽东在民主革命时期曾多次谈及五四运动,如他指出:"在一九一九年五四运动以前(五四运动发生于一九一四年第一次帝国主义大战和一九一七年俄国十月革命之后),中国资产阶级民主革命的政治指导者是中国的小资产阶级和资产阶级(他们的知识分子)。""在五四运动以后,虽然中国民族资产阶级继续参加了革命,但是中国资产阶级民主革命的政治指导者,已经不是属于中国资产阶级,而是属于中国无产阶级了。"① 毛泽东界定了五四运动前后中国民主革命的指导者,但五四运动本身由谁领导的问题并没有阐明。《初稿》则明确指出:"一九一九年的'五四运动',是一个政治运动,又是一个文化运动。中国具有初步共产主义思想的知识分子自觉地参加了这一运动的领导,使得这次运动成为与以往许多次的民主运动大不相同的一次,开辟了中国民主运动的新的一章。"② 在书中另一处又再次说明,五四运动"这个任务不是在资产阶级领导之下进行的,而是在具有初步共产主义思想的知识分子领导之下进行的"③。这些论述应该是最早明确地表述五四运动的领导者是具有初步共产主义思想的知识分子的观点。新中国成立之初,社会上关于五四运动的领导权问题产生过一些争论和分歧。为此,1950年4月1日,胡华在北京人民广播电台主持的"新民主主义论"广播学习讲座中专门讲解了《谁领导了'五四运动'和第一次大革命》,进一步阐发了《初稿》的观点。随后,《人民日报》总编辑邓拓发表《谁领导了五四运动》

---

① 《毛泽东选集》第2卷,人民出版社1991年第2版,第672页。
② 胡华:《中国新民主主义革命史(初稿)》,新华书店1950年第1版,第15页。
③ 胡华:《中国新民主主义革命史(初稿)》,新华书店1950年第1版,第16页。

一文，再次表达同样的观点："三十年前的五四运动，是以共产主义知识分子、革命小资产阶级知识分子和资产阶级知识分子的统一战线为基础，而以共产主义知识分子为领导骨干的反帝反封建的革命运动。"① 这就明确肯定和支持了胡华的观点。

在第一次国内革命战争后期，随着蒋汪集团的"清共""分共"，第一次国共合作完全破裂，中国共产党成为蒋汪集团绞杀和清洗的对象，难以合法公开地存在，被迫转入地下。由此，革命的两大任务无一完成，宣布了大革命以失败告终。究其缘由，当时的中国共产党领导人陈独秀难脱其责。《初稿》认为："在这次革命的最后一个时期内，中国共产党党内以陈独秀为代表的右倾思想，发展为投降主义路线，并在共产党的领导机关占了统治地位，以至于当反动派叛变革命，向人民突然袭击的时候，中共与人民不能组织有效的抵抗，致使这次革命终于失败了。"② 在今天看来，把第一次国内革命战争失败的主要责任归咎于陈独秀是有失偏颇的，但在那个时代这一观点却代表了中国共产党人的群体意识。此外，《初稿》还从统一战线问题、政权问题、武装问题、党的建设问题、土地问题五个方面总结概括了陈独秀的主要错误。归结来说就是，在与资产阶级建立统一战线的过程中，只讲联合，不讲适当的斗争，以致把无产阶级引导去迎合资产阶级一群一党的私利。在政权问题上，没有实行从根本上打碎过去反革命阶级的全部统治机器、建立真正的革命人民的民主专政的无产阶级方针。在武装问题上，一味迁就蒋介石，没能建立独立的共产党领导的革命军队。在党的建设问题上，没能很好地巩固党的组织，加强党内教育，清除党内不良分子。在土地问题上，没有批准农民的土地要求，限制了农民的斗争。现在看来，这些总结也未必准确和全面，但在当时来说，能够具体地分析陈独秀的错误，而不是简单地下结论，具有较强的说理性。

1927年，毛泽东率领秋收起义的队伍进军井冈山，开辟了中国第一个红色革命根据地，点燃了星星之火，开启了农村包围城市、武装夺取政权的新型革命道路。《初稿》对此给予高度的评价：

---

① 邓拓：《谁领导了五四运动》，载《人民日报》1950年4月29日。
② 胡华：《中国新民主主义革命史（初稿）》，新华书店1950年第1版，第98页。

第三章 胡华的宏观中共党史研究

毛泽东的向井冈山进军，就是把革命的退却和进攻结合起来的世界革命史上最有名的进军之一。在初时，这是含有退却意义的进军，这个退却的意义，不仅直接保卫了这个退却的力量，而且这个退却同时也是开始一种新的进攻。就是：北伐革命失败，固然使共产党从大城市退却下来，但革命失掉了城市，却武装深入了农村，自觉的领导了工农起来革命。革命的进攻方向是转移了，转移向那反革命的力量较弱、矛盾较多的农村，转移向那有深厚革命基础的农村。这种进攻是放在更深刻的阶级基础上的，进攻的直接目标是反对帝国主义的走狗——当时叛卖革命的国民党，反对封建地主阶级。进攻的道路（是其内容又是其形式）是土地革命、武装斗争与建立革命根据地。所以这个进攻，是比北伐战争时期更进一步了。当反革命的黑暗恐怖横扫全国的时候，毛泽东、朱德和在他们周围的许多同志和那些与毛泽东采取同一方向的各地许多同志，在实际上代表中国共产党全党，引导中国共产党全党同志和工农兵，找到了一条继续革命斗争、保存与壮大革命力量的唯一正确的道路。这一条进行武装斗争、实行土地革命、扩大革命根据地以取得胜利的道路，虽然是艰苦的，却是极深刻的击中敌人要害的道路。经过这条道路，革命力量像毛泽东所说，在开始虽然还是"星星之火"，但后来就又像毛泽东所说的，发展为"燎原之火"了。①

这段论述中，胡华精妙地运用列宁关于进攻和退却的思想，对毛泽东领导军队向井冈山进军的战略选择给以深刻的阐释和解读，并论述了井冈山根据地开辟的深远历史意义。这一认识被后来的许多中国革命史和中共党史著作所吸收。20世纪50年代另一具有重大影响的著作《中国现代革命史》便基本采用了这一论断和分析。

一般来说，写史有一定的模式可以遵循，但由于著者所掌握的史料和写作思路的差异，因此往往形成了不同的叙史特点和风格。《初稿》所彰显的叙史特色和风格主要在于：

第一，突出毛泽东及毛泽东思想。毛泽东是伟大的马克思主义者，伟大的无产阶级革命家、战略家和理论家，是中国革命的卓越领导人。毛泽

---

① 胡华：《中国新民主主义革命史（初稿）》，新华书店1950年第1版，第111－112页。

东思想是在探求中国革命道路的征程中,运用马克思主义观察中国现实问题并与中国实际相结合的理论产物,是中国革命的指导思想。新民主主义革命史在某种程度上说,也是毛泽东思想逐步形成、发展、成熟并指导中国革命走向胜利的历史。无可争议的是,毛泽东在中国新民主主义革命走向胜利中的历史功绩是他人无法比拟和超越的。正如《关于建国以来党的若干历史问题的决议》中所说:"如果没有毛泽东同志多次从危机中挽救中国革命,如果没有以他为首的党中央给全党、全国各族人民和人民军队指明坚定正确的政治方向,我们党和人民可能还要在黑暗中摸索更长时间。"① 因此,书写新民主主义革命史的光辉历程,必须突出毛泽东的革命思想和实践。胡华指出:"我们必须用中国新民主主义革命各个历史时期,各个重要的历史环节中的具体历史事实,来说明毛泽东同志在当时的理论和政策,说明毛泽东同志是怎样地正确回答了革命历史实践所提出来的问题,从而指导了实践运动前进,又在新的实践经验的总结中发展和丰富了自己的理论。"②

从内容上来看,《初稿》突出了毛泽东及毛泽东思想,这主要表现在两个方面。

首先,毛泽东这一人物频繁出现。《初稿》所写到的历史人物当中,毛泽东出现的频率最高、次数最多。据初步统计,书中所出现的中国近现代历史人物280多位,毛泽东在正文中出现过173次,仅在章节的标题中就出现过9次。第一章第五节是"毛泽东的初期革命活动,从办《湘江评论》到做工人运动——'五四'时期最正确的方向",第二章第一节是"……第一次全国代表大会与毛泽东反'左'右倾机会主义的斗争……",第二章第三节是"……毛泽东所领导的湖南工人运动的发展",第四章第五节是"毛泽东的《湖南农民运动考察报告》的发表……",第五章第一节是"……毛泽东领导下红军与革命解放区的创造",第六章第一节是"蒋介石的反革命'围剿'与毛泽东领导下中国红军与革命解放区人民四次胜利的反'围剿'斗争",第八章第二节是"……毛泽东《论持久战》一书的发表",第九章第一节是"……在毛泽东领导下中国人民打退了第

---

① 《中国共产党中央委员会关于建国以来党的若干历史问题的决议》,见中共中央文献研究室编《三中全会以来重要文献选编》下,人民出版社1982年版,第793页。
② 胡华:《怎样讲授新民主主义革命史》,载《新建设》1953年第1期。

一次反共高潮",第十章第一节是"毛泽东领导下中国共产党的整风运动……"。从标题的表述足以表明,这些章节主要或部分地阐述了毛泽东的革命活动和思想。实际上,"在章节的标题中突出毛泽东,专节论述毛泽东的实践、思想,称颂他的功绩,这在建国以后的革命史、党史书中,《初稿》首开风气,并对以后的革命史、党史书有很大影响"①。

其次,大量引用毛泽东的言论。《初稿》全书共征引毛泽东的言论达50处之多,所征引的毛泽东著作有《新民主主义论》《反对党八股》《中国社会各阶级的分析》《湖南农民运动考察报告》《论联合政府》《井冈山前委对中央的报告》《论反对日本帝国主义进攻的方针办法与前途》《论持久战》《论新阶段》《目前形势和我们的任务》《组织起来》等十几种重要革命文献。

从征引的用途来看,第一种是为了描述当时的革命形势。胡华置身于具体的历史场景之中,用毛泽东的判断来说明当时中国的革命形势。如第7页在论述中国革命已成为新的世界革命的一部分时,引用了《新民主主义论》中的一段精辟阐述,即"有两种世界革命……他们的革命,就成了无产阶级社会主义世界革命的一部分,他们就成了无产阶级社会主义世界革命的同盟军"。再如第105页,为说明国民党反动派统治下的白色恐怖,征引了《论联合政府》中的话语——"生气蓬勃的中国大革命就被葬送了。从此以后,内战代替了团结,独裁代替了民主,黑暗的中国代替了光明的中国"。第二种是为了评价重大历史事件或重要历史现象。历史事件和历史现象是客观的,但史学家的任务不仅要根据史料进行叙述,还要站在时人的角度和当前的时代高度赋予它们以历史意义,给以公允的评价。在对历史事件和现象的评价中,《初稿》引用了不少毛泽东的判断。如第15页在论述五四运动的历史意义时,引用了《新民主主义论》中的一段话,即"五四运动的杰出的历史意义,在于它带着为辛亥革命还不曾有的姿态,这就是彻底的不妥协的反帝国主义与彻底的不妥协的反封建。五四运动的文化革命则是彻底反对封建文化的运动,自有中国历史以来,还没有过这样伟大而彻底的文化革命"。第三种是为了解释、说明某一历史现象或历史名词。如第6页叙述新文化运动时,引用了《新民主主义论》中对新文化的具体解释,即"新文化,则是在观念形态上反映

---

① 周一平:《中共党史史学史》,甘肃人民出版社2001年版,第157页。

新政治与新经济的东西，是替新政治新经济服务的"。再如第 8 页解释新民主主义革命时，引用了《在晋绥干部会议上讲话》中的概括，即"无产阶级领导的，以工农联盟为基础的，人民大众的，反对帝国主义、封建主义和官僚资本主义的革命"。第四种则是为了叙述毛泽东运用马克思主义观察中国革命实践所得出的科学认识和结论。书中对毛泽东所写的《中国社会各阶级的分析》等经典著作的阐释和解读，即是如此。

第二，注意分析新民主主义革命发生发展的国内外环境和经济背景。每一历史事件都有它发生的社会历史条件。总体来说，新民主主义革命是在世界革命运动高涨和中国处于半殖民地半封建社会的基本国情，以及外受帝国主义的欺凌和压迫，内有封建军阀祸国殃民的复杂历史背景下发生的。但革命过程中每一阶段的发展又是由当时的国际国内环境所影响和推动的，对每一阶段的具体情况加以叙述，对理解革命发生发展的缘由不无意义。正如胡华所指出的："在讲授每一历史时期或每一历史阶段之前，应当认真地说明当时的国际环境。分析社会主义苏联和资本主义世界的不同的政治经济状况，及其对中国革命的不同的影响。"[1] 另外，"在讲授每一历史时期或历史阶段的开始，应当简明地叙述国内的经济状况。用具体而确切的经济资料，揭示出旧中国殖民地、半殖民地、半封建社会在当时的具体经济情况，中国社会各民主阶级在当时的经济生活和他们的基本要求，这样来具体地分析中国革命的经济基础。同时，应当着重说明革命根据地的新的经济发展形态和人民生活改善的状况"[2]。

应当说，《初稿》较好地做到了这一点。《初稿》开篇就讲述了在第一次世界大战中与战争结束初期，由于西欧各帝国主义无暇东顾，中国民族资本主义得到一定发展的情况，并将这一内容作为新文化运动发生的历史背景。第三章第一节讲述了军阀混战下农民、工人、中小资产阶级的生活状况，用以说明广大人民生活条件的恶劣加剧了阶级矛盾、激发了革命的要求。在叙述五卅运动时，首先介绍世界资本主义发展的不平衡，导致各个资本主义国家争夺殖民地的矛盾以及资产阶级与工人阶级的矛盾的加深，从而促使世界革命运动的高涨。紧接着介绍在这种国际背景下，中国国内经济危机的不断加重，以及中国各革命阶级的革命要求的日益强烈和

---

[1] 胡华：《怎样讲授新民主主义革命史》，载《新建设》1953 年第 1 期。
[2] 胡华：《怎样讲授新民主主义革命史》，载《新建设》1953 年第 1 期。

加剧。第七章第一节首先介绍了"九一八"事变前中国国内民族工商业大量倒闭、国民经济濒于破产、农村经济破败不堪的糟糕状况。总之,这些背景的叙述使读者了解到革命发生发展的具体历史条件,从而更加充分地理解革命的前因。此外,通过对半殖民地半封建社会和新民主主义社会经济状况的叙述,形成鲜明对比,让读者深刻地认识到一个道理:"旧中国殖民地、半殖民地、半封建的社会经济制度,怎样阻碍着社会生产力的发展,而中国社会生产力的发展则要求新民主主义的社会经济制度来适应它。"①

第三,突出中国共产党在新民主主义革命中的领导地位和作用。新民主主义革命是中国共产党领导的新式资产阶级民主革命,它与旧民主主义革命的一个重要区别就是领导者不同。没有中国共产党就没有新民主主义革命的胜利,就没有新中国的诞生。《初稿》力图突出中国共产党在新民主主义革命中的领导地位和作用。这表现在:一方面,通过叙述史实,充分地展现中国共产党如何始终走在革命的前列,克服各种艰难险阻,领导中国人民进行伟大的反帝反封建斗争。另一方面,《初稿》深刻总结了中国共产党在新民主主义革命每一阶段中的领导地位和作用。如《初稿》指出:五四运动这个任务"不是在资产阶级领导之下进行的,而是在具有初步共产主义思想的知识分子领导之下进行的"②。"北伐——这是在中国共产党推动下进行的战争,是工人、农民、小资产阶级与一部分民族资产阶级的民族统一战线的战争;对于战争的胜利,共产党是起了决定的作用的。"③"中国共产党的巩固和团结,及其坚强正确的领导,是坚持抗战争取胜利的先决条件。如果没有以毛泽东为首的坚强的中国共产党,抗战的领导与坚持是不能设想的。"④ 这些总结概括更为直截明了地指出了中国共产党始终是新民主主义革命的领导者,党的领导是新民主主义革命取得胜利的根本保证。

第四,注意展现敌、我、友三方的情况。五四运动以来,在中国政治舞台上活跃着多支政治力量,其中包括共产党、国民党和其他党派。事实

---

① 胡华:《怎样讲授新民主主义革命史》,载《新建设》1953年第1期。
② 胡华:《中国新民主主义革命史(初稿)》,新华书店1950年第1版,第16页。
③ 胡华:《中国新民主主义革命史(初稿)》,新华书店1950年第1版,第73页。
④ 胡华:《中国新民主主义革命史(初稿)》,新华书店1950年第1版,第191页。

上,新民主主义革命是多种政治力量互相博弈的历史过程,各个政党时而为友,时而为敌,时而斗争,时而团结,最终中国共产党以压倒性的绝对优势赢得了广大民众的支持,领导中国人民取得了革命的胜利,从而获得了中国执政党的地位,这是历史的选择、人民的选择。纵观新民主主义革命的历史银幕,中国共产党虽扮演着主角,但其他党派尤其是国民党也充当着十分重要的角色。因此,新民主主义革命史不能写成共产党的独角戏,其他的角色也应适当地书写出来,这样才能更全面地展示革命的复杂性和艰巨性,说明中国共产党取得执政党的地位何其不易。《初稿》虽把着重点放在中国共产党革命路线、方针、政策的制定和实施,中国共产党的建立与发展上,但对敌友的情况亦有所着墨,如书中第二章第三节"在共产党帮助下孙中山改组了中国国民党",就专门介绍了国民党的发展、改组以及新三民主义的内容。这就使得新民主主义革命史的内容更加充实和丰富,也为读者深入了解中国共产党提供了参照对象。

第五,采用较为翔实和丰富的史料。史料是史学家进行史学研究的重要基石。脱离丰富的史料,任何史学成果都显得苍白和无力。在战火纷飞的革命年代,收集资料显然是异常困难的,但胡华仍克服困难、尽其所能掌握更多的史料。

据戴逸先生回忆,胡华在写作和修改《中国新民主主义革命史》过程中,十分重视收集史料,千方百计寻觅各种书籍、报刊。他还拜访会见了许多党史事件的亲历者,进行口述记录。[①] 这为《初稿》的写作奠定了坚实的基础。《初稿》除征引不少列宁、斯大林、毛泽东和蒋介石的言论外,还采用了不少其他的资料,如刘少奇的《人的阶级性》、《中共第二次全国大会宣言》、1921 年马林与孙中山会谈内容、《中共五次对时局的主张》、《共产国际第二次大会决议案》、《孙文越飞宣言》、《中国国民党第一次全国代表大会宣言》、《张继等护党宣言》、《孙中山北上宣言》、《孙中山遗嘱》、《1925 年 6 月 7 日上海工商学联合会宣言》、《广州民国日报》、《中共中央第三次扩大执委会决议案》、《中国国民党高级干部会议宣言》、《1935 年 11 月清华等十一校的救亡通电》、中国红色救济会统计资料、《中国共产党第六次全国代表大会文件》、英国国会议员琼斯在国会上的发言、《中共中央关于日本帝国主义强占满洲事变的决议》、《塘

[①] 戴逸:《胡华与中国新民主主义革命史》,载《百年潮》2009 年第 6 期。

沽协定》、《为反对日本帝国主义侵入华北，愿在三条件下与全国军队共同抗日宣言》、《中共中央为日本帝国主义对华北新进攻告民众书》、《中国人民对日作战基本纲领》、《何梅协定》、《八一宣言》、一二·九运动中北平学生提出的六项条件、《中共中央关于目前政治形势与党的任务决议》、《维持治安紧急办法》、周保中的《彻底粉碎二满洲》、《东征宣言》、《回师通电》、《张学良、杨虎城关于抗日救国八项主张的通电》、《中共中央致国民党三中全会电》、《中共中央为日军进攻卢沟桥通电》、《抗日救国十大纲领》、1938年12月5日美联社纽约电、1941年11月4日德国驻华大使陶德曼向蒋介石转达的日本外务省所提的七项和平条件、《血路》第44期、《防止异党活动办法》、《共党问题处置办法》、1940年2月11日上海《文汇报》、《日本陆相东条在1941年1月21日在日本贵众两院的报告》、《朱、彭、叶、项抗议皖南包围通电》、1942年10月日本华北派遣军参谋长安达十三的讲话、1944年6月叶剑英在延安中外记者会上的讲话、朱德的《论解放区战场》等，这些资料中，既有中国共产党方面的，也有国民党方面的，还有美日等国方面的，种类繁多、内容丰富，这在当时来说是难能可贵的。对此，有学者予以高度评价："重视资料工作，尽可能详尽地叙史，这是民主革命时期中国共产党人研究革命史的特点，也是胡华研究中共党史、中国革命史的特点。这是胡华给予新中国成立后中共党史、革命史研究的一个好的导向。"①

第六，形象、生动地刻画历史场景。中国新民主主义革命史上有许多感人至深的历史画面，生动、形象地加以描绘，能使读者突破时空的限制，身临其境，深切体会具体历史场景下的人物状态和事件情节，给读者以情感的冲击和心灵的感染。《初稿》对一些具体的历史情节刻画得惟妙惟肖，使历史著作读来生动而又鲜活，收到了良好的效果。例如，《初稿》描述"二七惨案"中工人运动领袖林祥谦被害的情形时写道："当时，江岸分会会长林祥谦，被军阀捉住，绑在车站的电线杆上，再三强迫他下复工的命令，他都严词拒绝了。他说：'罢工是为了全路工人争生存，没有总工会命令，头可断，工是不可上的！'"②虽篇幅不长，却生动地刻画出英雄人物的革命气节。字里行间流露出一位共产党员为革命宁死

---

① 周一平：《中共党史史学史》，甘肃人民出版社2001年版，第161页。
② 胡华：《中国新民主主义革命史（初稿）》，新华书店1950年第1版，第30页。

不屈、视死如归的崇高精神，激起读者对无产阶级革命家的钦佩和敬仰。《初稿》讲述蒋介石发动"四一二政变"屠杀工人群众的情形时写道："请愿群众正前进至宝山路时，大队军队即迎面开枪，后因群众愈集愈多，更用机关枪向徒手群众扫射！工人们的尸首一个一个的倒满街道上，堆积如山，适大雨如注，满街道竟成血河！死伤数目无从统计，据目击者说，事后尸首用搬场汽车搬出埋葬，所装竟有七八车之多！"① 蒋介石集团的凶狠和残忍跃然纸上，让读者深切地体会到胜利成果来之不易。

总之，阅读这些震撼心灵的文字，可以让读者充分地感受到：中国的新民主主义革命是一场你死我活的阶级斗争。面对敌人的屠刀、血腥和恐怖，英勇的中国人民从未退缩、胆怯，中国共产党人冲锋在前、不怕牺牲，他们用鲜血和生命凝结了胜利的果实，换来了中国革命的伟大胜利，创造了民主自由的新中国。

二、《中国新民主主义革命史（初稿）》的历史局限

1950年版的《初稿》作为新中国第一本新民主主义革命史著作，具有明显的开创性。但客观来说，由于当时相关研究成果的有限、资料的匮乏、作者自身的认识不深，该书也不可避免地存在一些局限和瑕疵。胡华在前言中也做了说明，他说："由于本书是根据讲义简化而成的，加上个人能力有限，书中对于每一个时期的社会经济状况、国际背景，叙述得很不充分，对于革命在各个重要关头的成功与失败，也未能从路线上政策上作较充分的深刻的分析。它在目前，还是一部极其粗略的草稿。"这一段话说明胡华能够清醒地认识到自己著作中的不足，这也是他日后不厌其烦地对它加以修改完善的基本原因。具体而言，《初稿》的局限性主要表现在：

第一，存在"路线斗争史"叙史模式的倾向。在新民主主义革命史上，中国共产党党内的斗争和分歧是长期存在的，也是不可避免的，中国共产党正式成立之前就有关于无产阶级政党名称的分歧，中共三大会议上就有关于是否进行国共合作的争论等。然而，事实上，"并不是所有的党

---

① 胡华：《中国新民主主义革命史（初稿）》，新华书店1950年第1版，第85-86页。

内斗争都是路线斗争，路线斗争是党内斗争的最高表现形式"①。因此，编写新民主主义革命史，应科学、理性地区分一般的党内斗争和路线斗争，不应把正常的党内斗争或分歧夸大成路线斗争甚至混淆成敌我斗争。客观地说，《初稿》存在把某些党内的一般争论或不同意见描述成路线斗争的情况。例如在介绍中共一大时写道："大会在讨论党章时，开展了反对合法主义观点和反对极左倾观点的斗争。合法主义以李汉俊为代表，认为今天中国共产党只需要从理论上进行宣传工作，而不应该发展党的组织，不应该进行工人运动……极'左'派以刘仁静为代表，主张以无产阶级专政为直接斗争的目标，反对参加资产阶级民主运动，不作任何合法的运动，认为知识分子都是资产阶级思想的代表，一般应拒绝其入党。"②这一说法虽并非胡华的首创，但他毕竟吸收和沿用了前人的叙述，起码能说明他是认可的。新中国成立后，萧三曾专门咨询毛泽东，"一大"上是否有路线斗争？毛泽东回答："当时就是成立了个党，哪里有什么路线斗争呢？"③这足以说明，把中共一大上的争论写成路线斗争显然是不妥当和不合实际的。而且，这种表述容易引起误解，让人们以为，中国共产党从成立伊始就形成了路线斗争。另外，《初稿》在叙述中共三大时写道："一个极端是右倾的代表者陈独秀，他认为中共的一切工作应该归国民党，一切工作应该集中到国民党，这种观点实际上是要使共产党和国民党合并起来，取消共产党。""另一极端是'左'倾的代表者张国焘，他反对与国民党合作，认为合作即会'混乱无产阶级思想'。"④把中共三大上关于国共合作的争论当作路线斗争也是不太准确的。这种叙史的模式和方法虽受《联共（布）党史简明教程》和当时党内对党史片面认识的消极影响，但客观上给中华人民共和国成立后中国革命史和中共党史的编写造成了一定的误导。

第二，某些表述和分析脱离历史实际。千千万万共产党人前仆后继、浴血奋斗，推动革命向前发展，带领中国人民完成了反帝反封建的历史使命。一大批共产党人在革命中发挥了作用，其中，毛泽东的功绩最为突

---

① 郭德宏：《如何看待党史上的两条路线斗争》，载《南昌大学学报》（社会科学版）1980年第4期。
② 胡华：《中国新民主主义革命史（初稿）》，新华书店1950年第1版，第23页。
③ 张注洪："以生命做诗篇"——忆萧三》，载《人民政协报》1992年5月22日。
④ 胡华：《中国新民主主义革命史（初稿）》，新华书店1950年第1版，第41页。

出,这一点是毋庸置疑的。但是,他们中的任何一个人都是在革命的大熔炉中逐步锻炼成长起来的,在革命的不同阶段发挥的作用亦有所区别。因此,对历史人物在革命进程中的功过是非应做具体的分析,予以实事求是的评价。囿于当时政治环境的影响,《初稿》在某些内容的表述上缺少具体的分析,对某些历史情境下毛泽东的表现和见识表述得过高。例如,《初稿》写道:"从新文化运动到工人运动,毛泽东都是站在运动的最前面!""从办湘江评论——新文化运动,走向和工人运动相结合,这是'五四'时期中最正确的方向。这个方向的代表,就是毛泽东。"① 实际上,新文化运动时期,无论从社会影响力的大小还是对改造中国的认识的深刻程度上看,毛泽东都是不及同时期的陈独秀、李大钊等人的。而且毛泽东自己也曾坦言:"他(指陈独秀)是五四运动时期的总司令,整个运动实际上是他领导的。他与周围的一群人,如李大钊同志等,是起了大作用的。"②

《初稿》也存在贬低某些历史人物的现象,比如陈独秀。《初稿》在分析第一次国内革命战争后期陈独秀的错误时,认为:"陈独秀阶级投降主义在共产党内的统治,是由于共产党在那时还是幼年的党,还没有经验,缺乏深刻的革命认识,缺乏马克思列宁主义的理论与中国革命的实践之统一的理解,而使装着无产阶级面孔的小资产阶级革命家,篡据了共产党的领导机关。"③ 实际上,陈独秀作为中国共产党的早期领导人,对于大革命的失败必然要负一定的责任,但他对建党以及领导早期革命的贡献亦是不可抹杀的。前半部分的分析尚有道理,陈独秀的错误之所以能在党内弥漫、延续,主要是由于当时年轻的中国共产党党内的理论水平较低,对中国革命认识不成熟,没有形成马克思主义中国化的自觉,因而不能及时认清和抵制错误倾向。但后半部分的说法并不妥当,陈独秀出任中国共产党的领袖,主要是由于他在建党中所做的突出贡献和在当时中国社会的影响力,这从中共一大上陈独秀未出席却被推选为中央局书记的事实得以说明。

除上述之外,《初稿》在某些史实的表述上不够精准,例如一大召开

---

① 胡华:《中国新民主主义革命史(初稿)》,新华书店1950年第1版,第15页。
② 《毛泽东文集》第3卷,人民出版社1996年版,第294页。
③ 胡华:《中国新民主主义革命史(初稿)》,新华书店1950年第1版,第100页。

的时间、刺杀廖仲恺的元凶等，不过受当时史料和整体研究水平的限制，这些是难以避免的。在某些文字的表述上，《初稿》带有较为浓厚的主观和情感色彩，例如，"陈独秀在反革命面前，真是胆小如鼠啊！"① 作为史学著述，带有个人主观色彩的词语还应尽量避免。此外，《初稿》对一些历史事件和人物的总结和评价遵循了列宁、斯大林和毛泽东的思想认识，这无疑确保了该书政治立场的正确性，但同时也在一定程度上影响了作者自身的主观创见。不过，在此可以借用胡华评述《中国现代革命运动史》一书的话语："前人开创一个学术领域，筚路蓝缕，披荆斩棘，是很不容易的，任何著作，都有它历史的局限，我们后人读前人的著作，重要的是从中吸取精华。"② 对待胡华1950年的《初稿》，我们也应持此态度，不应求全责备。

三、《中国新民主主义革命史》由初稿到终稿③

胡华在1950年3月第一次出版的《中国新民主主义革命史（初稿）》的前言中曾写道："先大胆的把这部草稿拿出来，希望能因此而征求到大家的许多意见，也希望将来能集中较多的力量，出现一部比较完善的中国新民主主义革命史的教科书。"这一设想很快得到学界同仁和读者的响应。1950年10月，亚丹在《大公报》上发表《中国新民主主义革命史》④ 一文，就《初稿》提出20条具体的修改意见和商榷之处。1952年，白进文发表《关于胡华著中国新民主主义革命史的几点意见》⑤ 一文，提出三个方面的修改思路。1953年，浙江省湖州市一位中学职员致信胡华，提出《初稿》一书的修改意见。1954年，徐规发表《对胡华同志〈中国新民主主义革命史（初稿）〉一书一些问题的商榷》⑥ 一文，提

---

① 胡华：《中国新民主主义革命史（初稿）》，新华书店1950年第1版，第89页。
② 胡华：《读张闻天主编〈中国现代革命运动史〉》，载《历史教学》1987年第5期。
③ 胡华在世时，最后一次修订《中国新民主主义革命史（初稿）》是1981年，为叙述方便，本文将1981年由中国青年出版社出版的《中国新民主主义革命史》称为《终稿》。
④ 参见亚丹《中国新民主主义革命史》，载《大公报》1950年10月5日。
⑤ 参见白进文《关于胡华著中国新民主主义革命史的几点意见》，载《历史教学》1952年第11期。
⑥ 参见徐规《对胡华同志〈中国新民主主义革命史（初稿）〉一书一些问题的商榷》，载《历史教学》1954年第4期。

出 28 条关于具体史实的修正意见。此外，胡华还收到一些其他读者和学界同仁关于修订《初稿》的具体建议。

由于广大读者和学者的踊跃提议、新的研究成果的不断问世、胡华自身对革命史认识的逐步加深，在 20 世纪 50 年代，他对书稿进行了 12 次修订和完善，直到 1981 年第 14 版时，才将书名上的"初稿"二字去除。胡华于 1987 年逝世，此为他生前最后一次修订的版本（以下简称《终稿》）。由于《初稿》出版了多次，每次都有修订，例如，"廖仲恺被刺为国民党右派所为"的表述，当年（1950 年）再版时便已更正，所以，很难将每一次修订本与前一版——进行比较分析。现将胡华 1981 年版的《终稿》与 1950 年的《初稿》加以对比，以了解其在《初稿》的基础上做了哪些改进，取得了怎样的进步。

第一，体例更为完整和科学。从体例上来看，《终稿》在《初稿》的基础上做了较大幅度的变动和调整。一方面，将《初稿》的第二编"第一次国内革命战争时期"一分为二，将其中的中国共产党创立的内容作为单独的一编，主要论述中国共产党的创建过程和早期中国工人运动的发展。另一方面，增加了第六编"第三次国内革命战争时期（一九四五年九月至一九四九年十月）"。该编主要叙述抗日战争胜利后，中国共产党人如何争取和平，为建立联合政府而努力；国民党反动派发动全面内战后，中国共产党如何带领群众予以坚决的回击并粉碎了国民党反动派统治；中国共产党如何加强自身建设，继续开展土地改革满足群众的土地要求等重要内容。第六编的增加显然弥补了《初稿》内容不够完整的缺憾，使得新民主主义革命史的内容得以全面地展现。另外，在文字的基础上，《终稿》还增加了 20 幅历史地图和统计图表，以便于读者对新民主主义革命史内容的直观理解。

第二，内容更为充实和详尽。《初稿》全书不足 10 万字，内容比较简略，对有些重大历史事件轻描淡写、一笔带过，难以呈现出复杂的斗争环境和丰富的历史场景。《终稿》的篇幅近乎《初稿》的两倍，其内容更为充实和详尽。这具体表现在：

其一，对一些重大的历史事件，在《初稿》的基础上进一步展开，对事件的前因、经过、结果交待得更为清楚和详细。例如，《初稿》在描述中共四大时写道："中国共产党并于一九二五年一月在上海举行第四次全国代表大会。大会中，除了讨论加强统一战线、群众运动等问题外，还专门讨论了对召集国民会议运动的具体方针,以加强对这个运动的领导。"① 全部仅88个字,只交待了中共四大的召开时间和讨论的主要议题,极其简略。《终稿》则较为翔实地介绍了中共四大的召开时间、参加人数、讨论议题、通过的议案和决议以及历史意义,更全面地呈现了中共四大在新民主主义革命史中的地位和作用。《终稿》对长征的叙述更为详细,较为清晰地展现了红军长征的艰险历史画卷,尤其是对长征途中张国焘如何分裂党,中国共产党又如何坚决地和张国焘分裂主义错误进行斗争,最终实现长征胜利,做了较多的刻画和描写,更好地展现了中国共产党人在长征途中应对残酷的敌我斗争、征服险恶的自然环境、解决复杂的党内斗争的智慧和勇气。此外,《终稿》对长征途中具有转折意义的重要会议——遵义会议的叙述也更加充实。

其二,强化了英烈事迹的介绍。相对于《初稿》而言,《终稿》介绍了更多的历史人物,记载了150多位中国革命领袖、骨干和先烈的光辉事迹,各条战线上英勇奋斗、壮烈牺牲的历史人物浮现在历史画面上,更好地呈现了新民主主义革命史鲜活、壮烈的场景。例如,介绍中国共产党初创时期开展工人运动的情况时,就补充了这样一段描述:"上海共产党小组李启汉等,创办了劳动补习学校,并组织了机械工人联合会及印刷工人联合会。北京共产党小组邓中夏等,在长辛店开办劳动补习学校,组织了铁路工人'救国十人团'及工读互助团。"② 这就使得党所领导的工人运动呈现得更加具体、生动了。在讲述"周恩来的初期革命活动和中共旅欧支部的建立"的情形时,不仅肯定了旅欧勤工俭学学生中涌现了大批优秀的干部和杰出的革命家,为党的事业做出了重大的贡献,而且指出,"在民主革命中牺牲的著名烈士有:蔡和森、赵世炎、陈延年、王若飞、陈乔年、刘伯坚、向警予、林蔚、熊雄、孙炳文、穆青、高风、郭隆真等"。③ 看到这些名字,读者不禁肃然起敬。《终稿》虽然对许多历史人物的介绍极其简略,甚至只记述了英烈的名字,但短短数语却给读者留下这样的深刻印象:革命的胜利是由千千万万革命烈士用鲜血铸就的,历史不应该忘记他们所做出的巨大牺牲。

---

① 胡华:《中国新民主主义革命史(初稿)》,新华书店1950年第1版,第51页。
② 胡华:《中国新民主主义革命史》,中国青年出版社1981年版,第22页。
③ 胡华:《中国新民主主义革命史》,中国青年出版社1981年版,第33页。

其三，《终稿》补充了一些《初稿》中遗漏的重要历史事件或现象。在记叙马克思主义在中国的传播时，增加介绍了一些研究和宣传马克思主义的社会团体。《终稿》在叙述中国共产党创建史时，增补"周恩来的初期革命活动和中共旅欧支部的建立"这一内容，用1000余字的篇幅介绍周恩来创建旅欧支部的革命实践，反映了周恩来、赵世炎、陈延年等老一辈革命家的建党功绩，以及旅欧支部在培养革命干部上的历史贡献，进一步丰富了中国共产党创建史的内容。在叙述毛泽东领导的秋收起义中，增加三湾改编的内容，并高度肯定它的积极历史意义，认为"三湾改编第一次把支部建立在连上，并成立了营以上的各级党委，设立了党代表，选举了士兵委员会，确立了党对军队的绝对领导和在军队中实行民主制度，奠定了无产阶级领导的新型人民军队的基础"[1]。三湾改编是中国新型人民军队建设史上的重要历史环节，补充这一内容显然是十分必要和合理的。《初稿》在论述第二次国内革命战争时，注重介绍红色革命根据地的创建和扩大、红军的武装斗争，对白区工作鲜有提及。《终稿》则做了补充介绍，肯定了周恩来、刘少奇、陈潭秋等领导白区工作以及保存、恢复、发展白区革命力量的历史功绩。在红军主力长征期间，南方的一些红军游击队仍然在项英、陈毅等的领导下与国民党军队周旋，坚持斗争，"这些游击战争的坚持，打击了国民党反动派的气焰，支援了红军北上抗日，保存了革命的火种"[2]。《终稿》增加了红军长征后南方八省的游击战争这一重要内容，更为全面地展现了中国红军在艰难环境中的英勇斗争，也反映了陈毅、项英等革命人物对中国革命胜利的卓越贡献。

第三，叙述更为准确和科学。《终稿》修正了《初稿》中一些不合历史实际的表述，更好地保持了历史的原貌，更为准确地反映了历史的细节。例如，《终稿》更正了中共一大的召开时间，完整地记载了中共一大的13位代表，而且在注释中还简单地介绍了他们后来迥然不同的人生道路和结局。《终稿》在叙述中共一大时，删除了《初稿》中关于路线斗争的说法。此类例子，不胜枚举。与《初稿》相比，《终稿》在科学性上有了明显的提升。

第四，总结更为全面、深刻。中国共产党人对中国革命问题的正确认

---

[1] 胡华：《中国新民主主义革命史》，中国青年出版社1981年版，第128页。
[2] 胡华：《中国新民主主义革命史》，中国青年出版社1981年版，第190页。

识是在不断地探索、实践和总结经验教训中逐步积累和形成的，并非通过某一次会议或某一篇文献即全部解决的。因此，对于革命进程中的一些重要会议或历史文献，应将其置于当时的革命环境中，具体地分析它解决了哪些问题，又遗留了哪些问题，这样才能对其正确地予以认识和评价。单纯地肯定或否定都是不可取的。

《终稿》运用辩证法的理论思维分析中共四大的历史影响，不仅充分地肯定了它的积极意义，认识到："党的第四次全国代表大会肯定了党和工人阶级对民主革命的领导作用，提出以前党的历次代表大会所没有正式提出过的无产阶级领导权问题和工农联盟问题，具有重大的意义。""此次大会最重要的收获，是在群众革命运动高潮行将到来的前夜，推动党的工作深入到各阶层广大群众中去，进一步密切党与群众的联系，扩大了党的组织工作和宣传工作，为快要到来的大革命高潮作了广泛的组织上和思想上的准备。"① 还认识到它"没有提出土地问题的纲领，对建立革命武装问题也没有讨论"② 的历史缺憾。关于中共六大，《终稿》在《初稿》的基础上，做出更加辩证的分析，补充指出中共六大的不足和缺陷，即"对于农村革命根据地的重要性和民主革命的长期性认识不足；对于中间阶级的两面性和反对势力的内部矛盾，缺乏正确的估计和政策"③。

除上述之外，《终稿》更加注重理论概括和分析，学术色彩更为明显。例如，抗日民族统一战线建立后，中国共产党和国民党之间产生全面抗战路线和片面抗战路线之争，党内又出现了王明的右倾机会主义错误。《终稿》对王明的右倾机会主义错误做了较为全面的概括："第一、抹煞抗日民族统一战线中的阶级区别和国共两党的区别。第二、他不了解统一战线就是阶级斗争的一种形式，否认统一战线中的独立自主原则，主张'一切经过统一战线'，事事要求征得蒋介石和国民党政府的同意。第三、他信任国民党超过了信任群众，反对放手发动群众，认为放手发动群众会把蒋介石'吓跑'了。第四、他认为抗战的胜利只能是国民党的胜利，抗战胜利后的天下只能是国民党的天下。"④ 这一概括不仅便于读者认清

---

① 胡华：《中国新民主主义革命史》，中国青年出版社1981年版，第58-59页。
② 胡华：《中国新民主主义革命史》，中国青年出版社1981年版，第58页。
③ 胡华：《中国新民主主义革命史》，中国青年出版社1981年版，第132页。
④ 胡华：《中国新民主主义革命史》，中国青年出版社1981年版，第236-237页。

王明右倾机会主义的错谬之处，也帮助读者进一步理解中共六届六中全会召开的深刻历史背景。

总体而言，《终稿》未必尽善尽美，没有也不可能完全克服《初稿》的历史局限性。但必须肯定的是，随着时代的发展、历史档案资料的逐渐公布以及党史界学术研究的不断深入，《终稿》在《初稿》的基础上取得了长足的进步，在体例和内容上都有了新的突破，这是作者始终严谨治学、博采众长，追求精益求精、实现自我超越的结果。

第二节 主编《中国革命史讲义》

一、《中国革命史讲义》的史学成就和特色

新中国成立初期，中国人民大学承担起为各高等院校培养中国革命史教学师资的任务，为满足教学的正常需要，教材建设也不得不加快进度。为此，1953年胡华开始主持编写《中国革命史讲义》，1954年4月至1955年9月间将前四编作为校内讲义分四册印行，也曾供给一些兄弟院校和党政机关的理论教员做参考。第五编完成后，胡华将五编统合起来，并加以修改和补充，于1959年1月由中国人民大学出版社正式出版，发行40248册，同年4月第3次印刷就增加到78254册。1962年1月又修订再版。在中国人民大学被迫停办期间，该书被禁止出版。直到1979年9月经过再次编写和修订，分上下两册重新出版。

1959年出版的《中国革命史讲义》承继了《中国新民主主义革命史（初稿）》的基本框架，但在内容上进行了大量的扩充。该书近47万字，在同时期的革命史著作中，篇幅最大，内容最丰富，对中国新民主主义革命史的叙述最为详尽。其史学成就主要有两点。

第一，对中国新民主主义革命史的研究体系有所发展。1959年版的《中国革命史讲义》从五四运动写到新中国成立，将新民主主义革命史划分为五个历史时期，包括中国共产党的建立时期（1919年5月至1923年12月）、第一次国内革命战争时期（1924年1月至1927年7月）、第二次国内革命战争时期（1927年8月至1937年7月）、抗日战争时期（1937年7月至1945年9月）和第三次国内革命战争时期（1945年9月至1949

年10月)。值得一提的是,该书将中国共产党的建立作为一个独立的历史时期,这与当时的其他革命史著作相比,是一个小小的突破。应当说,这一变动是具有合理性的,因为"中共建党时期与第一次国内革命战争时期,中共的路线、方针、政策是有变化发展的,决定了这应该是两个不同的时期。分两个时期论述,更有助于清楚地认识中共发展的历史线索,有助于总结中共发展的历史经验教训"[1]。这一分期体系被后来的许多中国革命史、中共党史著作所继承和吸收,2002年出版的《中国共产党历史》(上卷)就基本上采用了这一"五时期分期法",只是在各个时期的称谓和时间界限上有所修正。

第二,在理论上有所突破和创新。《中国革命史讲义》之所以篇幅较长,是因为一方面它对中国新民主主义革命发生、发展的历史进程叙述得更加细致,另一方面,则由于增加了大量的理论分析、概括和总结。无论与中华人民共和国成立初期出版的《中国新民主主义革命史(初稿)》,还是与同时期的其他革命史著作和讲义相比,它在一些问题的认识上更为深刻,取得了一定的进展和突破,以下仅举几例予以说明。

五四运动以前,中国的无产阶级因遭受种种残酷剥削和压迫,不断地进行着罢工等各种形式的斗争。《中国革命史讲义》分析指出:"这些罢工,大都是由于工人不能忍受牛马不如的生活状况,不能忍受残暴的虐待,反对克扣工资和要求提高工资而自发进行的经济斗争。当时,无产阶级还没有自己的政党和统一的工会的领导,这时期工人所建立的组织,带有较浓厚的行会和帮口的色彩……总之,这时的中国无产阶级,尚处在自在阶级的状态。"[2] 这些论述让人们深刻地认识到早期中国工人运动的特点,同时也分析了它的历史局限。这有助于读者进一步认识到,只有以马克思主义作为指导思想,才能推动中国工人运动朝着正确的方向发展,实现无产阶级由自在阶级向自为阶级的根本转变。

以民主和科学为旗帜的新文化运动是中国近现代史上一场重要的思想解放运动,五四运动后,新文化运动改变了前进的方向。20世纪50年代的中国革命史著作大多对五四运动不惜笔墨,却对五四运动以前的新文化运动语焉不详,甚至一笔带过。《中国革命史讲义》不仅介绍了新文化运

---

[1] 周一平:《中共党史史学史》,甘肃人民出版社2001年版,第147页。
[2] 胡华主编:《中国革命史讲义》,中国人民大学出版社1959年第1版,第19页。

动的缘起和基本内容,还对五四运动以前的新文化运动给予了总体的评价,指出:"虽然,当时新文化运动的思想觉醒,就总的来说,还未脱出西方资产阶级民主主义文化革命的范畴,同时在对文化遗产的批评态度上还有绝对否定的缺点。但是,它的革命精神和战斗勇气,震动了中国的思想界,极大地启发了中国人民的民主觉醒,而且也为以后马克思主义的广泛传播创造了有利条件。"① 这一论述正确地把握了五四运动前新文化运动的基本性质、积极意义和历史缺陷,这比同时期革命史书中的分析要更为准确和深刻。

中国共产党是以马克思主义为指导思想的无产阶级政党,它的创立并非偶然,而是特定历史条件下的必然产物。《中国革命史讲义》在叙述五四运动以后历史进程的基础上,进一步分析指出:"五四运动以后,马克思列宁主义在中国传播的广泛和深入,共产主义小组和社会主义青年团的建立,共产主义者在工人群众中进行宣传工作和组织工作,以及工人运动的发展,这一切迅速地增强了中国无产阶级和中国人民的觉悟,为中国共产党的成立作了重要的思想的、组织的和干部的准备。"② 这一简单的总结建构了许多历史事件之间的有机联系,充分地说明了中国共产党应中国革命之运而生,具有历史的必然性。

《中国革命史讲义》在分析中国共产党成立的特殊历史条件时有一段十分精辟的论述:"党一成立,就卷入了直接的革命斗争,在斗争中锻炼和进步。因此,中国共产党一直是一个无产阶级的、马克思列宁主义的完全新式的革命政党。由于党一成立就投入直接的革命斗争,许多党员没有能够系统地学习马克思列宁主义,理论上的知识不足,这也是党在第一次、第二次国内革命战争时期在理论指导上不免犯错误而许多党员也不能及时觉察的原因。"③ 这段总结让人们认识到初生的中国共产党对马克思主义理论掌握的不足,给后来领导革命产生失误和挫折所造成的影响,这比把革命的挫折简单归咎于某一领导人个人因素的认识明显前进了一大步。

南昌起义打响了武装反抗国民党反动派统治的第一枪,创建了中国共

---

① 胡华主编:《中国革命史讲义》,中国人民大学出版社1959年第1版,第29页。
② 胡华主编:《中国革命史讲义》,中国人民大学出版社1959年第1版,第42页。
③ 胡华主编:《中国革命史讲义》,中国人民大学出版社1959年第1版,第55页。

产党独立领导的人民军队,是人民军队建设史上的重要一页,具有深远的历史意义。但是,由于各方面的原因,起义军在南下的过程中遭受严重挫折,陷入失败。同时期的革命史著作大多认为其原因在于"起义部队没有同当地的农民运动结合"①,《中国革命史讲义》则给予了更为全面的解读。该书指出:"南昌起义的领导机关并没有认识到武装起义和农民运动相结合的重大意义,因而举行起义之后,起义部队只是企图重新占领中心城市的广州,打开海口,恢复广东革命根据地,从而再来一次北伐。而没有准备和江西、湖南、福建一带的农民运动相结合,在那里建立农村革命根据地。也没有提出彻底的土地纲领和武装农民的政策。同时,起义军本身也没有建立很好的政治工作,没有来得及进行彻底的改造。"② 这就从多个角度考察了南昌起义的部队遭受失败的复杂原因,无疑更为全面、准确。

通读全书,不难发现《中国革命史讲义》的叙史特色,具体体现在:

第一,辩证地分析和评价历史。分析和评论历史事件,不能简单地予以肯定或否定,而应回归到具体的历史场景中,剖析它在当时的历史条件下所产生的积极意义和消极影响,从而避免绝对化的倾向。

胡华从革命年代开始学习马克思主义,尤其是马克思主义哲学,自觉地掌握了辩证法的理论思维,这在《中国革命史讲义》一书中得以很好的体现。例如,对于第一次劳动大会,书中既肯定其"奠定了统一全国运动的基础"和"进一步推动了当时的罢工高潮"的积极意义,也指出其"没有为当时汹涌的罢工高潮制定一个目前的斗争纲领"的缺陷。③ 在高度肯定中共二大宣言"在历史上破天荒第一次地提出了彻底的革命民主主义的纲领和口号"的同时,也对宣言的历史局限性进行剖析,指出它"没有明确指出中国民主革命必须由中国无产阶级来领导","没有提出在民主革命中,工人农民必须掌握革命政权的问题","没有提出彻底

---

① 中国人民解放军总政治部宣传部、中共党史教学大纲编辑委员会编:《中国共产党历史教学大纲》(草稿),1954年,第69页;缪楚黄编著:《中国共产党简要历史(初稿)》,学习杂志社1956年版,第58页;王实、王翘等编著:《中国共产党历史简编》,上海人民出版社1958年第1版,第102页。
② 胡华主编:《中国革命史讲义》,中国人民大学出版社1959年第1版,第212页。
③ 胡华主编:《中国革命史讲义》,中国人民大学出版社1959年第1版,第59页。

的土地纲领来满足农民的土地要求"。① 对于中共三大，书中明确地指出它"正确地估计了孙中山的民主主义的立场"，"正确地估计了将国民党改造成为四个阶级（工人、农民、城市小资产阶级、民族资产阶级）的革命联盟的可能性"，同时也认为它"对农民问题和革命军队问题没有加以应有的注意"。② 关于中共六大，书中肯定了它的历史功绩，即"正确地肯定了中国社会的性质和中国革命的性质，并发布了党在民主革命中的十大纲领"，"正确地指出了当时革命形势的特点和党的策略路线"，"总结过去工作的经验教训，进行了两条路线的斗争"；同时，也毫不隐讳地说明了六大的不足，认为它"对于农村革命根据地的重要性和民主革命的长期性认识不足"，"对于中间阶级的两面性和反动势力的内部矛盾，缺乏正确的估计和政策"。③ 关于百团大战，书中既肯定其积极影响，即"打击了一些诱降劝降的阴谋，打击了顽固派妥协投降的暗流，振奋了人心。其次，军事方面战果也不少"；又认识到其"惊醒了敌寇和顽固派"的消极影响。④ 可见，运用辩证法思维来认识中国新民主主义革命无疑更为科学，有效地防止了以偏概全、一叶障目的片面认识。

第二，挖掘了一些新的史料。新中国成立初期，中国共产党的档案资料的汇编和整理是相当有限的。在这种情况下，要编写出高质量的中国革命史，需要作者发挥主观努力去搜集尽可能多的资料。仅从史料的丰富程度来看，胡华等人是下了一番功夫的。仅书中所引用的资料达几百种之多，现将其分类展示如下：

（1）大量的人物言论。包括列宁、斯大林、李大钊、陈独秀、孙中山、毛泽东、戴季陶、瞿秋白、张国焘、蒋介石、王明、张学良、刘少奇、朱德、汪精卫、宋子文、粟裕等历史人物的言论，其中，摘引毛泽东的论述最多，包括《全世界革命力量团结起来，反对帝国主义的侵略》《湖南农民运动考察报告》《论人民民主专政》等近40种篇章。

（2）共产国际关于中国革命的指示和决议等。如《共产国际为"二七"事件发表的宣言》《关于中国共产党和孙中山领导的国民党合作的决

---

① 胡华主编：《中国革命史讲义》，中国人民大学出版社1959年第1版，第68－69页。
② 胡华主编：《中国革命史讲义》，中国人民大学出版社1959年第1版，第75－77页。
③ 胡华主编：《中国革命史讲义》，中国人民大学出版社1959年第1版，第223－228页。
④ 胡华主编：《中国革命史讲义》，中国人民大学出版社1959年第1版，第408页。

议》《共产国际执行委员会第七次扩大全体会议关于中国问题决议案》《共产国际执行委员会第八次全体会议关于中国问题决议案》《共产国际关于中国问题的议决案》《联共（布）第十四次代表大会中央委员会的政治报告》《关于中国革命问题致中共中央信》等。

（3）中国共产党的决议、主张、宣言等资料。主要有《中国共产党第二次全国代表大会宣言》《中国共产党五次对时局的主张》《为吴佩孚惨杀京汉路工告工人阶级与国民书》《中国共产党第四次全国代表大会对于民族革命运动之议决案》《中国共产党第四次全国代表大会对于职工运动之议决案》《中国共产党为反抗帝国主义野蛮残暴的大屠杀告全国民众》《中国共产党第三次中央扩大会决议案》《政治形势与党的任务议决案》《国共两党关系决议案》《中国现状与共产党的任务的决议案》《中共六大政治决议案》《新的革命高潮和一省或几省的首先胜利决议案》《关于政治状况和党的总任务议决案》《中华苏维埃共和国宪法大纲》《中华苏维埃共和国临时中央政府对外宣言》《中华苏维埃共和国临时中央政府关于动员对日宣战的训令》《中华苏维埃共和国临时中央政府对日宣战通电》《中央关于争取革命在一省与数省首先胜利的决议》《中央关于日本帝国主义强占满洲事变的决议》《为反对国民党出卖平津华北宣言》《抗日救国六大纲领》《八一宣言》《为日本帝国主义吞并华北及蒋介石出卖华北出卖中国宣言》《抗日救国宣言》《东征宣言》《停战议和一致抗日通电》《关于逼蒋抗日问题的指示》《中共中央给中国国民党三中全会电》《告全党同志书》《中共中央给东北各级党的组织和全体党员的一封指示信》《中国共产党为公布国共合作宣言》《中共扩大的六中全会政治决议案》《朱、彭、叶、项致国民党和全国人民的通电》《中国共产党对目前时局宣言》《中共中央委员会为纪念七七事变九周年宣言》《关于清算减租及土地问题的指示》《关于以自卫战争战胜蒋介石进攻的指示》《关于集中优势兵力各个歼敌的指示》《中共中央关于形势与任务的指示》《中国人民解放军宣言》《中国土地法大纲》《中共中央七届二中全会决议》《中国人民政治协商会议共同纲领》《新中国中央人民政府组织法》《中国人民政治协商会议组织法》等。

（4）国民党方面的相关资料。主要有《中国国民党第一次代表大会宣言》《护党宣言》《一九二七年武汉革命政府土地委员会的调查》《九一八事变告全国军民同胞书》《张学良杨虎城关于救国八项主张的通电》

《敦睦邻邦命令》《国民精神总动员纲领》《运用保甲组织防止异党活动办法》等。

（5）国外的资料。主要有《九国公约》《美国国务院就九一八事变发表声明》《日本政府就美对九一八事变的态度发表声明》《近卫声明》《基本国策纲要》《有田—克莱琪协定》《日本陆相东条对议院作关于1940年的军事总结报告》等。

（6）报刊资料。主要有《美国大陆报》《英国字林西报》《英国邮报》《战士周报》《北华捷报》《红色中华》《真理报》《向导》《解放日报》等。

除上述之外，书中还采用了《孙文越飞宣言》《中苏互不侵犯条约》《中苏关于解决两国一切悬案原则的协定》《1923年6月23日上海闸北市民庆祝中苏建交的通电》《善后会议条例》《一九二九年二月中华全国总工会第二次扩大会议的报告》《一九三五年十一月清华大学等十一校救亡通电》《塘沽协定》《北平学生"一二九"宣言》《中美友好通商航海条约》等其他资料。

总之，在当时的客观条件下，能挖掘和运用如此丰富的史料，尤其是一些以前的书籍和教材尚未采用的一手资料，这是难能可贵的，充分地表现出胡华对史料的高度重视和刻意求索。

第三，较好地运用比较研究方法。比较研究是社会科学中一种重要的研究方法。通过比较，可以认清两种或多种事物之间的联系和区别，从而进一步加深认识。

中国共产党是按照布尔什维克党的模式建立起来的，但它与西欧国家工人阶级政党产生时的社会历史条件大不相同，书中对此予以比较，分析了中国共产党形成的社会历史条件的特殊性："第一个特殊条件是：中国党的建立是在十月革命以后，是在俄国布尔什维克已经取得胜利，有了活的榜样以后，所以一开始就是在共产国际的指导之下，照着列宁的原则去进行建设的。""第二个特殊条件是：中国党从一开始，在思想上和组织上都没有受到欧洲社会民主党第二国际的影响。""第三个特殊条件是：中国没有欧洲那样的资本主义'和平发展'的时期，容许工人阶级和平的议会斗争，也没有欧洲那样的工人贵族阶层。""第四个特殊条件是：在中国党内城市小资产阶级和农民的成分占着相当大的比重，这是中国党内'左'右倾机会主义的社会基础。"① 通过这一分析,读者很容易认清中国共产党的初始状况、优势和劣势,后来革命过程中的前进和曲折也可以从中找出某些历史缘由。

抗日战争全面爆发后,中国国内出现两条抗战路线,即中国共产党积极倡导和实行的全面抗战路线以及国民党政府倡导和实行的片面抗战路线,书中对两者也做了全面的比较,剖析了两者之间的具体分歧:"(一) 共产党主张根据孙中山革命三民主义和三大政策的精神制定一个各抗日党派必须遵守的共同纲领……但国民党反对这样的提议,强调任何人都要信仰三民主义,'服从蒋委员长',而自己却不愿意把革命的三民主义认真实行起来。(二) 中国共产党主张召集真正人民代表的国民大会,成立民主集中制的国防政府,这是各抗日党派的联合政权。但国民党反对根据民主的原则成立统一战线的政府,只赞成吸收几个共产党员到它的一党专政的政府中去做官。(三) 中国共产党主张给人民以最大限度的民主和自由,主张在抗战的同时解决民主、民生问题,这样才能发挥广大群众的抗日积极性,有利于民族解放事业。但国民党仍然实行压迫人民的政策,说什么抗战期间不能解决民主、民生问题,特别不愿意共产党动员人民起来抗日。"② 通过剖析,全面抗战路线和片面抗战路线孰优孰劣,哪个更加符合中华民族和中国人民的根本利益,一目了然。

第四,在一些表述上更加客观。在论述马克思列宁主义在中国传播的相关内容中,20世纪50年代的革命史著作大都热情赞颂李大钊在宣传和维护马克思主义上的贡献和功劳,而对陈独秀的功绩则表示缄默。《中国革命史讲义》则较为客观地写道:"陈独秀在一九一九年以后,也在'新青年'发表了一些具有初步马克思主义观点的文章。"③ "当时的马克思主义者陈独秀、李达等,对研究系的反动谬论进行了驳斥和斗争。"④ 书中对建党之前陈独秀在宣传和维护马克思主义过程中作用的初步肯定,在当时来说,是需要求实精神和学术勇气的。另外,《中国革命史讲义》在介绍提倡新文化和传播马克思主义的刊物时,不仅提到《新青年》和《湘

---

① 胡华主编:《中国革命史讲义》,中国人民大学出版社1959年第1版,第54-56页。
② 胡华主编:《中国革命史讲义》,中国人民大学出版社1959年第1版,第359-360页。
③ 胡华主编:《中国革命史讲义》,中国人民大学出版社1959年第1版,第31页。
④ 胡华主编:《中国革命史讲义》,中国人民大学出版社1959年第1版,第35页。

江评论》，还列举了上海的《星期评论》、杭州的《浙江评论》、成都的《星期日》等。在介绍研究和传播马克思主义的团体时，不仅提及毛泽东领导的新民学会，还写道："在北京有李大钊领导的'马克思主义研究会'，天津有周恩来、邓颖超、马骏等组织的'觉悟社'，在湖北有恽代英组织的'利群书社'，在上海有'星期评论社'，在杭州有'浙江评论社'，在广东有阮啸仙组织的'新学生社'。"① 这些表述力图客观全面地展现真实的历史图景，尽力避免个人的情感色彩，较好地遵循了实事求是的原则。

第五，力图展现广大人民群众在新民主主义革命中的伟大作用。人民群众是历史的创造者，这是马克思主义基本原理所揭示的人类社会发展的基本规律。新民主主义革命的胜利是在中国共产党的领导下广大人民共同努力、团结奋斗的成果。但许多革命史的著作往往只是论及中国共产党在革命中的领导作用、中国共产党人在革命中的英勇牺牲精神，而对人民群众在革命中发挥了什么样的作用语焉不详，未能充分地展现人民群众这一历史创造者的伟大角色。《中国革命史讲义》则努力表现和展示人民群众在革命中的巨大作用，尤其是在抗日战争中的卓越贡献。例如，第四章第一节在论述北伐革命军向长江流域顺利发展过程后，认为其"是由于战争的正义性质，由于苏联的援助和世界人民的同情，由于共产党员和共产主义青年团员在北伐军中的骨干作用和北伐军的英勇，特别是由于在中国共产党领导下的广大工农群众的支持和援助"②。这段话特别强调了工农群众的作用。此外，书中还用2000余字的篇幅具体地叙述了工农群众对北伐战争给予的巨大支援和做出的重大牺牲。第十章第三节中有一目"对敌斗争中的民兵斗争"，具体论述了民兵在反"扫荡"、反"蚕食"、反"清乡"和生产斗争中发挥的重要作用，并总结指出："在抗日战争中，民兵和人民自卫队自始至终同正规军队和游击队协同作战，对于巩固抗日根据地以至打败日本侵略者，起了重大的作用。"③ 第十三章第一节中有一目"人民群众在战争中的伟大作用"，从分析解放战争胜利的原因出发，主要论述人民群众对解放战争胜利的巨大贡献，即"解放军的成

---

① 胡华主编：《中国革命史讲义》，中国人民大学出版社1959年第1版，第37页。
② 胡华主编：《中国革命史讲义》，中国人民大学出版社1959年第1版，第150页。
③ 胡华主编：《中国革命史讲义》，中国人民大学出版社1959年第1版，第440页。

员来自人民群众","解放战争中除了正规部队的作战外,还有着广大人民群众所组成的民兵和游击队的配合","解放区人民群众给了解放战争以必要的物资供应"。① 这些论述深刻地阐释了"战争的伟力之最深厚的根源,存在于民众之中"② 这句箴言,有力地说明了人民群众是社会发展的决定力量。

二、《中国革命史讲义》的修订与完善

1978年中国人民大学复校后,胡华作为系主任,组织党史系中国革命史教研室的一些同志想方设法广泛收集资料,对《中国革命史讲义》再次进行修订。据参与修订的清庆瑞先生回忆,在修订过程中,胡华要求师生认真学习《毛泽东选集》和中共中央文件,注意吸收革命史研究的新成果和新出版的有价值的史料。③ 1979年的修订版与1959年版相比,改动较大,具体来说,主要有四个方面。

第一,微调了章节结构。1979年的修订版并未对1959年版的体系进行改动,但在一些具体的章节安排上做了一定的调整。例如,1959年版第一章第三节叙述五四爱国运动,第四节叙述新文化运动和马克思列宁主义在中国的传播。1979年版则将新文化运动的内容调至第二节中,置于五四运动之前进行叙述。显然,这一调整是经过深思熟虑的。一方面,从历史事件发生的先后次序上来看,新文化运动先于五四运动,理应放在前面叙述。任何史学著作不论体例如何,都应按照历史事件本身的先后次序加以叙述,而不能采用倒叙的方法。另一方面,新文化运动是中国近代史上的一次重要的思想启蒙运动,大大推动和促进了民族意识的觉醒,为五四运动的发生提供了重要的思想准备。从逻辑上看,新文化运动的内容也理所应当放在五四运动以前予以论述。

第二,增添了大量新内容。从篇幅上看,1979年修订版比1959年版增多近9万字,主要是由于增加了许多新的历史事件的叙述和分析。其

---

① 胡华主编:《中国革命史讲义》,中国人民大学出版社1959年第1版,第517—518页。
② 《毛泽东选集》第2卷,人民出版社1991年第2版,第511页。
③ 清庆瑞:《学习胡华老师治学严谨、刻苦自励的精神》,见陈威、杨凤城主编《长与英烈共魂魄——追思史学家胡华》,中国民主法制出版社2011年版,第184页。

中，内容增幅最多的是毛泽东的革命活动及思想。第一章第五节增写"毛泽东的建党思想和建党活动"一目，主要介绍1920年7月新民学会留法会员关于"改造中国与世界"方法的辩论，阐述毛泽东在给蔡和森以及新民学会留法会员的信中所阐明的"中国必须走社会主义的道路，必须实行暴力革命，建立无产阶级专政"的主张，总结毛泽东发表和支持的建党思想，即"无产阶级的革命政党必须以马克思主义作为指导思想。党的斗争目标，必须是通过暴力革命，建立无产阶级专政，为实现共产主义而奋斗。党必须是无产阶级的神经枢纽，是密切联系群众的战斗组织。党的组织必须是民主集中制的，有铁的纪律的革命组织"[1]。此外，还介绍了毛泽东在建党活动中所做的宣传、组织开展工人运动及培养干部的工作。第四章第二节增写"毛泽东主办的武昌中央农民运动讲习所"，主要叙述毛泽东提出创办湘、鄂、赣三省农民运动讲习所并付诸实践的历史经过。第六章第四节增写"毛泽东的《反对本本主义》"。《反对本本主义》一文是毛泽东1930年5月在江西进行社会调查之后撰写的一篇重要革命文献，后来在转战中遗失了，直到20世纪50年代末才重新被发现，并经毛泽东本人修改，于1964年在《毛泽东著作》甲种本和乙种本中首次公开发表。由于这篇文献的极端重要性，胡华在1979年修订《中国革命史讲义》时增加介绍《反对本本主义》一文，介绍了其蕴含的光辉思想。第十二章第一节增写"毛泽东所著《抗日战争胜利后的时局和我们的方针》的发表"，阐述了这篇文献的写作背景和主要内容，并高度肯定了它的重要政治意义，认为："它在两个中国之命运的决战时刻，以坚定的无产阶级革命精神和灵活巧妙的斗争艺术武装了全党，使全党对政治形势有清楚的认识，为动员全党保卫抗战胜利果实和夺取全国革命胜利作了重要的思想准备。"[2] 第十三章第二节增写"迎接中国革命的新高潮"，主要介绍了毛泽东在全国解放战争时期的主要著作——《迎接中国革命的新高潮》。据初步统计，1979年修订本中直接述及毛泽东的革命活动和思想的篇幅达110页之多，占全书的七分之一左右。可见，胡华力图在书中突出毛泽东的历史地位以及毛泽东思想对中国革命的伟大指导作用。但是，与此同时，"全书给人的总体印象是毛泽东的革命活动是中国革命的

---

[1] 胡华主编：《中国革命史讲义》上册，中国人民大学出版社1979年版，第52-53页。
[2] 胡华主编：《中国革命史讲义》下册，中国人民大学出版社1980年版，第652页。

主线，毛泽东思想的形成和发展是毛泽东个人独创，这不能不说是一种缺陷"①。

在突出毛泽东的同时，1979年修订版也补充了一些其他党史人物的革命事迹和活动。第二章第二节增加"中共旅欧支部的建立和周恩来的革命活动"一目，专门介绍中共旅欧支部的建立过程以及周恩来在此过程中的重要历史贡献。第十三章第三节增加"周恩来在南京与美蒋反动派的斗争"一目，记叙了周恩来在解放战争中所做出的揭露国民党反动集团的政治和军事阴谋，领导国民党统治区各阶层人民积极开展斗争、发展和扩大反对美蒋的民族民主统一战线的不懈努力。

除增写毛泽东等革命伟人的思想和活动外，1979年修订版还增加了对一些重大历史事件的叙述。第四章第二节增加"以湖南为中心的农村大革命"的内容，主要叙述第一次国内革命战争末期湖南农民在中国共产党的领导下，经过自己的农会组织所进行的政治、经济和思想上的斗争，为进一步介绍《湖南农民运动考察报告》提供了铺垫。第六章第三节增写白区工作的相关内容，进一步扩展了新民主主义革命史的研究领域。第七章第二节增写根据地查田运动的内容。第七章第三节增写北上抗日先遣队的事迹、红军主力长征后南方各省的游击战争以及白色区域的文化"围剿"和"反围剿"等重要内容。第十二章第三节增写国民党反动派发动全面内战后，中国共产党在解放区开展练兵、减租和大生产运动的相关内容。此外，由于新的研究成果的不断问世和史料的进一步挖掘和整理，1979年修订版对一些历史事件的表述更为丰富和详尽。例如，对遵义会议后张国焘进行反党分裂活动及党与张国焘分裂路线进行斗争的经过，描述得更为具体、详细。

第三，精简了一些内容。中国人民选择马克思主义、走上新民主主义革命的道路直到取得胜利的整个历程，与苏联的影响是不可分割的。因此，书写中国新民主主义革命史不能不涉及苏联，不能绕过苏联对中国革命的正确和错误的指导。在20世纪50年代中苏关系亲如兄弟的情形下，中国革命史的书籍，往往不忘述及和赞扬苏联对中国新民主主义革命的指导和帮助。但中苏关系恶化、破裂后，相关的书籍亦刻意减少对这一内容的书写，甚至绝口不提苏联对中国革命的帮助，这种倾向也体现在1979

---

① 周一平：《中共党史研究七十年》，湖南人民出版社1991年版，第258页。

年《中国革命史讲义》的修订版之中。第二章第二节就删去1959年版中"中国共产党是按照俄国布尔什维克党的榜样建立起来的"一目。1959年版第三章第一节中有一目"在苏联帮助下中国革命武装的建立,苏联与中国订立平等条约",开头就写道:"国共合作后,有两件大事对促进中国革命的高涨起了很大的作用,一为在苏联帮助下中国革命武装的建立,一为中苏两国平等条约的签订。"① 1979年修订时将标题改为"革命武装的建立",不仅开头的这一句话一字不留,也完全删除中苏两国签订条约的相关内容。1959年版第四章第一节"北伐战争的胜利发展"中有一段高度颂扬苏联对北伐战争援助的论述,认为:"这一巨大的胜利,是和伟大的苏联的援助分不开的。苏联顾问和工作人员在北伐军的军事机关和军队中,指导了整个战争……苏联的援助是根据国际主义的原则的,是基于对中国人民和中国革命的深切关怀和同情而进行的慷慨无私的正义援助。"② 1979年修订时则完全删掉这一段论述。第十一章第四节中还删除了抗日战争时期苏联与中国订立《中苏友好同盟条约》的内容。除此之外,其他方面的内容亦有部分的删减。例如,第三章第一节中将孙中山的遗嘱内容全部删除。

第四,修正了一些观点和说法。党的十一届三中全会后,党史学界的实事求是的风气逐步恢复,学者们对中共党史进行重新认识和研究,无论是在史料的发掘和汇编、史实的考订、历史事件和现象的解读,还是在历史人物的评价上,都取得了许多新的研究成果。在此次修订中,胡华尽量吸收新的研究成果,更正一些陈旧的观点,对历史事件发生过程的描述更为准确和客观,对某些历史事件和历史人物的评价也更为公允和深刻。例如,对于陈独秀被选为中国共产党领导人的缘由,就改掉以往"党在初创时的幼稚"这一简单说法。在论述中共三大上的争论时,1959年版中指出,其中的一种错误倾向是以陈独秀为代表的右倾投降主义倾向,1979年修订时则删除"投降主义"四字。虽仅四字之隔,但反映了中共党史学界对陈独秀研究的重大进步,也反映了胡华在修订中注意吸收最新的研究成果。关于中共五大的评价,1959年版指出:"第五次代表大会在实际

---

① 胡华主编:《中国革命史讲义》,中国人民大学出版社1959年第1版,第93页。
② 胡华主编:《中国革命史讲义》,中国人民大学出版社1959年第1版,第149－150页。

上没有解决任何问题。"① 1979年修订后则改为"党的'五大'没有能够担负起在紧急关头挽救革命的任务"②。这一论断则更为贴切和具体。对"抗战"防御阶段国民党及其军队的表现，也一改以往"一触即溃"的表述话语，而肯定了国民党及其军队的抗日积极性和作战的努力。这些修正体现了作者与时俱进、吐故纳新的学术精神。

1979年修订还更正了一些不确的史实表述，使得新民主主义革命史更加符合历史原貌。例如，1959年版写道："1920年4月，共产国际派代表到北京，和中国共产主义者李大钊交换了意见。"③ 这个代表到底是谁并未指明，1979年版则加以补充说明。1959年版写道："在当时，毛泽东在广州领导了有名的'全国农民运动讲习所'。这是一个和黄埔军校同样重要的培养革命干部的学校，他任该所所长，并亲自教课……"④ 1979年版本则将其改为："为了促进全党重视农民同盟军问题，推动全国农民运动的发展，给全国农民运动做好思想准备和干部准备，一九二六年五月，毛泽东在广州担任第六届农民运动讲习所所长。农民运动讲习所是中国共产党为了培养农民运动骨干，促成农民运动发展，以国民党中央农民部的名义，在一九二四年七月开始举办的。它的领导和主要教学工作是由共产党人负责，如澎湃、阮啸仙等都先后担任过所长……中国共产党负责实际工作的领导人，如周恩来、肖楚女、恽代英、李立三、澎湃、张秋人、周其鉴等，也担任教员。"⑤ 这一改动，不仅分析了举办广州农民运动讲习所的缘由和意义，也更多地展现了包括毛泽东在内的许多共产党人在这项工作中的表现和贡献。1959年版在论述延安整风运动的内容中写道："随着批评运动的深入，却揭露出一些隐藏在革命内部的像王实味这样的托派分子和其他反革命分子。他们专事散布流言蜚语，迎合小资产阶级的某些错误思想，挑拨党和群众的关系，达到从思想上瓦解革命阵营的目的。"⑥ 1979年修订时不仅完全删除批判王实味的相关内容，还增加康生"抢救失足者运动"的错误及毛泽东等中央领导人及时纠正这一错误

---

① 胡华主编：《中国革命史讲义》，中国人民大学出版社1959年第1版，第189页。
② 胡华主编：《中国革命史讲义》上册，中国人民大学出版社1979年版，第243页。
③ 胡华主编：《中国革命史讲义》，中国人民大学出版社1959年第1版，第40页。
④ 胡华主编：《中国革命史讲义》，中国人民大学出版社1959年第1版，第138页。
⑤ 胡华主编：《中国革命史讲义》上册，中国人民大学出版社1979年版，第180-181页。
⑥ 胡华主编：《中国革命史讲义》，中国人民大学出版社1959年第1版，第429页。

的相关内容，从而更加客观、真实地呈现整风运动的历史。

此外，在表述用语上也更加规范。1959年版中常常用"我们党""我党"来替代"中国共产党"的称谓，让人感觉作者在书写中国革命史中带有较浓的主观色彩，难以保持价值中立。1979年修订时则完全改正了这些不规范的表述。

总体而言，此次修订是相当成功的，不仅在内容上有所扩充，使得中国新民主主义革命史更为丰富翔实，而且在对历史的评价上更为公正、深刻，富有理论深度。当然，1979年修订版仍然存在一些瑕疵和缺陷，如过于突出毛泽东等个人、按照政治因素出发论史等不良倾向仍未完全扭转，但毕竟瑕不掩瑜。截至1985年5月，中国人民大学出版社已重印上册139.6万册，下册129.3万册。这个数字足以表明此书直到20世纪80年代中期还非常切合社会的需要，具有广泛的影响力。

第三节　主编《中国社会主义革命和建设史讲义》

一、重视研究新中国成立后的中共党史

党的十一届三中全会以前，中共党史研究主要集中在民主革命时期，对新中国成立后的中共党史，则由于这段历史的曲折复杂性、流传于史学中"当代人不修当代史"的传统思维、挖掘资料的困难等各种原因，许多学者都望而却步，因而相关的研究成果极其单薄。为改变这种状况，一些具有远见卓识的学者发出加强研究中华人民共和国成立后中共党史的恳切呼吁和倡议。1978年1月11日，时任中国社会科学院院长的胡乔木，在该院制订科研计划和规划的动员会上讲话指出："现代历史，我们已经有了鸦片战争以后的，民国以后的，以至五四以来的历史研究，但是，新中国成立以后的历史，现在还没有着手认真地进行研究，要赶快着手研究。"① 此外，胡华也在许多场合反复强调研究中华人民共和国成立后中共党史的重要性和紧迫性。1978年11月27日，他在杭州大学召开的党史讲义讨论会上发言强调："我们学习党史，必须重视现实问题，加强对

---

① 转引自程中原《新中国史研究的回顾和前瞻》，载《当代中国史研究》2004年第5期。

现实问题和客观规律的研究。"① 1979 年 12 月 14 日，他在暨南大学所做的报告《当前北京理论界、教育界关于建国以来党史的讨论意见》中指出："过去写党史只写到 1956 年，讲课也是讲到 1956 年，1956 年以后问题比较多，不好讲，就没有讲，也没有研究。这种情况不能继续下去了，因为：学生感到不满足，光讲过去的不爱听，学生还要求知道近三十年的问题，如'文化大革命'的一些问题。这些问题如果能讲清楚，总结经验，引导学生一心搞四化，对我们党的工作的前进，拨乱反正，恢复光荣传统都有很大意义。"② 1980 年 9 月 2 日，他在中国人民大学中共党史进修班的开课引言上又进一步谈道："现在我们要着重研究建国以来的党史，因为经验更切近。特别是要研究：为什么我们这样一个光荣、伟大的党，会出现'文化大革命'的十年浩劫？为什么林彪、江青、康生一伙反革命阴谋分子能够窃取大权达十年之久？需要我们来研究，总结教训。"③ 研究历史重在总结经验教训，为现实提供借鉴。中华人民共和国成立后的这段历史，"左"倾错误长期盛行，留下的教训更为深刻，对现实的启迪和教育意义更加直接。由此，研究中华人民共和国成立后的中共党史，不仅是满足教学的迫切需要，也是总结经验教训，使之为现实服务的重要任务。

除讲述研究新中国成立后中共党史的重要性和紧迫性之外，胡华也身体力行，对新中国成立后的 30 多年历史以及当时的社会现实问题进行广泛的探讨和研究。在许多学术讲座、学术会议、学术文章上，他都谈及新中国成立后的党史内容。例如，1978 年他在《哲学研究》上发表《关于民主法治、生产力革命和反对极"左"思潮问题》一文，从总结教训的角度着手，着重阐述"政治战线上实行民主法治、经济战线上实行生产力革命、思想战线上反对极'左'思潮"④ 等重要理论和实践问题。1979

---

① 胡华：《关于党史教学的若干问题——在杭州大学召开的党史讲义讨论会上讲话（一九七八年十一月二十七日）》，载《杭州大学学报》（哲学社会科学版）1978 年第 4 期。
② 胡华：《当前北京理论界、教育界关于建国以来党史的讨论意见》，见《胡华文集》第 3 卷，中国人民大学出版社 2013 年版，第 418 页。
③ 胡华：《全国高校党史进修班开课引言》，见《胡华文集》第 4 卷，中国人民大学出版社 2013 年版，第 545 页。
④ 胡华：《关于民主法治、生产力革命和反对极"左"思潮问题》，载《哲学研究》1978 年第 12 期。

年12月14日，他在暨南大学做了《当前北京理论界、教育界关于建国以来党史的讨论意见》的报告，主要介绍北京地区学术界对社会主义时期党史中一些争论问题的认识和看法。1984年8月21日，他在为张家口市党政机关宣传理论干部所做的报告《从历史上的改革看中国当前的体制改革》中，列举了大量古今中外改革成功的实例，以此论证社会改革和革命一样，"也是推动社会进步的一种形式"，号召人们要做"一个头脑冷静的、思想周密的、实事求是的、又是积极的改革的促进派"。① 1984年11月23日，他为开封市党政机关做《学习党的十二届三中全会精神的体会》报告，高度肯定党的十二届三中全会的理论和实践意义，即"远不止于解决我国当前的经济问题，而且在于打破了传统的、僵化的社会主义经济模式，提出了有中国特色的社会主义经济模式，解决了在中国怎样充分发挥社会主义优越性的大问题"②。此外，还谈及他学习《中共中央关于经济体制改革的决定》的一些切身体会和心得。1985年8月9日，胡华在海军政治学院暑期讲习班上做了《建国后意识形态领域斗争的几个问题》的报告，主要梳理和介绍了中华人民共和国成立后意识形态领域中的历次政治运动，并系统总结了其中的历史教训。1986年3月，胡华赴澳大利亚访问讲学，在一些高校做了《"文化大革命"起因及教训》的报告，透彻地分析了"文化大革命"产生的社会历史原因，并总结深刻的教训。1987年3月28日，胡华在中国人民大学校学生会组织的报告会上做了题为《新时期中国社会主义建设在理论上的新发展》的报告，主要讲述党的十一届三中全会以来中国在科学社会主义理论上的重大创新和发展，包括关于社会主义历史时期的长期性和发展阶段性的理论，关于社会主义时期主要矛盾、根本任务和社会特征的理论，关于社会主义建设的三个战略目标的理论。

应当说，胡华是较早认识到研究中华人民共和国成立后中共党史的重要性并进行初步探索和研究的学者之一，在一定程度上推动了中共党史研究的重点从民主革命时期向社会主义建设时期的转移。

---

① 胡华：《从历史上的改革看中国当前的体制改革》，载《河北学刊》1984年第6期。
② 胡华：《学习十二届三中全会精神的体会》，见《胡华文集》第3卷，中国人民大学出版社2013年版，第489页。

二、主编《中国社会主义革命和建设史讲义》

胡华在改革开放后的一个重要成果就是主持编写了《中国社会主义革命和建设史讲义》，该书集合了他对新中国成立后中共党史的全面认识和深刻思考。

党的十一届三中全会重新确立实事求是的思想路线，做出了实行改革开放的伟大决策，拨正了中国历史发展的航向。但如何看待新中国成立以来党和国家在探索社会主义建设过程中的成败、得失，如何评价新中国成立以来的毛泽东及毛泽东思想，仍然是盘旋在人们脑海中的一个重要问题和纠葛。1981年党的十一届六中全会通过的《关于建国以来党的若干历史问题的决议》，成为"党史上新的里程碑"[①]，俨然拨开了重重迷雾，为人们重温和正确认识新中国成立以来的这段辛酸历史指引了明确的方向，也为编写这段历史准备了初步的条件。与此同时，许多学校开始开设社会主义时期中共党史课程，但教师授课却无所依据和参考，急需相关的教材。因此，胡华决定编写《中国社会主义革命和建设史讲义》。

1981年，胡华开始组织中国人民大学党史系的黄文安、戴知贤、陈明显等十多位教师编写新中国成立后的党史。虽说当时已具备一些初步条件，但编写这段复杂的历史，"要把从中国进入社会主义社会以后到今天的历史过程搞清楚，把这个过程发生的重大事件和重要人物活动以及人民群众的作用搞清楚，把这个过程中党的路线、方针、政策的制定和实施情况及其社会效果搞清楚，把这个过程中党自身建设和发展情况搞清楚，等等，并总结正反面经验，做出符合实际的结论"，[②] 这在当时来说仍困难重重、富有挑战。胡华自己也说过："当代人写当代历史，要有历史的眼光，要站得高、看得远，对当代发生的事件保持历史的距离，不能用感情代替科学，更不能有偏见；尤其是本国人写本国当代历史，写自己党的历史性的错误，持冷静的、客观的科学态度，这就不容易。由于距离年代太近，许多档案材料不开放，这也是一个困难。再就是牵涉许多活着的人

[①] 胡华：《党史上新的里程碑》，载《光明日报》1981年7月9日。
[②] 张静如：《党史研究重点应转向社会主义时期》，载《新视野》1992年第1期。

的功过是非问题，就牵涉到当前的团结问题。"① 他在《中国社会主义革命和建设史讲义》的后记中也写道："如何写法，我们既缺乏经验，也缺乏深入的研究。"不过，阻碍越多、难度越大，就更加体现了编写这本著作的重要价值。在胡华的带领下，编写组集体克服困难，历时4年，终于编出《中国社会主义革命和建设史讲义》一书，并于1985年由中国人民大学出版社正式出版，立刻成为全国大专院校教材。早在1959年，胡华在《中国革命史讲义》的出版说明中就提道："新中国成立以来的新历史，十分重要，拟以后编写另书出版。"时隔25年，胡华最终兑现和完成了当初的承诺和计划。参与编写工作的陈明显教授回忆道："在当时条件下，胡华亲自主持撰写的《中国社会主义革命和建设史讲义》，是一个开创性的工作，是令人敬佩的。"②

三、《中国社会主义革命和建设史讲义》的史学成就

《中国社会主义革命和建设史讲义》（以下简称《讲义》）全书共32.5万余字，系统地叙述了自新中国成立到中共十二大期间30多年的历史进程。它之所以能引起当时社会的注意或重视，"是由于它正确地或比较正确地反映了当时的实际。无论是反映工作中的成绩或失误，都是采取分析的态度，许多地方的论述，胡华同志根据他治学的风格，采取了秉笔直书"③。

归结起来，该书的主要成就在于：

第一，以《关于建国以来党的若干历史问题的决议》为指导，较为全面地记述了新中国成立30多年来中国社会发展的历史进程。《关于建国以来党的若干历史问题的决议》将新中国成立后的历史划分为四个阶段，即基本完成社会主义改造时期（1949年10月—1956年12月）、开始全面建设社会主义时期（1957年1月—1966年4月）、"文化大革命"时

---

① 胡华：《中国现代史、党史、革命史研究近况》，见《胡华文集》第4卷，中国人民大学出版社2013年版，第619页。

② 陈明显、黄小同：《胡华与〈中国社会主义革命和建设史讲义〉》，见陈威、杨凤城主编《长与英烈共魂魄——追思史学家胡华》，中国民主法制出版社2011年版，第72页。

③ 张腾霄：《献身革命事业，深治党史科学——为胡华逝世十周年而作》，见《胡华纪念文集》，中国人民大学出版社1997年版，第32页。

期（1966年5月—1976年10月）和历史的伟大转折（1976年10月后）。20世纪80年代书写新中国成立后历史的相关著作基本上采用了这一历史分期。不过，由于"历史的伟大转折"只是一个短暂的时期，无法囊括党的十一届三中全会实现转折后的历史内容，因而大多相关著作都在《关于建国以来党的若干历史问题的决议》的基础上稍做修改，用"新时期"取代"伟大的历史转折"来概括"文化大革命"结束后的历史时期，并将在徘徊中前进以及历史的伟大转折的内容纳入这一时期。《讲义》亦是如此。

《讲义》在四个阶段分期的基础上，较为全面地陈述了每一历史阶段中的重大历史事件和党的路线、方针、政策的演变，从而完整地勾勒和描述了新中国成立以来历史发展的轨迹，为人们了解和认识这一段历史提供了一个窗口。

但客观来说，《讲义》还有些疏漏之处。《讲义》对一些重大的历史事件并未涉及，例如新中国成立后在思想文化领域开展的批判《武训传》、俞平伯的《评红楼梦》、胡适的资产阶级思想等一些运动。另外，《关于建国以来党的若干历史问题的决议》是中共中央对新中国成立以来30多年历史的高度概括和总结，是中国共产党集体智慧的结晶，也是人们认识新中国成立后30多年历史的重要指南。《讲义》与其保持一致，虽免于出现政治上的错误，但也不免受其束缚，难以取得创新，甚至显得刻板。例如，《关于建国以来党的若干历史问题的决议》在阐述社会主义建设的重要经验时，论及毛泽东、刘少奇、周恩来、陈云、邓小平、朱德、邓子恢7位领导人关于社会主义建设的正确认识，而《讲义》第二编最后一节在总结领导社会主义建设的重要经验时，只是在此基础上加以扩充论述。

第二，在回顾新中国成立以来历史发展过程的基础上，深刻总结其中的经验和教训。新中国成立以来的历史是中国共产党领导人民探索社会主义建设规律和执政规律的历史，是中国社会在曲折中前进的历史。假若新中国是一艘在波涛汹涌的大海中航行的巨轮，那么在航行的过程中，它曾偏离了航向，也触过暗礁，虽受到重创，但始终未曾沉没，党的十一届三中全会后，它又重新回归正确的航向，开始开足马力、破浪前进。从总体上看，这一期间中国经济社会的发展取得了巨大的成就，但它也付出了极其惨重的代价，留下尤为深刻的经验和沉痛的教训。

编写这段历史，如果只是讲述这段历史发展的一般进程，难以给人以深刻的启迪和教育。只有在回溯历史的基础上，进一步对重大历史事件和现象给予总结和评价，得出历史的经验和教训，才能加深对中国共产党执政规律、社会主义建设规律和对人类社会发展规律的认识。正如胡绳先生所指出的："我们一定要善于很好地利用建国45年来党史的经验教训。这是财宝，包括犯错误的经验也是财宝。不利用错误经验、把它当财宝，那错误就白犯了。"①

《关于建国以来党的若干历史问题的决议》并不是历史教材和著作，它只能对新中国成立以来的历史进行宏观勾勒和总体评述，从而统一人们对这段历史的认知。因此，《讲义》对决议上未曾述及的重大历史事件和现象还必须进行独立的思考，按照决议所体现的实事求是的精神给予公允的评价，总结其经验教训。例如，《讲义》在陈述高、饶事件过程的基础上，高度总结了这一事件对于党的建设的重要启示，即"共产党员特别是党的高级干部，在党内必须光明磊落地随时说出自己的政治见解"；"必须开展反对个人主义和骄傲自满的斗争"；"必须坚持党的集体领导的原则，发扬民主，反对个人专权和分散主义两种倾向"；"必须掌握党内阴谋反党分子活动的特点和手法，及早识别党内的阴谋家、野心家的反党面目，防止高、饶一类的人篡夺党和国家的领导权"；"必须正确地区分高、饶一类的野心家、阴谋家和受高、饶的影响、欺骗而犯错误的同志，对于犯错误的同志实行一看二帮的积极态度"。② 当今，世情、国情和党情与新中国成立初期已不可同日而语，党的建设面临更加复杂的形势和许多新的问题，但同样的是，加强党的建设都是必须面对和解决的重要课题。这些启示对当前中国共产党的自身建设仍然具有一定的借鉴意义。

第三，运用大量具体的数据说明新中国经济发展的总体状况。在新中国历史上，受政治因素的影响，经济发展并非一帆风顺的，虽总体处于上升状态，但也曾出现停滞或倒退现象。《讲义》力图充分地展现各阶段国民经济发展的状况。例如，第一章第五节"国民经济恢复时期的伟大成

---

① 胡绳：《历史经验是宝贵的财富——谈社会主义时期党史研究》，载《中共党史研究》1995年第6期。
② 胡华主编：《中国社会主义革命和建设史讲义》，中国人民大学出版社1985年版，第92页。

就"中用具体的数据直接展现了国民经济的恢复和发展成就,包括工农业、交通运输业和水利建设事业、文化教育事业的发展和人民生活水平的提高。第三章第二节中展示了第一个五年计划所取得的巨大成绩。第四章第五节中展示了1965年国民经济调整后的经济面貌和成绩。当然,《讲义》并不是一味地呈现国民经济上升发展的情况,对动荡时期国民经济的萧条甚至倒退也客观地予以表述。两者的对比足以表明,中国共产党是中国社会主义建设事业的领导核心,其所制定的路线、方针、政策具有全国性的广泛影响。总之,"《讲义》对每个时期政治经济的具体情况和问题,阐明得都很详细和真实,对于人们了解这段社会主义改造、建设、发生的问题乃至整个党史是非常有帮助的"[①]。

[①] 宋涛:《对胡华的回忆和悼念》,见《胡华纪念文集》,中国人民大学出版社1997年版,第28页。

第四章 胡华的中共党史专题和史实研究

中共党史是中国共产党领导广大人民进行革命、建设和改革的宏伟历史过程,其间发生的重大历史事件、涌现的重要历史人物、形成的重大是非曲直、留下的深刻经验教训都需要广大党史学者逐一进行专门的研究,一些模糊和不确的史实问题也要通过小心求证予以澄清。一味地宏大叙事难以呈现历史的细节和复杂性。事实上,基于各专题研究和史实考证上一点一滴的进步,才能汇聚成中共党史学的整体跨越和发展。在学术生涯中,胡华曾对一些重要历史问题进行专题性的分析和思考,提出一些理论创见;对一些不确切的史实问题也进行梳理和考证,厘清了若干事实真相。

第一节 关于若干重要专题的研究

一、对国民经济恢复时期社会主要矛盾的分析

社会主要矛盾是制定党和国家路线、方针、政策的重要依据。能否正确认识和把握中国社会不同发展阶段的主要矛盾,对于确定党和国家的工作中心,解决所处历史阶段的社会主要问题具有重大意义。在民主革命时期,党对当时中国的社会性质和社会主要矛盾做出正确的研判和分析,从而制定出了党在民主革命时期的革命纲领,为革命斗争明确了前进的方向和任务。应当说,新民主主义革命的胜利是以党对社会主要矛盾的科学判断为前提和基础的。新中国成立后,对社会主要矛盾做出判断同样意义重大。只有对社会主要矛盾做出正确判断,才能制定出正确的建设方针和

路线。

对于新中国成立初期社会主要矛盾的判断,毛泽东等中共领导人经历了认识上的发展变化。虽然新中国成立前,毛泽东已经断定新中国内部的主要矛盾是无产阶级和资产阶级的矛盾,但在新中国成立后最初的两三年内,实际上中共中央没有将资产阶级与无产阶级的矛盾作为当时中国社会的主要矛盾,且在理论和实践上保持了一致。直到1952年6月,毛泽东又重提资产阶级与无产阶级之间的矛盾已成为当时中国社会的主要矛盾。① 1956年中共八大召开前后,学术界对当时的社会主要矛盾问题进行了激烈的讨论,但国民经济恢复时期的社会主要矛盾究竟为何则少有论及。1963年胡华在《教学与研究》上发表《关于国民经济恢复时期的社会主要矛盾问题》一文,在学术界中较早地专门探讨了这一问题。

文章首先指出:"一九四九年民主革命胜利后,由于无产阶级领导的全国政权的取得以及社会主义过渡时期的开始,工人阶级同资产阶级的矛盾,社会主义同资本主义的矛盾,上升为主要矛盾;在民主革命阶段的主要矛盾中,人民大众同帝国主义的矛盾,到了新的革命阶段,有了新的性质,成为我们社会主义国家对帝国主义的矛盾。至于人民大众同封建主义、官僚资本主义的矛盾,则由于革命的中心问题、根本问题——政权问题已经解决,因而民主革命阶段的主要矛盾已基本上解决,遗留下来的任务也将渐次被解决,而退居次要地位。"② 很明显,该文从分析民主革命时期社会主要矛盾的变化着手,主张国民经济恢复时期的社会主要矛盾是无产阶级和资产阶级的矛盾,支持和肯定新中国成立前夕毛泽东和中共中央关于新中国社会主要矛盾的断定。

邓小平曾指出:"什么是目前时期的主要矛盾,也就是目前时期全党和全国人民所必须解决的主要问题或中心任务。"③ 社会主要矛盾无疑决定着党和国家的主要任务和中心工作。从逻辑上来讲,社会主要矛盾和主要任务、中心工作是统一的。因此,我们可以通过当时党和国家的主要任务和中心工作来考察和分析社会的主要矛盾,胡华正是按照这一思路加以

---

① 孙其明:《也论建国初期中国社会的主要矛盾》,载《同济大学学报》(社会科学版)2002年第6期。
② 胡华:《关于国民经济恢复时期的社会主要矛盾问题》,载《教学与研究》1963年第5期。
③ 《邓小平文选》第2卷,人民出版社1983年版,第182页。

说明和论证的。他认为:"在国民经济恢复时期,党和全国人民面临着两个重大任务:一个是开始社会主义改造和社会主义建设,一个是完成民主革命阶段遗留下来的任务。前者主要是无产阶级同资产阶级、社会主义同资本主义的矛盾,后者主要是民主主义同封建主义的矛盾。"① 他接着指出,后一个任务"由于反动地主阶级已失掉了反动的上层建筑(最主要的是国家政权)的依靠,就总的说,这究竟是一个比较好解决的任务,在'恢复时期'就能基本上解决"②。因此,他认为:"国民经济恢复时期的特点,就是两个革命阶段的两种任务同时交错地存在,但是从根本上说,已是服从于社会主义革命的任务,受社会主义革命任务的制约。"③ 为支持这一论断,他进一步分析了国民经济恢复时期开展的土地改革运动、镇压反革命运动、抗美援朝运动、三反五反运动、知识分子思想改造运动五大运动的性质,从而断定:"虽然这一时期,交织地存在着两个革命阶段的两种不同性质的矛盾和任务,但是新革命阶段的新的矛盾和新的任务,显然已经开始成为主要的矛盾和任务,其他的矛盾和任务,则具有从属的性质。"④

应当说,胡华通过党和国家的主要任务和中心工作来考察和分析当时的社会主要矛盾是可取的,但这一思路的逻辑起点出现了偏差,社会主义改造和社会主义建设并非当时的主要任务之一,而应该是恢复和发展国民经济。毛泽东曾强调:"全党工作重心并不是在社会主义改造基本完成以后才转入经济建设的。在建国初,随着军事任务的完成,党的工作重心向经济领域的转移即已开始。"⑤ 而且,实际上,中华人民共和国成立之初,"在有条不紊地进行土地改革和各项民主改革的同时,党和人民政府领导开展了经济、政治、思想文化等多方面的建设。各方面的建设都紧紧围绕着恢复和发展生产这一中心任务"⑥。此外,随着各大城市陆续被解放,党的领导人在如何对待资产阶级和资本主义工商业的问题上出现了分歧。

---

① 胡华:《关于国民经济恢复时期的社会主要矛盾问题》,载《教学与研究》1963年第5期。
② 胡华:《关于国民经济恢复时期的社会主要矛盾问题》,载《教学与研究》1963年第5期。
③ 胡华:《关于国民经济恢复时期的社会主要矛盾问题》,载《教学与研究》1963年第5期。
④ 胡华:《关于国民经济恢复时期的社会主要矛盾问题》,载《教学与研究》1963年第5期。
⑤ 《建国以来毛泽东文稿》第1册,中央文献出版社1987年版,第769页。
⑥ 中共中央党史研究室编:《中国共产党历史》第二卷上册,中共党史出版社2011年版,第112页。

由于过分地打击和排挤资本主义工商业，造成民族资本家的恐慌和消极，不利于生产的恢复和社会的稳定，这促成了刘少奇的天津讲话以及毛泽东在党的七届三中全会上提出不要"四面出击"的方针。而且，从中华人民共和国成立后的具体实践来看，国民经济恢复时期还没有采取严重的社会主义革命的措施，直到土地改革完成以后，才实行对农业、手工业和资本主义工商业的社会主义改造，消灭了资本主义，这些都充分说明当时的主要任务是恢复和发展经济，而并非社会主义改造。因此，无产阶级和资产阶级的矛盾是恢复时期的社会主要矛盾这一论断是难以成立的。

《关于建国以来若干重大历史问题的决议》指出："新民主主义革命在全国胜利和土地制度改革在全国完成后，国内的主要矛盾已经转为工人阶级和资产阶级之间、社会主义道路和资本主义道路之间的矛盾。"决议并未直接说明国民经济恢复时期社会主要矛盾问题，这为人们提供了进一步探讨的空间。此后，不少学者都重新探究这一问题，但观点各异，主要有三种。第一种认为是中国人民同三大敌人（帝国主义、封建主义、官僚资本主义）残余势力之间的矛盾。[1] 第二种认为，人民大众与三大敌人残余势力之间的矛盾和人民群众对于物质文化的需要与落后的社会生产之间的矛盾，共居于国内主要矛盾的地位。[2] 第三种认为是人民和国家为了实现由新民主主义向社会主义转变所日益增长的物质文化的需要同落后的社会生产状况之间的矛盾。[3] 虽然仍未形成定论，但已基本上摒弃无产阶级和资产阶级的矛盾为主要矛盾的传统观点。

二、对抗日战争史若干问题的解读

中国抗日战争是中国人民捍卫民族尊严、维护国家主权、争取民族独立，反抗和驱逐日本帝国主义的一场胜利的伟大战争，它不仅是中国新民主主义革命的重要组成部分，同时也是世界反法西斯战争的重要一环。胡

---

[1] 王树人：《简论建国初期我国社会的主要矛盾》，载《华东石油学院学报》（社会科学版）1986年第2期。

[2] 孙瑞鸢：《对我国过渡时期国内主要矛盾问题的几点意见》，载《中共党史研究》1989年第3期。

[3] 张明：《国民经济恢复时期主要矛盾之我见》，载《广西师院学报》（哲学社会科学版）1990年第2期。

华认为:"中国抗日战争,是在中国共产党倡导下的抗日民族统一战线的旗帜下,以国共两党第二次合作为基础,工农商学兵,各界各族人民,各民主党派,抗日团体,社会各阶层爱国人士,和海外侨胞广泛参加的一次全民族抗战。"①

早在中华人民共和国成立初期,胡华就发表了《谁推动了民族抗战》和《谁领导了抗战》两文,论述了中国共产党在抗日战争中的领导地位。在抗日战争胜利40周年之际,学术界掀起研究抗日战争的巨大热潮,胡华对抗日战争的若干重大问题也进行了探讨。1984年11月18日,在全国抗日根据地讨论会上,他做了"关于抗日战争史研究的方向和课题"的发言,介绍了抗日战争史的研究内容,论述了历史资料对抗战史研究的极端重要性,并号召学界全面深入地研究整个抗日战争。1985年8月,他在大连海军政治学院做了《关于抗日战争的正面战场》的报告,在肯定抗日战争主要是中国共产党领导的基础上,对战略防御和相持阶段的正面战场也给予了客观的描绘,肯定了国民党在抗日战争中的历史作用。在1985年8月24日召开的纪念抗日战争胜利40周年学术讨论会的闭幕会上,胡华又做了《关于抗战史研究的几个问题》的报告,高度概括总结了在此次会议上阐发的一些关于抗日战争史的若干重要问题,包括"中国战场在世界反法西斯战争中的地位和作用问题""抗日战争中正面战场和敌后解放区战场问题""抗日民族统一战线和第二次国共合作的形成及历史经验""抗日战争的领导权问题"等。这些发言和报告蕴含他对抗战史一些问题和抗战史研究的理解和思考。现将其归纳如下:

第一,强烈呼吁全面深入地研究抗日战争。在中华人民共和国成立后的很长一段时间里,学术界对抗日战争的研究并不尽如人意,胡华对此表示忧心和焦虑。他指出:"由于我们自己研究和宣传不够,没有拿出内容充实、论证科学的专著和论文来宣传,致使国外史学界把中国抗日战场看得似乎微不足道,甚至把中国人民八年奋斗取得的抗战胜利,说成仅仅是美国两颗原子弹和苏联出兵的结果,而不承认中国抗日战争的伟大贡献。"② 为改变这种状况,加强对抗日战争史的研究,他强烈呼吁:"我们

---

① 胡华:《关于抗日战争的正面战场》,见《胡华文集》,中国人民大学出版社1988年版,第238页。

② 胡华:《关于抗日战争史研究的方向和课题》,载《军事历史》1985年第2期。

作为史学工作者，应该担负起把中国抗日战争的胜利，把中国共产党和八路军新四军在抗日战争中的中流砥柱的历史作用介绍到世界上去的历史任务，用我们研究的成果，用大量的历史事实去批驳台湾国民党和国外一些人的歪曲和诬蔑。"① 这充分表现了胡华的高度历史责任感。中国人民通过浴血奋斗，付出巨大的代价赢得了抗日战争，将日本帝国主义及其军队赶出中国，为世界反法西斯战争的胜利做出了突出贡献。但国际上存在一些轻视中国抗日战场的不符实际的言论，台湾地区也有歪曲事实、贬低中国共产党在抗日战争中作用的现象，更有甚者，日本右翼势力公然否认侵华的客观事实，这就需要本国的史学工作者立足于历史实际，用科学、可信的研究成果去纠正外界的一些不实之词，客观地研究和宣传中国伟大的抗日战争，实事求是地呈现国共两党及其他政治力量在抗日战争中的作用，驳斥日本右翼势力否认侵华的歪论。

对于如何全面深入地研究抗日战争，胡华提出："一是要扩大研究的范围；二是要开拓研究的深度，提高研究的质量。"② 具体来说，就是"要研究整个抗日战争的各条战线、各个党派、各个领域。既要研究和说明中国共产党与抗日战争，也要研究和说明国民党和抗日战争；既要研究和说明敌后抗日根据地，也要研究和说明正面战场；既要研究国共两党合作进行的抗战，也要研究各民主党派、各爱国团体在抗战中的作用；既要研究抗战中的军事，也要研究抗战中的政治、经济和文化；既要研究中国国内各阶级、阶层、党派和各民族在抗战中的作用，也要研究苏联、美国对中国的抗日战争的态度和作用；还要研究抗日战争在中国新民主主义革命中的历史地位，等等"③。这一思路为人们研究中国抗日战争史打开了广阔的历史视野，提供了许多新的研究课题和方向。从多个侧面、角度进行研究，可以更全面地展现抗日战争的丰富场景，正确认识各个阶层、党派在抗日战争中的作用和贡献，呈现抗日战争时期的社会发展状况等，从而推动"抗战"史研究走向细致和深入。

第二，高度肯定中国共产党在抗日战争中的领导地位。抗日战争的胜利是中国人民不屈不挠、浴血奋战的成果，各阶层、各党派等都发挥了至

---

① 胡华：《关于抗日战争史研究的方向和课题》，载《军事历史》1985年第2期。
② 胡华：《关于抗日战争史研究的方向和课题》，载《军事历史》1985年第2期。
③ 胡华：《关于抗日战争史研究的方向和课题》，载《军事历史》1985年第2期。

关重要的作用，但究竟谁领导了这场伟大的战争，学术界形成了一些不同的意见。① 胡华坚持认为抗日战争主要是中国共产党领导的，他从政治和军事两方面对这一观点进行了透彻的分析。

既然要谈论抗日战争的领导权问题，首先要明确"领导"这一概念的具体含义。胡华从政治角度对"领导"一词的含义进行阐发，他认为："所谓领导，就是参加革命的各个阶级、党派，谁能够在这个革命运动中，提出一整套的革命的理论、纲领与战略；在各个革命时期，提出正确的口号、方针、斗争形式与组织形式，指出革命的方向，引导这个运动走向胜利，那么，谁就是在政治上领导了这个革命。"② 从政治上看，"在八年抗战中，中国共产党始终坚持抗日民族统一战线总方针，促成和坚持了第二次国共合作和民族的大团结，坚定地坚持抗战、团结、进步；反对投降、分裂、倒退"③。在民族危亡的生死关头，中国共产党以民族利益为重，果断停止武装反抗国民党的方针，积极倡导和组织抗日民族统一战线，全力动员中国人民，积极联合一切抗战力量共同抗战，自己也走在斗争的最前列，冲锋陷阵、从不退缩、坚持到底。"中国共产党在抗战中提出的一整套正确的政治主张、政治纲领，指明了抗战必胜、建国必成的道路，鼓舞了全国人民抗战到底的信心，增强了全民族的团结。"④ 因此，"从对全国的政治影响说，中国共产党对八年抗战起了政治领导的作用"⑤。

另外，胡华还以中国共产党提出的军事战略策略对抗日战争的指导作用，以及中国共产党领导的人民军队在军事斗争上的直接作用，来说明中国共产党及其军队在"抗战"军事上的重要地位。"抗战"初期，中国共产党就提出实行军民结合的全面"抗战"路线，为全国"抗战"的胜利指明了正确的方向和道路。胡华以毛泽东的《论持久战》这部军事战略

---

① 参见郭德宏《抗日战争领导权问题研究述评》，载《中共党史研究》1995年第1期。
② 胡华、邓拓、冯文彬：《关于学习中国新民主主义革命史的几个问题》，新潮书店1951年版，第30-31页。
③ 胡华：《关于抗日战争的正面战场》，见《胡华文集》，中国人民大学出版社1988年版，第238页。
④ 胡华：《关于抗日战争的正面战场》，见《胡华文集》，中国人民大学出版社1988年版，第239页。
⑤ 胡华：《关于抗日战争的正面战场》，见《胡华文集》，中国人民大学出版社1988年版，第239页。

战术名著为例,讲述国民党对这一著作的态度,从而指出:"这部名著不仅对全国爱国将士发生了深刻的影响。甚至对国民党军事当局的战略思想和抗战信心也产生了影响。"① 在战略相持阶段,"中国共产党向国民党军事当局提出了在敌后战区,广泛武装群众,发动游击战争和运动战、阵地战相配合的战略方针。在中国共产党领导的敌后解放区战场,则制定了'基本的游击战,不放弃有利条件下的运动战',内线作战和外线作战相配合,正规军队和地方游击队、民兵相配合等一整套正确的战略战术"②。以毛泽东为首的中国共产党人,因时因地制宜,按照正面战场和敌后战场的具体态势制定不同的战略战术,为两个战场的军事斗争提供了有力指导。如胡华指出:"对整个抗日战争的胜利,中国共产党在军事战略战术上也起了正确的指导作用。"③ 况且,在直接的军事斗争上,虽然在战略防御阶段,正面战场抵御了大部分的在华日军,但在战略相持阶段,"中国共产党领导的敌后解放区战场,在极端艰苦残酷的反'扫荡'战争环境,抗击了驻华日军兵力的百分之六十二,伪军的几乎全部,是抗战的主要战场。八路军、新四军、华南抗日纵队从战略地位、政治素质和抗击敌人等方面来说,是这场战争的中流砥柱,对坚持抗战到胜利,起了决定性的作用"④。从上述论证出发,胡华认为抗日战争主要是中国共产党领导的。

实际上,抗日战争领导权的问题直接涉及国共两党在这一民族战争中所发挥的作用大小问题,从情感上来说,中国共产党和国民党所倾向的答案是截然不同的,但从学术角度而言,史学家应站在中华民族的角度、基于客观的历史事实予以分析,从而得出公正客观、令人信服的结论。不过,往往不同的学者根据不同的思路和论证材料,形成不同的结论。2005年9月3日,胡锦涛同志在纪念抗日战争胜利60周年大会上的讲话指出:

---

① 胡华:《关于抗日战争的正面战场》,见《胡华文集》,中国人民大学出版社1988年版,第239页。
② 胡华:《关于抗日战争的正面战场》,见《胡华文集》,中国人民大学出版社1988年版,第240页。
③ 胡华:《关于抗日战争的正面战场》,见《胡华文集》,中国人民大学出版社1988年版,第240页。
④ 胡华:《关于抗日战争的正面战场》,见《胡华文集》,中国人民大学出版社1988年版,第240页。

"中国国民党和中国共产党领导的抗日军队,分别担负着正面战场和敌后战场的作战任务,形成了共同抗击日本侵略者的战略态势。"这一表述显然更加客观,易于被海峡两岸的学者所接受。

第三,客观认识正面战场及国民党在抗日战争中的作用。第二次国共合作形成以后,中国本土的抗日战争存在两个重要的战场,即正面战场和敌后战场,分别由国民党和共产党负责领导。"由于国共两党的长期对立,国民党方面出版的史书不遗余力地指责共产党'游而不击','破坏抗战',共产党单方面强调其对抗日战争的领导和敌后抗战的作用,批判国民党消极抗日,积极反共,否定正面战场的作用。"① 从20世纪80年代开始,这种倾向有所转变,"学术界冲破种种政治界限,肯定抗日战争是近代中华民族最伟大的反侵略战争,是以国共合作为基础的全国性的全民族战争,对国共两党在抗日战争中的作用做出实事求是的科学评价"②。

从中国战场的总体形势来看,战略防御阶段实际上"是八路军、新四军向华北、华中前线挺进,配合正面战场开辟敌后战场,建立敌后抗日根据地的战略阶段"③。换言之,战略防御阶段是以正面战场为主战场的。对于战略防御阶段中国民党军队在正面战场的表现,胡华总结指出:"从国民党一些主要当权者蒋介石等人的战略指导思想来说,抗战是比较积极的,但是实行片面的军队、政府抗战的片面抗战路线,单纯防御战略。不过,国民党的各个将领,各路军队,各个战区,表现也不完全一样,有的表现得英勇些,也牺牲了不少将领,指挥比较灵活些,也有些将领闻风而逃,部队一触即溃,甚至投降敌人。"④ 为了予以说明,胡华还叙述了国民党军队在卢沟桥抗战、淞沪会战、忻口战役和太原战役、武汉会战等重大战役中的积极战斗和英勇表现。

以敌后战场抗击了大部分的侵华日军和几乎全部伪军的事实为依据,

---

① 何理:《关于抗日战争时期》,见郭德宏主编《十一届三中全会以来中共党史研究的新进展》,中共党史出版社2004年版,第101页。
② 何理:《关于抗日战争时期》,见郭德宏主编《十一届三中全会以来中共党史研究的新进展》中共党史出版社2004年版,第101页。
③ 胡华:《在抗日民族统一战线的旗帜下抗日战争的伟大胜利》,见《胡华文集》第4卷,中国人民大学出版社2013年版,第260-261页。
④ 胡华:《在抗日民族统一战线的旗帜下抗日战争的伟大胜利》,见《胡华文集》第4卷,中国人民大学出版社2013年版,第261页。

胡华认为："在抗战的战略相持阶段，敌后解放区战场成为抗日的主要战场。"① 不过，在肯定敌后解放区战场的主体地位外，他并没漠视正面战场的作用，而是较为客观地认识到，"正面战场的坚持抗战大局，也给敌后战场的作战和发展提供了有利条件"②。对于战略相持阶段中国民党军队的表现，胡华也予以较为公正的评判，认为："在正面战场，国民党一些主要当权者，对抗战也坚持了下来，但作战基本上是被动的消极的，他们不但没有放弃反共方针，而且发动了三次破坏抗战团结的反共高潮。不过由于同日本的妥协谈判未能达成协议，在日军进攻下，又作了新的抵抗，随着美英等盟军对正面战场的加强支援，也配合打了些较大的战役，许多爱国将士做出了重大牺牲。尤其是绥远、湖北、广西等一些地方部队，守土抗战，有着积极英勇的表现。"③

综上所述，胡华在史学界较早地、较为客观地展现正面战场的地位和国民党军队的表现，理性地评价了正面战场和国民党军队在"抗战"中的地位和作用，这是20世纪80年代抗战史研究取得进步的一个重要表现。

第四，高度赞扬中国抗日战争对世界反法西斯战争的贡献。不可争辩的是，中国抗日战争是世界反法西斯战争的重要组成部分。胡华从三个方面阐述中国抗日战争对世界反法西斯战争的突出贡献。首先，从总体战略上来说，七七事变爆发到太平洋战争爆发期间的4年中，中国抗日战争"使日军不能及早配合德、意法西斯在欧洲的侵略，北犯苏联、南侵太平洋，为盟国赢得了准备的时间"④。军队的强弱和多少是决定战争结果的直接因素。中国地域的广博和中国人民的坚决抵抗，使得日本不得不把大部分军队投入中国战场。因此，太平洋战争爆发后，日本无力派遣太多兵力进入太平洋战场，这就为美英盟国争得了主动权，减轻了战场压力。另

---

① 胡华：《在抗日民族统一战线的旗帜下抗日战争的伟大胜利》，见《胡华文集》第4卷，中国人民大学出版社2013年版，第264页。
② 胡华：《在抗日民族统一战线的旗帜下抗日战争的伟大胜利》，见《胡华文集》第4卷，中国人民大学出版社2013年版，第266页。
③ 胡华：《在抗日民族统一战线的旗帜下抗日战争的伟大胜利》，见《胡华文集》第4卷，中国人民大学出版社2013年版，第266-267页。
④ 胡华：《在抗日民族统一战线的旗帜下抗日战争的伟大胜利》，见《胡华文集》第4卷，中国人民大学出版社2013年版，第269页。

外，中国战场坚持抗战，也使日军无力向北进攻苏联，使苏联能集中主要力量挫败德国的进攻。其次，中国还给予盟军直接的援助。这具体表现在，"中国军队不仅在缅北战场直接配合盟军作战，而且中国在大陆上为盟军提供了十来个空军基地，给苏联、美国、英国都提供了战略物资的矿产品和农产品"①。再次，中国战场给予日本军队的有生力量直接而沉重的打击。胡华用具体的数据说明中国战场歼灭日军的光辉战绩以及中国军队为此所做出的巨大牺牲。

中国人民为世界反法西斯战争的胜利付出了巨大的代价，做出了重大的贡献，这是无法辩驳的历史事实，任何国家和个人都不容否定和抹杀。胡华用铁一般的事实予以说明。

三、对统一战线中独立自主原则的阐释

独立自主原则是中国共产党在统一战线中一贯倡导和坚持的一项根本原则，是毛泽东思想的重要组成部分。1963年，胡华在《教学与研究》第三期上发表《关于统一战线中"独立自主原则"的几个问题》一文，旨在解答中国人民大学历史系的学生在课堂上讨论的几个理论问题，包括：在统一战线中，无产阶级政党的独立性同独立自主原则有无区别？独立自主原则是只适用于抗日战争时期，还是党的统一战线理论和政策中的一个根本原则，适用于任何时期？为什么毛泽东在抗日战争时期提出这个口号，而没有在别的时期提出？它和又联合又斗争原则的关系如何？归结起来，该文的主要内容和观点包括：

首先，界定独立自主原则和统一战线中无产阶级政党的独立性以及又联合又斗争原则的关系。胡华认为，统一战线中无产阶级政党的独立性和独立自主原则，"在本质上没有什么区别"，"都是无产阶级政党在革命统一战线中的根本原则，是马克思列宁主义的普遍真理"，它们"都是为了坚持无产阶级政党的革命领导权"。② 他还分别阐释了无产阶级政党的独立性和独立自主原则的内涵。他认为，马克思列宁主义关于无产阶级政党

---

① 胡华：《在抗日民族统一战线的旗帜下抗日战争的伟大胜利》，见《胡华文集》第4卷，中国人民大学出版社2013年版，第270页。
② 胡华：《关于统一战线中"独立自主原则"的几个问题》，载《教学与研究》1963年第3期。

的独立性问题的含义在于,"无产阶级政党在和资产阶级及其他阶级合作,建立革命统一战线时,不论有无共同纲领和共同组织形式,都要在思想上、政治上坚持自己的共产主义旗帜和马克思主义旗帜,坚持自己的最高纲领和最低纲领,保持对同盟者的批评和斗争的自由;都要在组织上保持自己的独立性和独立活动的自由;都要在战略策略上,有自己一套独立的战略策略,包括对同盟者的联合和斗争在内"①。统一战线中的独立自主原则,"就是除了无产阶级政党的'独立性'这个概念所含有的含义外,还包含这样的意思:革命统一战线必须以无产阶级为领导的、以工农联盟为基础的革命力量为中心支柱;无产阶级在革命统一战线中,必须有自己独立的、绝对领导的阵地——包括武装力量、根据地、群众运动等等。不管同盟者同意不同意,必须坚持这种阵地,发展这种阵地,并把革命胜利的希望,主要寄托在无产阶级独立领导的这种阵地的壮大和胜利上面"②。按胡华的理解,独立自主原则内在地包含了无产阶级政党的独立性问题,独立自主原则的内涵更为丰富。

从两者的内涵上来看,区别在于"深度和广度的不同",后者在坚持独立性的基础上,更加注重和强调自身的发展以争取和实现革命的领导权,应该说,"后者更加发展了更加完备了"。③ 对此,他进一步予以说明:"一般说,提出'独立性'问题,还没有完全解决无产阶级的领导权问题,而提出'独立自主原则',则是完全解决了领导权问题,就是说它使无产阶级在革命中的领导权问题落实了。"④ 这一分析让人们认识到对无产阶级政党在统一战线中领导权问题上的认识是逐步发展深化的,马克思列宁主义者认识到革命领导权问题的重要性,提出无产阶级政党在统一战线中的独立性问题,毛泽东在中国革命统战线的丰富实践中则继承并发展了这一思想,提出独立自主原则,从而从理论上彻底解决了无产阶级争夺领导权的重大问题。

关于独立自主原则和又联合又斗争原则的关系,胡华认为,"两者都是统一战线的根本原则。具体来说,则'又联合又斗争'的原则,是对

---

① 胡华:《关于统一战线中"独立自主原则"的几个问题》,载《教学与研究》1963年第3期。
② 胡华:《关于统一战线中"独立自主原则"的几个问题》,载《教学与研究》1963年第3期。
③ 胡华:《关于统一战线中"独立自主原则"的几个问题》,载《教学与研究》1963年第3期。
④ 胡华:《关于统一战线中"独立自主原则"的几个问题》,载《教学与研究》1963年第3期。

统一战线中的资产阶级所应采取的根本原则，'独立自主'原则是实行这一原则的中心环节，是实行这一原则的基础。因为没有了'独立自主'，也就谈不到对资产阶级的联合和斗争"①，这一论述也是颇有见地的。

其次，肯定统一战线中的独立自主原则适用于革命的任何时期。胡华分析指出："'独立自主原则'，既然是党的关于统一战线的理论和政策中的一个根本原则，而统一战线，按照毛泽东思想，又是马克思列宁主义政党在革命中克敌制胜的三个基本问题和主要经验之一，'三个法宝'之一，是任何时期都需要的，因此，'独立自主原则'也是适用于任何时期的。"②为支持这一观点，胡华简要分析了中国革命各个发展阶段中统一战线实践的具体经验，从而说明：在新民主主义革命的历史进程中，中国共产党坚持了独立自主原则，统一战线往往得以巩固，并推动革命向前发展；放弃了独立自主原则，则统一战线的局面往往难以维系，革命也遭受了严重的挫折。

再次，解释独立自主原则为什么在抗日战争时期强调提出。既然独立自主原则适用于任何时期，为什么仅在抗战时期被强调和突出？胡华认为："这首先是历史的原因。因为在第一次国内革命战争时期，虽然毛主席已有了这个思想，但对全党来说，党还处在幼年，还没有充分经验来提出，而在这一时期的后期，党正需要这个口号的时候，由于党的主要领导掌握在陈独秀投降主义者手里，所以没有条件提出。第二次国内革命战争时期，资产阶级破裂了统一战线；遵义会议以前曾经三次在党的领导机关占统治地位的'左'倾机会主义者又都不搞统一战线，所以也无从提出。到抗日战争时期，在前面说过的历史条件下，才由毛主席强调提出。"③应当说，从历史实际来看，独立自主原则是在充分总结历史经验教训、具备主客观条件的情况下才得以强调提出的。没有历史经验教训的刺激和警示，就无法真正认清独立自主的内在价值，在党内也无法达成共识。此外，"这个原则虽然任何时期都适用，都起作用，但是作为一个口号，何时要强调，何时不必强调，这也要看历史情况，不一定在任何时期，都作为一个口号提出"。在抗日战争时期强调提出"独立自主"这一口号，

---

① 胡华：《关于统一战线中"独立自主原则"的几个问题》，载《教学与研究》1963年第3期。
② 胡华：《关于统一战线中"独立自主原则"的几个问题》，载《教学与研究》1963年第3期。
③ 胡华：《关于统一战线中"独立自主原则"的几个问题》，载《教学与研究》1963年第3期。

"这是根据这时同盟者的情况(代表大地主大资产阶级的国民党的力量比我们占着很大优势,他们的抗战极不可靠、并在时刻想消灭我们)和党内情况(新投降主义的一度嚣张)和党的成熟程度而提出的,而且主要是在党内提出的,目的是要全党掌握这个精神,是去实干,而不是去空喊"。① 当时,独立自主原则主要是针对党内存在的"一切经过统一战线""一切服从统一战线"的错误思想和国民党消极抗日、积极反共的现状而提出的,旨在维护抗日民族统一战线,保持"既统一,又独立"②的局面,争取中国共产党对抗日战争的领导权。

胡华的这篇文章是中华人民共和国成立后首篇探讨统一战线中的独立自主原则的专文,陈述了自己对独立自主原则相关理论问题的见解。该文刊出后一段时间,有人对其中的一些观点表示异议,并著文公开讨论。③

四、对国外和港台地区中共党史研究的评述

中共党史虽生发在中国,但除中国内地(大陆)外,国外和港台地区研究党史的学者大有人在,并形成了可观的成果。然而,20世纪80年代以前,受意识形态和国家关系的影响,大陆的学者很少关注国外和港台地区研究中共党史的基本动态,也很少利用内地(大陆)以外的研究成果和资料。

为改变这一现状,1981年,张注洪先生撰文论述中共党史、中国革命史研究者了解国外研究动态和有关文献的必要性。他在文中指出:"首先,对国外研究党史、革命史心中有数,有利于我们开展国际交往,促进中外学术交流和人民的友好往来。""其次,通过对国外研究党史、革命史情况了解,可以从中找到和发现有用的党史、革命史史料。""第三,对于国外研究成果,有的还可作为我们的借鉴。"④ 此外,他在文中剖析国外的档案、文件、报刊、回忆录、资料汇编、个人文集、人物传记、专

---

① 胡华:《关于统一战线中"独立自主原则"的几个问题》,载《教学与研究》1963年第3期。
② 《毛泽东选集》第2卷,人民出版社1991年第2版,第540页。
③ 参见蔡德祜《试论毛泽东同志关于抗日民族统一战线中独立自主原则的理论——兼与胡华同志商榷》,载《教学与研究》1963年第6期。
④ 张注洪:《关于国外研究中共党史、中国革命史的文献史料及其应用》,载《近代史研究》1981年第1期。

题研究和工具书八种资料的史料价值，还对怎样对待和使用中共党史、中国革命史的国外文献史料的问题给予说明，认为："对国外研究全盘否定的态度是不对的；一律照搬的办法也是错误的，因此应当采取具体问题具体分析的态度。"① 张注洪主要从史料的角度阐明了解和运用国外中共党史研究成果的重要性和基本方法，引起党史学界的共鸣，推动学界对国外和港台地区中共党史研究的关注。

1981年8月15日，胡华在纪念中国共产党成立60周年党史学术讨论会上做了《国外和港台研究中共党史的基本动向及几种错误倾向》的报告，首次较为详细地评述国外和港台地区中共党史研究的基本动态，为人们提供了重要参考。

报告首先梳理20世纪20年代以来海外研究中共党史的简况和变化，总结了当时海外研究中共党史的基本特点，即"研究队伍和组织结构发生了很大变化"，"随着研究的深入，研究内容也有很大的变化"，"重视原始资料和工具书的编纂"，"台港和苏联研究中共党史也有新的变化"，②并对这些特点分别予以说明和解释。

实际上，在海外研究中共党史的成果中，不乏尊重历史、评论公正的科学著作，但篡改历史、诬蔑中国共产党的不实之词亦屡见不鲜。因此，对海外的研究成果要注意甄别，在吸收其科学内容和方法的同时，还应荡涤其污浊之处。报告总结了海外研究中共党史的六种错误倾向，即"权力斗争论""中共是知识分子、小资产阶级政党论""国际主义和民族主义两条路线斗争论""中国革命胜利是外援起决定作用论""中国共产党变质论"和"国民党领导北伐战争、抗日战争论"，③并逐一予以介绍和驳斥。

在此，仅以对"权力斗争论"的评述和反驳为例，说明胡华论证之严密、批驳之深刻。"权力斗争论"歪曲历史事实，把中国共产党领导中国人民争取解放的英勇斗争史描述成一部"权力斗争史"，严重损害和玷污了中国共产党的光辉形象，在国内外造成极其恶劣的不良影响，尤其是

---

① 张注洪：《关于国外研究中共党史、中国革命史的文献史料及其应用》，载《近代史研究》1981年第1期。
② 胡华、林代昭：《台港和国外中共党史研究述评》，载《近代史研究》1982年第1期。
③ 胡华、林代昭：《台港和国外中共党史研究述评》，载《近代史研究》1982年第1期。

张国焘等人"现身说法",使这一论调具有更大的迷惑性。报告列举郭华伦、王建明、司马璐、肖作樑、张国焘、龚楚等人的此类观点,诙谐地说道:"他们对中共党史一窍不通,根本还没有寻找到研究中共党史入门的'钥匙'。"①胡华通过一系列的反问驳斥了他们的无耻谰言:"既然中国共产党这样互相倾轧、争权夺利、派别满天飞,不就早该分崩离析,被敌人一举消灭?又怎么能越战越强,得到广大群众的热烈拥护,领导中国人民推翻三座大山,取得了民主革命和社会主义改造和建设的巨大胜利呢?"②事实胜于雄辩,历史不容歪曲。中国共产党领导中国人民取得革命、建设和改革的成功,是中国共产党不断加强自身建设、修正错误的结果,是广大人民衷心拥护和支持的结果,这使得"权力斗争论"一说不攻自破。此外,报告进一步揭露"权力斗争论"的谬误之处,认为"根本错误在于:从资产阶级政党政治观点出发,把无产阶级的中国共产党与剥削阶级政党等量齐观。他们把资产阶级政党内部尔虞我诈、勾心斗角的一套,机械地搬到对中共党史的研究方面来","另一个重要谬误就是把我们党内的原则斗争、路线斗争,说成是派系斗争,把必要的党内斗争污蔑为宗派斗争"③。报告抓住"权力斗争论"的本质,通过理性分析和具体事实分别阐释了这两种谬误。

总体而言,报告的精辟分析,能够帮助人们正确认识"权力斗争论"等错误论调,自觉抵制这些不良倾向的误导和影响。

在对六种错误倾向逐一进行驳斥后,报告进一步强调加强对海外中共党史研究动向的分析研究,并提出一些注意事项:"第一,在介绍海外研究情况方面,既要重视进口和翻译外文书刊,又要注意分析其动向和倾向。""第二,阅读海外党史著作方面,既要重视吸收其有用成果,又要注意对错误观点进行批判。""第三,更重要的是要以马克思主义为指导,加强我们的党史研究。"④

从总体上看,这篇文章在当时的学术价值颇高,它不仅是首篇较细致地介绍海外研究中共党史状况的论文,为人们进一步全面了解海外研究中

---

① 胡华、林代昭:《台港和国外中共党史研究述评》,载《近代史研究》1982年第1期。
② 胡华、林代昭:《台港和国外中共党史研究述评》,载《近代史研究》1982年第1期。
③ 胡华、林代昭:《台港和国外中共党史研究述评》,载《近代史研究》1982年第1期。
④ 胡华、林代昭:《台港和国外中共党史研究述评》,载《近代史研究》1982年第1期。

共党史的动态提供了良好的基础，而且，它对其中主要错误倾向的深刻批判，在维护党史科学性的同时，也起到启发、引领的作用，促使党史学界更加重视对海外党史研究动向的关注。

第二节 关于若干史实的考证与纠偏

一、还原中国共产党早期组织的名称

历史学的首要功能是记叙历史过程，解决"曾经发生了什么"的问题。在中共党史上，一些历史事件由于在当时未留下只言片语或者直接的文献记载而变得模糊不清，甚至成为永久的谜团，因而需要通过资料挖掘、严密考证和科学推理来揭开历史事实的真相。

中共一大召开之前，经过陈独秀、李大钊等人的发起组织，上海、北京、武汉、长沙、广州、济南等地相继建立早期组织，为中国共产党的正式成立奠定了重要的组织基础。为纪念中国共产党成立15周年，1936年，陈潭秋在《共产国际》上发表《第一次代表大会的回忆》一文，将这些早期组织统称为"共产主义小组"。此后，这一说法逐渐传开，被广为接受，尤其是中华人民共和国成立后，几乎所有的史学著作都采用这一说法。胡华在1981年前出版的《中国新民主主义革命史》和《中国革命史讲义》中也是如此表述，直到1981年第13次修订出版的《中国新民主主义革命史》才改为"共产党小组"这一称谓。

胡华是最早对"共产主义小组"称谓提出质疑并进行纠正的学者，他在研究中国共产党创建史的过程中曾采访了刘仁静、张崧年等多位建党的亲历者，发现"共产主义小组"的称谓与当时的实际情况不符。

1978年11月28日，胡华在杭州大学召开的党史讲义讨论会上的发言中指出："原来曾讨论叫社会民主工党呢还是叫共产党呢？确定叫共产党。各地开始建立比较秘密的共产党小组或叫支部。实际上当时不叫共产主义小组。问过所有当时参加的人，都说不叫共产主义小组。共产主义小组的名称最早见之于一九三六年陈潭秋烈士写的那个回忆，他写的是'共产主义小组'。他是用俄文登在共产国际杂志上的，估计当时用世界上和联共党习惯的用语叫共产主义小组，实际上一开始就叫共产党，所以

各地方叫某某地方共产党,或者叫共产党小组,有的也没有小组名称。"①

此后,随着中国共产党创建史研究的逐步深入,中共党史学者对"共产主义小组"称谓问题展开热烈的讨论,考察了其来源,基本上认定:"'共产主义小组'的名称既不是历史名称,又不能真实地反映党早期组织的性质。"②但应如何称谓,仍见仁见智、莫衷一是。随后,有学者提出:"应该在党史教学与研究中恢复使用各地早期组织的原始名称。"③有的党史专家主张用"党的早期组织"或"各地共产党小组"比较符合它的性质和特点。④也有学者提出用"地方性共产党"取代"共产主义小组"的称谓。⑤可以肯定的是,20世纪80年代以后出版的多数中共党史著作都摒弃了"共产主义小组"的说法。比较权威的《中国共产党历史》(第一卷)就使用了"党的早期组织"这一统称,并在文中说明:"由于中国共产党的创建活动是在秘密状态下进行的,所以在党正式成立以前,党的早期组织没有统一的名称,有的称'共产党支部',有的称'共产党小组',有的直称'共产党'。"⑥

二、纠正"十万农军围攻长沙"的说法

"十万农军围攻长沙"的说法源自1927年八七会议通过的《告全党党员书》。其中写道:"长沙事变之后,因湖南共产党员的建议,征调农军进攻长沙的反革命。如果农民的武装进攻,不受党的指导机关之懦弱犹豫的阻滞,那么,一个长沙城被十万农军所包围,并不是不容易打下来

---

① 胡华:《关于党史教学中的若干疑难问题》,1978年11月28日在杭州大学召开的党史讲义讨论会上的讲话。
② 曹仲彬:《对"共产主义小组"名称的质疑》,载《近代史研究》1984年第2期。
③ 柳建辉、郑雅茹:《应恢复使用"一大"前中共各地早期组织的原始名称》,载《党史研究与教学》1989年第3期。
④ 曹仲彬:《对"共产主义小组"名称的质疑》,载《近代史研究》1984年第2期。
⑤ 杨斌、陈明显:《"共产主义小组"名称的由来及其问题》,载《党史博采》1996年第2期。
⑥ 中共中央党史研究室:《中国共产党历史》(第一卷)上册,中共党史出版社2002年版,第80页。

的。"① 后来，许多相关著作中都采用了这一说法，大概是由于它出自中央文件，几乎无人对此提出质疑。

1978年11月28日，胡华在杭州大学召开的党史讲义讨论会上的发言中认为《告全党党员书》中关于"十万农军围攻长沙"的说法与事实有些出入，并基本澄清了当时的基本情况：

"当时许克祥叛变，只一团人，工农被杀很厉害。湖南省农协秘书长柳直荀同志到株洲打电话给各县农民协会，要各县动员农民打长沙，他的计划指标是动员十万人，各地接到通知后，带着土枪、长矛、干粮出发，有的准备出发，靠近长沙的浏阳、平江农军武装比较好，他们去冲了长沙，别的都还没有到。后来，陈独秀知道后就下令阻止，已经出发的农军，有的就中途回去了。这一回去敌人气焰就更高了，只有两个队的农军去打了一下，但寡不敌众，没有成功。所以这个计划并没有实现。因此把十万农军准备打长沙，说成已经打长沙，就不符合事实。"②

1980年，陈志凌公开发表《试述马日事变和湘东农军进攻长沙的经过》一文，专门论及农军进攻长沙的问题，支持胡华的观点并加以具体论证。"十万农军围攻长沙"说法的出现，可能是因为，一方面，当时本身并没有准确的统计数据；另一方面，叫停攻打长沙的是陈独秀，当时为了更加突出陈独秀的右倾错误，所以故意夸大了事实，意在说明陈独秀的妥协和退让破坏了一次本可以成功的武装暴动。这种说法在一定程度上表明八七会议在肃清党内右倾错误的同时，也开启了"左"的错误倾向。20世纪80年代以后，中共党史学界逐渐修正了"十万农军围攻长沙"的说法，做出更加符合历史实际的表述。例如，《中国共产党历史》（第一卷）这样描述："事变发生后，中共湖南临时省委一度决定调长沙附近10余县的万余农军向长沙进军，但在中共中央和平解决的方针下，有些人害怕攻城会破坏国共合作，又中途改变计划，下令撤退。"③

---

① 中央档案馆编：《中共中央文件选集》第3册，中共中央党校出版社1983年版，第249页。

② 胡华：《关于党史教学中的若干疑难问题》，见《胡华文集》第4卷，中国人民大学出版社2013年版，第457页。

③ 中共中央党史研究室：《中国共产党历史》（第一卷）上册，中共党史出版社2002年版，第270页。

三、澄清项英、周子昆牺牲的经过

皖南事变是抗日战争相持阶段中国民党反动派破坏统一战线、发动第二次反共高潮的重大事件,在这一事变中,新四军损失惨重,除2000余人分散突围外大部分都牺牲,少数人被俘,军长叶挺被扣押,副军长项英和参谋长周子昆突出重围后不幸被叛徒杀害。关于这两位烈士的遇难经过,学界一直众说纷纭。1979年8月18日,在哈尔滨由教育部和黑龙江省主办的政治理论课暑期讲习会上,胡华做了"关于党史上若干问题的辅导解答"的发言,其中最后一部分谈及皖南事变的一些情况,描述了项英、周子昆牺牲的具体情形:

> 新四军军部被优势国民党军围困在茂林,苦战七天七夜,不能突围;又逢天天下雨、弹尽粮绝,到了绝境。经军部开会、决定周子昆护送项英带少数副官、警卫人员,化装离队,到茂林以南大山隐藏,找机会脱险。项英等少数人趁黑夜突围爬到了茂林和太平之间的一个很高的大山上,在一个叫蜜蜂洞的山洞里躲藏了四十天,山上大雪覆盖。项英、周子昆和副官刘和震,警卫员王成,睡在一个洞里。刘和震是土匪出身,双手打枪,力气大。周子昆带了些作为经费的金条,叫刘和震背着。一天拂晓,刘和震趁项英、周子昆还睡着,便开枪将这两人打死。警卫员王成当时只十六岁,睡在洞口,因为冷,把头蒙在棉被里,刘和震打了他两枪,一枪打在后颈部,一枪打在右臂,以为打死了就跑了。王成没有打死,现在还在,但神经受了损伤。叛徒刘和震跑下山来,遇到放哨的警卫战士刘奎同志,刘奎问他刚才山上有枪声,你听见没有。刘和震说他也听见了,不知是怎么回事,说他是奉命到太平去买东西,便走了。刘奎同志上山,才看见项英、周子昆被打死,王成负重伤。刘奎同志现在是安徽省军区副司令员。刘和震这个叛徒,下落不明,有的说,到了太平县,被国民党哨兵查出金条,枪毙了。总之,项英不是如所传的被当时警卫员打死,而是四十天后被副官刘和震打死的。①

---

① 胡华:《关于党史上若干问题的辅导解答》,载《党史研究参考资料》1979年第4期。

1980年4月,胡华收到这一事件的亲历者和幸存者原项英警卫员黄诚的来信,信中详细说明项英、周子昆牺牲的具体经过和情形,基本上印证了胡华的叙述。作为事件的亲历者和知情人,他的说法应是可信的。为让人们了解这一历史实情,在胡华的推荐下,1980年第4期《新时期》杂志以《项英、周子昆二烈士遇难的真相》为名发表了这封信件。

第五章 胡华的中共党史人物研究

"历史不过是追求着自己目的的人的活动而已。"① 人物的思想和活动构成历史的主体,脱离了人物,历史便成为没有血肉的躯壳。中共党史学作为历史科学的一部分,亦是如此。因此,党史人物无疑是中共党史研究的主要内容之一。正如胡华所说:"写党史讲党史,要多出现历史人物。"② "党的历史离不开人物的活动,党史人物传的研究,是党史研究的重要组成部分,是最基本的部分。"③ 为此,胡华晚年将主要精力转移到中共党史人物研究上,除了主编大型丛书《中共党史人物传》,对中共党史上的许多重要人物也进行了广泛、深入的研究,为中共党史人物研究的繁荣贡献良多。

第一节 为革命先贤著书立传

一、倡议编写中共党史人物传记

对人民英雄的景仰和学习,伴随着胡华的一生。作为一位史学工作者,他也一直把为人民英雄树碑立传当作自己的重要使命。1947年7月7日,值抗日战争全面爆发10周年和建校8周年之际,华北联合大学积极响应冀中解放区发起的立功运动。此时的胡华斗志昂扬,遂制订出半年立

---

① 中共中央马恩列斯著作编译局编:《马克思恩格斯全集》第2卷,人民出版社1965年版,第118-119页。
② 胡华:《谈谈思想解放和历史人物的评价问题》,见《胡华文集》第5卷,中国人民大学出版社2013年版,第227页。
③ 胡华:《争取有更多的党史人物传记问世》,见《胡华文集》第5卷,中国人民大学出版社2013年版,第248页。

功计划，编写《时人介绍》被列入其中。胡华所列立功计划中的《时人介绍》，拟以民主革命斗争中的领袖和英雄们的事迹为内容来编写，作为革命史学习和普及的参考读物。但是，由于土地改革和解放战争形势迅猛发展，胡华与华北联合大学师生一起深入驻地参加土地改革。再加上教学和编写教材的任务较重，资料欠缺，编写《时人介绍》的计划被搁置。不过，他把搜集来的领袖事迹和英雄们英勇战斗、壮烈牺牲的故事，简要穿插在编写的教材里，并生动地传达到课堂上。

新中国成立后，亿万人民以主人翁的姿态积极投入轰轰烈烈的建设热潮当中，年轻的胡华也豪情满怀，立志为"新大厦"添砖加瓦。1949年11月8日，迁入北京的胡华再一次拟定出庞大的工作计划，其中包括撰写《人民领袖的传记》。新中国成立之初，社会上尚无一本新民主主义革命史书籍，各高校在开展革命史教学时无专门的教材可用，人民大众都急切地想要了解中国共产党领导的新民主主义革命历史。因此，胡华把研究和著述的重心放在撰写《中国新民主主义革命史》这一急迫的任务上，计划中拟撰写的《人民领袖的传记》被迫中止。不过，他在《中国新民主主义革命史（初稿）》和之后编写的《中国革命史讲义》中，非常注意展现毛泽东等无产阶级革命家的革命活动和许多革命先烈感人肺腑的英勇事迹。

1957年5月《红旗飘飘》出刊，胡华对这套丛刊十分喜爱，经常捧读，并从中了解掌握了许多革命前辈和先烈可歌可泣的感人事迹。这进一步激发了他为革命烈士编写传记的心愿。据戴逸先生回忆："他和我多次谈起《红旗飘飘》是很好的党史资料和教材，这些都是活着的革命者的回忆录，还有许多牺牲了的烈士，已长眠地下，不能撰写他们轰轰烈烈的革命经历，希望能组织一批同志来为共产党的烈士写传记，将英烈们的事迹传之久远。"①

20世纪50年代末起，一系列政治运动接踵而至，一批坚持真理、仗义执言的知识分子遭受打击，尤其是在"文革"时期，胡华被贴上"资产阶级反动学术权威"的标签，受到肉体和精神上的摧残。他对林彪和江青集团颠倒黑白、祸国殃民的行径深恶痛绝，敢怒不敢言。在林彪、江青集团的操纵下，许多革命功臣、老一辈革命家的形象被玷污抹黑，许多

---

① 戴逸：《与胡华同志相处的岁月》，载《光明日报》2017年1月17日。

革命先烈的光辉事迹湮没无闻，这令他愤慨万分。在他心底，将革命先烈的事迹公之于世、传于后世的想法更加浓烈，并且在实践中进行了初步的探索和尝试。1978年前后，除编写《青少年时期的周恩来同志》等书籍外，胡华还撰写了介绍朱德、杨展等其他革命领袖和先辈生平事迹的文章。

对于胡华来说，撰写革命先烈传记的愿望是长久而浓烈的。但毕竟个人的精力十分有限，仅凭一己之力无法对诸多的党史人物开展研究，书写他们的革命人生。鉴于此，他提出组织起来、发动广大党史工作者共同为革命先贤编写传记的倡议。

1977年4月27日，胡华公开发表《学习宝书五卷 加强党史研究》一文，鲜明地提出："要为象敬爱的周总理这样一大批革命前辈和革命先烈树碑立传，教育子孙后代，也要歌颂革命的人民群众推动历史前进的伟大功勋。"① 1978年6月，在中国社会科学院等单位主持下，来自全国各地的200多位史学工作者代表在天津举行了全国历史学规划座谈会。这是历史学界的一次全国性的盛会。胡华在报告中规划了许多党史、现代史的研究课题，其中提出："老一辈无产阶级革命家，如周恩来、朱德……他们的光辉思想和不朽业绩，永远是后世的楷模。但他们生活和斗争在战火纷飞、出生入死的年代，有关他们的文字记载并不很多，趁现在还有不少和他们熟悉的老人活着，可以进行访问、核实，很需组织力量替他们做年谱、写传记。"② 1979年3月，胡华出席中国社会科学院在成都召开的中国历史规划会议并发言，他再一次呼吁："建议中央领导方面，像当年周总理亲自抓政协文史资料那样，多多鼓励和组织我党的老同志、党史工作者，文艺工作者写回忆录、写传记、年谱。"③ 1979年5月18日，胡华在济南召开的党史教学讨论会上发言强调："党史多出现历史人物，就能使党史课生动活泼，所以要多整理烈士传记。"④ 1979年9月，他在致郑州大学党史人物研究会办公室郑发全、陈志凌的信中再次表达了撰写人物传

---

① 胡华：《学习宝书五卷 加强党史研究》，载《北京师大》1977年4月27日。
② 胡华：《加强党史、现代史的研究》，见《胡华文集》第4卷，中国人民大学出版社2013版，第412页。
③ 胡华：《谈党史编写工作》，载《读书》1979年第4期。
④ 马宏、余世诚：《赤心写党史 妙手传群英——胡华与党史人物研究》，载《石油大学学报（社会科学版）》1990年第3期。

记的心声："我国革命中,多少革命先烈抛头颅、洒热血,千千万万的同志连名字都没有留下,事迹也逐渐湮没无闻,我们活着的人,想起这些,心里是不能平静的。"① 作为党史学家,胡华深感为革命先贤著书立传的责任,希望能让他们的英勇事迹流传后世。

"文化大革命"结束后,研究党史人物、展现革命先烈的真实形象,成为党和国家平反冤假错案的客观需要,也成为广大党史学者和全社会的共同心声。因此,编写党史人物传记的设想和提议得到中共中央宣传部的支持和全国党史工作者的广泛响应,并很快得以落实。1979年12月,中共党史人物研究会正式创立,自此,"中共党史人物研究有了自己的专业团体,为有组织、有计划地推进这方面研究创造了条件"②。此后,党史人物研究逐渐活跃起来,一批批党史人物传记相继问世。

二、主编《中共党史人物传》

胡华主持了中共党史人物研究会的工作,不遗余力地为《中共党史人物传》的编写出版奔波、操劳,付出了大量心血,极大地推动了中共党史人物研究的开展。

1979年12月3日至18日,在广州举行的中共党史人物传第一次讨论会上,胡华主持开幕式并致开幕词。他在讨论会上做了《从'四·一二'到遵义会议周恩来同志若干革命事迹介绍》和《周恩来同志从旅欧到大革命时期的理论贡献》两篇学术报告。会议决定成立中共党史人物研究会,选举老革命家何长工担任会长,李新、胡华担任副会长,并聘请胡华担任《中共党史人物传》的主编。会议还确定了党史人物研究的范围,即:五四运动以来,在党史上有较大影响的人物;在党的创建上有贡献的人物;工农群众运动的著名领导人;各个革命根据地的创始人和主要领导人,著名的军事将领和党政领导人;领导白区斗争的重要人物;在文化界、经济界有影响的人物;在人民群众中有影响的英雄人物;其他在党的

---

① 胡华:《1979年9月11日致郑州大学党史人物研究会办公室郑发全、陈志凌》,见《胡华文集》第6卷中国人民大学出版社2013年版,第36页。

② 李捷:《改革开放以来中共党史人物研究的回顾与展望》,载《中共党史研究》2010年第7期。

第五章 胡华的中共党史人物研究

历史上有影响的人物；党外有影响的爱国人士、民主人士。会后，各地代表回到单位向省市领导做了汇报，相继成立了各地党史人物研究会，从此，全国范围的党史人物研究和编写活动就广泛开展起来了。1981年4月14日至20日，重庆举行了中共党史人物传第二次学术讨论会，主要讨论编写500多名党史人物传记的规划，落实各地分工承担的任务。胡华在会上做了《国内外中共党史研究动态和开展党史人物传的研究》的学术报告，并致闭幕词。1983年11月下旬，长沙举行中共党史人物研究会第三次学术讨论会，主要讨论如何编写党史人物传记，如何调查研究、考证核实史料，以及如何写好党史人物形象等问题。胡华在会上做了《为更好地完成党史人物传记的编写工作而努力》的报告，不仅阐述了编写中共党史人物传的重要性和紧迫性，还提出编写中共党史人物传的四点基本要求，即"科学性、准确性、鲜明性和生动性"。此后，胡华在主编《中共党史人物传》的过程中不断总结经验，为人们写出高质量的人物传记提供参考。1986年11月，中共党史人物研究会第四次学术讨论会在武汉召开，胡华因病未能出席，但他领导筹备了这次会议，提出会议的目的和要求。

担任《中共党史人物传》主编后，胡华以多病之躯，忘我地投入党史人物传记的编审工作中。从1980年至1987年，他主持了武汉、鸡公山、西安、镇江、长春、北京、青岛、长沙、苏州、太原、福州、昆明、杭州等14次审稿会。1981年11月，在西安审稿会上，经胡华提议，编委会的审稿实行"三审制"。胡华坚持每稿必审必改，审改后不仅写出是否采用的决定性意见，而且写出对传主在党史上地位、作用的评价和稿件质量的评语，还对初审、复审时严格把关、认真加工修改的稿件提出表彰。[①] 在审稿的过程中，胡华坚持对每一篇传稿把好政治关、史实关和文字关。胡华对许多稿件进行了细致的修改和润色。据郭洛夫回忆，尽管送给胡华终审的传稿都经过编委初审、副主编复审，但他仍坚持每稿必看，一丝不苟，而且确实发现并纠正了不少差错。[②] 为了保证传稿材料准确无

---

① 郭洛夫：《一部经得起历史检验的信史——介绍〈中共党史人物传〉的作者与编者》，载《中国出版》1990年第12期。
② 郭洛夫：《高山景行 负重致远——回忆〈中共党史人物传〉主编胡华教授》，见陈威、杨凤城主编《长与英烈共魂魄——追思史学家胡华》，中国民主法制出版社2011年版，第246页。

误，胡华要求每篇传稿所引重要言论、所记重要史实，都要注明出处。对未注明出处或注释不全、不详的传稿，胡华都让作者查实增补。每次审稿会上经过复审筛选给胡华终审的书稿达50万至70万字。他在审稿会的半个月内，每天工作超过10个小时，仍不能全部完成，只好把大量复审稿带回家中终审。实际上，"从1979年至1987年8月，胡华教授共终审《中共党史人物传》传稿572篇，字数达1050万，平均每年审定传稿130余万字"①。

除审稿外，胡华还时常约稿，动员、邀请有关部门、作者、传主亲属，撰写了一批无产阶级革命家和革命先烈的传记，例如《张闻天传》《杨明斋传》等。1979年8月，中共中央为张闻天举行追悼会，不久，中共中央决定编辑出版《张闻天文集》。经胡华建议，编写张闻天传记的工作也开始启动。1980年2月27日，张闻天夫人刘英致函胡华："你提出编写闻天同志传记，我表示完全同意和支持。现在，许多老一辈无产阶级革命家或者已有传记，或者正组织人在写，但闻天的传记还没有人提起过。你如能带几位同志抓起来，无论对怀念死者、教育后代和研究党史，都是很有意义的。"② 1982年6月3日，胡华致信余世诚，提出："可否请你继续努力，写一个'杨明斋'传，以经过考订比较可靠的资料为依据，写成传记体。"③ 经胡华的指导、协调，余世诚与山东省平度县（今平度市）党史研究室的张升善合作撰写《杨明斋传》，收录于《中共党史人物传》第21卷。几年后，余世诚撰文回忆："在胡华老师的指导下，我们终于把一位埋没了几十年、对建党建国都做出重要贡献的党史人物杨明斋'发掘'了出来。"④

此外，胡华还亲自精心为其熟知的老一辈革命家肖明和何干之撰写了传记（与刘炼合著），并分别刊载于《中共党史人物传》第20、21卷。1981年，中共行唐县委为江真烈士竖立纪念碑，胡华为她撰写碑文，用

---

① 郭洛夫：《高山景行 负重致远——回忆〈中共党史人物传〉主编胡华教授》，见陈威、杨凤城主编《长与英烈共魂魄——追思史学家胡华》，中国民主法制出版社2011年版，第250-251页。

② 转引自刘涓迅《革命史家胡华》，当代中国出版社2011年版，第311页。

③ 《胡华文集》第6卷，中国人民大学出版社2013年版，第48页。

④ 余世诚：《悼念胡华老师》，见陈威、杨凤城主编《长与英烈共魂魄——追思史学家胡华》，中国民主法制出版社2011年版，第305页。

百余字简述了江真烈士的生平和革命事迹。① 他认为，由于革命英烈众多，再加上材料的限制，一时间难以为之一一立传，因此，为了让他们的英名永传后世、启迪后人，为他们编写小传，甚至是几百个字、几十个字的材料也是弥足珍贵的。

在胡华和许多有志于研究党史人物的党史学者、革命烈士亲属的共同努力下，《中共党史人物传》1—50卷共收入628篇631个人物的传记。这部大型丛书因其较高的编写质量和学术价值受到国内外的赞誉和高度评价。有学者指出："《中共党史人物传》是一部史料翔实、内容丰富的多卷本传记，是党史人物研究爱好者近几年来的研究成果，它为党史教学提供了宝贵的资料，是进行党史教学的一部极有价值的参考书。"② 参加过多次党史人物审稿会的南京大学马洪武教授说："《中共党史人物传》是中国第一部大型的现代人物丛书，是第一次向人们详细地介绍了中国共产党历史人物的群体形象，展现了他们英勇悲壮斗争的艰巨道路，表达了他们崇高的理想和奋斗精神，是一部科学性、党性很强的传记著作，又是一部内容丰富的生动的党史教材。它填补了中共党史研究领域中的一项空白，是功德无量的宏伟事业。"③ 美国芝加哥大学历史系的玛丽琳·列文博士发表专文评介《中共党史人物传》，她说："它是关于中共领导人生平的重要而有价值的史料宝库，是研究中国史学发展的一个典型。"④ 英国学者安东尼·库根在给胡华的一封信中也赞扬道，这套丛书提供了许多80年代以前"难得的原始资料"⑤。许多中央领导同志和革命前辈在看到人物传后，也给予了高度肯定和鼓励。聂荣臻元帅说："《中共党史人物传》充实和补充了党史、军史，成为我们进行社会主义精神文明教育的

---

① 胡华所撰写的江真烈士碑文为："江真烈士，原名江祥徽，女，江苏省常州市人。一九二一年生，一九三八年到陕北参加革命，同年加入中国共产党，先后在陕北公学和华北联合大学学习，一九四〇年分配到晋察冀边区中共行唐县委宣传部任干事。一九四三年秋反'扫荡'中被日寇追至西彩庄黄石涅大山顶峰，宁死不屈，跳下悬崖，壮烈牺牲。"

② 董建中、张守宪：《党史教学的一部重要参考书——〈中共党史人物传〉读后》，载《历史教学》1984年第8期。

③ 马洪武：《我所认识的胡华老师》，见陈威、杨凤城主编《长与英烈共魂魄——追思史学家胡华》，中国民主法制出版社2011年版，第277页。

④ ［美］玛丽琳·列文：《胡华编〈中共党史人物传〉12卷》，载《共和中国》1985年第10卷第2期。

⑤ 安东尼·库根1986年7月4日致《中共党史人物传》丛书主编胡华的信。

生动教材。"① 在中国青年报社和新华书店等单位主办的1986年全国首届优秀畅销书评选中,《中共党史人物传》以其较高的销售量和在广大读者中的良好声誉而光荣获奖。胡华也因此荣获最佳主编奖。1987年又获吴玉章奖金历史学一等奖,评语称:"这套丛书的学术价值,在于它继承我国纪传体史书的传统,根据大量档案、报刊资料、回忆录和调查访问材料,运用辩证唯物主义和历史唯物主义观点,以简洁生动的文字,叙述众多传主的生平事迹,展示了中国共产党领导中国各族人民进行艰苦卓绝的革命斗争的光辉历程。无论是从提高对革命和建设事业发展规律的认识能力来说,还是对广大干部和青年进行共产主义思想教育来说,这套丛书都有着一般党史著作所不能代替的作用。这套丛书由于立传的人物众多(包括各个历史时期,各个方面),不仅使党史上的重大事件都得到反映,而且读者可以从不同的侧面了解事件的内容和意义。其中,很多传记具有重要的史料价值,有的还解决了党史研究中的一些疑难问题。"②

这些赞誉和嘉奖既是对《中共党史人物传》的史学价值的高度认可,亦是对胡华为这套丛书所付出的努力的肯定。然而,对于胡华来说,这些成绩的获得需要付出极大的身心代价,由于长期的劳累和疾病的折磨,他未到古稀之年就不幸逝世,成为中共党史学界的重大损失。而他在病重期间,仍牵挂着丛书的审稿、出版。在他临辞世的18天前,1987年11月26日,他亲笔致信《中共党史人物传》广州审稿会议全体同志③:

> 世兰、卢权、提春同志并转党史人物传广州审稿会议全体同志:
> 1、广州审稿会可如期召开,已有一百多篇来稿,甚喜,祝愿会议圆满成功。
> 2、我因患肝癌,来上海第二军医大动手术。只好请假。我建议此次审稿会,仍如去冬武汉会议由彭明、志凌、世兰三位组成领导小组,因三位组长及各位审稿成员,团结一致,辛勤努力,顺利完成任务。我个人感谢各位的辛劳。

---

① 彭明:《〈中共党史人物传〉50卷后感言》,见陈威、杨凤城主编《长与英烈共魂魄——追思史学家胡华》,中国民主法制出版社2011年版,第237页。
② 王淇:《秉笔直书写党史》,见陈威、杨凤城主编《长与英烈共魂魄——追思史学家胡华》,中国民主法制出版社2011年版,第113页。
③ 《胡华文集》第6卷,中国人民大学出版社2013年版,第133-134页。

第五章 胡华的中共党史人物研究

3、我如手术顺利，存活下来，当一如夙愿，同大家共同完成党史人物传五十卷的历史性任务。如我不能通过手术，战胜病魔，人生自古谁无死，只是不能为党完成我许多未竟的工作，而党史人物传五十卷，是荦荦大者。我建议，在何长工会长和党的领导下，继续用定期的审稿会完成此项任务。原班人马和工作班子，我建议一律不动。审稿会由彭、陈、杨三位组成领导小组，扩大的常务理事会（包括育安、小巨、洛夫）和三位组长，继续负责，各位审稿成员，团结努力，团结好各地党史人物会同志和先辈亲属，共同完成此项光荣任务。我期待着继续和大家共同奋斗。

胡华曾经说过："烈士们用鲜血书写了他们的斗争史，我们要用烈士的精神来从事这一崇高的工作！"① 他用自己义无反顾的行动践行了这一承诺。王首道曾书赠胡华条幅，其中有一句"妙手传群英"，高度概括了胡华对中共党史人物研究的孜孜以求。

1987年12月胡华逝世后，《中共党史人物传》作者和编委们继承他的遗志，继续完成这一事业。终审的工作交由胡华的学生、同事中国人民大学彭明教授承担。经过接力奋斗和不懈努力，彭明在1991年5月签发了最后一篇终审的稿子，并于"七一"前出书。当胡华所牵挂的荦荦大端——《中共党史人物传》50卷出齐时，彭明深情地说道："我是以一个学生的心情，替代老师从事这项事业的，所以每次签字时总是小心翼翼地在后面写上一个'代'字。我曾一再表示：50卷是一部整体的丛书，我们绝不能变动主编的名字，如果变动的话，我就退出编委会。其实，这时已编完44卷，未完的仅有6卷了。"②

毫无疑问，《中共党史人物传》这一浩大工程取得辉煌成果，离不开何长工、王首道、刘澜涛等老一辈无产阶级革命家的勤力支持，离不开作者们的不辞劳苦、辛勤努力，也离不开编委们和出版方的无私付出、密切配合。可以说，《中共党史人物传》1—50卷是以胡华为主编的一大批党史工作者和出版方共同努力、团结协作的结晶。其中，胡华做出了突出贡

---

① 胡华：《论〈中共党史人物传〉的编写》，载《求索》1984年第1期。
② 彭明：《〈中共党史人物传〉50卷编后感言——并纪念主编胡华教授》，载《光明日报》1991年7月17日。

献。许多与胡华并肩奋战过的作者和编委都有同感。姜华宣教授就说过，在《中共党史人物传》的编辑出版工作中，胡华的"作用和影响是别人难以取代的"①。吕芳文研究员也指出："胡华老师付出的辛劳，是第一的，也是决定性的。"②虽然胡华未能等到50卷全部出齐就因病辞世了，但这项宏伟大业从肇始到竣工都离不开他的倾心付出，始终浸透着他甘愿为革命先辈和先烈著书立传的无私奉献精神和高尚革命情操。《中共党史人物传》1—50卷的出版是胡华晚年坚定不移、矢志不渝追求的一桩宏愿，是他投入精力最盛、耗费心血最多的一项事业，亦是他晚年学术生涯的一座丰碑。

第二节　广泛研究中共党史人物

一、对中共党史人物群体的考察

在新民主主义革命时期，无数革命先烈为人民解放和民族独立英勇奋斗、浴血牺牲，他们用自己的鲜血染红革命旗帜，铺垫了革命前进、胜利的道路。他们的身影已然消逝，但他们的精神却永驻人间。每一位革命先烈都对革命进程产生或大或小的影响，他们的合力则给予革命的向前发展和胜利以巨大的推动。"在中共党史研究中，考察群体的作用，对于描述历史过程，说明社会发展方向，揭示社会前进规律，有着重要的意义。"③在党的十一届三中全会以前，中共党史人物研究仅限于毛泽东等少数革命领袖，对其他党史人物的研究很少，对党史人物群体的考察和研究更是凤毛麟角。早在1979年中国刚步入改革开放的历史轨道时，胡华就在《周恩来同志从"五四"到旅欧期间的思想发展》一文中，对在旅欧勤工俭学中锻炼成长起来的，以周恩来为代表的一大批无产阶级革命家加以整体分析。文中指出：

---

① 姜华宣：《赤心写党史　妙手传群英》，载《石油大学学报（社会科学版）》1990年第10期。

② 吕芳文：《深切怀念胡华教授》，见陈威、杨凤城主编《长与英烈共魂魄——追思史学家胡华》，中国民主法制出版社2011年版，第279页。

③ 张静如：《论加强中共党史人物群体研究》，载《湖湘论坛》2006年第4期。

他们抱着救国救民的革命目的，在国外亲身参加了现代工业生产劳动，深受工业无产阶级的熏陶，具有团结战斗、彻底革命的大无畏精神，具有发展生产、重视科学、振兴实业的强烈愿望和彻底改变我国落后面貌，使"中华腾飞世界"的磅礴气概；他们刻苦钻研马克思主义经典著作，深刻领悟了马克思主义的基本原理，具有原则的坚定性和策略的灵活性；他们接受法国资产阶级革命彻底的民主精神的影响，憎恨中国社会的封建专制主义，养成反对迷信、专制，倡导科学和民主的优良作风；他们注重世界新思潮的学习和研究，打破狭义的国家范围，不囿一国一地的狭隘经验，他们不是闭目塞听、固步自封、思想僵化、夜郎自大、唯我独尊，而是见多识广、目光远大、胸怀开阔、从善如流，从世界革命角度探索解救中国的革命真理，并且勇敢地分担"全世界无产阶级为创建新社会所共负的艰难责任"（《共产主义与中国》）。他们是爱国主义者，又是国际主义者。①

这段论述简单洁深刻，高度概括了旅欧勤工俭学的革命家群体的共同成长经历、精神境界，总结了他们的共同特点和优点。此后，胡华在学术报告《学习党史，发扬爱国主义和共产主义的精神》中更为深入地分析和解读了五四运动以后成长起来的革命人物群体。

胡华将五四运动以来接受马克思主义的革命先驱者划分为三种类型："第一种类型就是先进的知识分子和杰出的青年学生领袖"，如李大钊、毛泽东、蔡和森、向警予、恽代英等；"第二种类型是参加过辛亥革命的旧民主主义革命家，就是原来追随孙中山的老同盟会员"，如徐特立、吴玉章、林伯渠、董必武、谢觉哉等；"第三种类型就是爱国的军人，原来在旧军队里头是将领，由于爱国走到马克思主义道路上来"，如朱德、彭德怀、贺龙、刘伯承、吉鸿昌等。② 胡华分别举例介绍三种类型的革命者摸索救国救民真理、走上新民主主义革命道路的简要历程，并揭示他们在这一过程中所呈现的历史共性，即"从彻底的爱国主义立场出发，经过

---

① 胡华、王建初：《周恩来同志从"五四"到旅欧期间的思想发展》，载《哲学研究》1979年第2期。

② 胡华：《学习党史，发扬爱国主义和共产主义的精神》，1982年5月4日在镇江地委礼堂做的学术报告。

曲折的道路，最后纷纷地转向马克思列宁主义"①。此外，胡华也清楚地认识到不同类型的革命者在向马克思主义转变过程中所呈现的各自特点，他指出："先进的知识分子在转变过程中，他们突出的特点就是经过理论上的探讨研究，比较对照中国、世界历史和现状加以检验，从而确立起对马克思主义的信仰。爱国的旧军队将领们，主要是通过自己亲身的实践和体验，通过对共产党纲领、政策和革命活动的观察和认识，因而转向共产党，接受马克思主义。旧民主主义革命家在转变过程中，同时兼有理论的探讨和亲身实践的检验这两方面的特征。"② 简单来说，不同类型的革命者都是以爱国主义为起点，最终走向马克思主义的，只是他们在此过程中所选择的具体路径、经历的人生转变有所不同，"就像我们国家条条江河，途中经过曲折的流向，最后都不约而同地自西向东，注入大海一样"③。基于对党史人物群体向马克思主义者转变的异同分析，胡华总结出一个重要结论："各种不同时期、不同类型的爱国主义者，最终殊途同归的过程，反映了历史的必然性，说明只有马克思列宁主义能够救中国。因此，彻底的爱国主义者最终必将走向马克思主义。"④ 正如著名历史学家白寿彝所说："爱国往往是通向革命的桥梁，而真正的革命者必然是诚挚的爱国者。"⑤

胡华从接受和信仰马克思主义的历程这一侧面对中共党史人物群体的观察和分析，有助于深刻认识马克思主义传入中国后对民主主义者的巨大影响，以及进一步理解无产阶级领导的新民主主义革命是近代中国走向独立和自由的必由之路这一深刻道理。

---

① 胡华：《学习党史，发扬爱国主义和共产主义的精神》，1982年5月4日在镇江地委礼堂做的学术报告。
② 胡华：《学习党史，发扬爱国主义和共产主义的精神》，1982年5月4日在镇江地委礼堂做的学术报告。
③ 胡华：《学习党史，发扬爱国主义和共产主义的精神》，1982年5月4日在镇江地委礼堂做的学术报告。
④ 胡华：《学习党史，发扬爱国主义和共产主义的精神》，1982年5月4日在镇江地委礼堂做的学术报告。
⑤ 白寿彝主编：《史学概论》，宁夏人民出版社1983年版，第390页。

二、对周恩来的研究

周恩来是"中国共产党的优秀党员、伟大的无产阶级革命家、杰出的共产主义战士、中国人民久经考验的卓越的党和国家领导人"①。他毕生为中华民族的崛起和中国人民的幸福鞠躬尽瘁,死而后已,对中国革命和建设做出了理论和实践上的卓越贡献。他的道德亦令世人高山仰止,成为人们学习的楷模。然而,对于这样一位在党史、近现代史上具有极大影响的领袖人物,国内的研究却起步较晚,"其原因除囿于国内政治的因素外,也与周恩来不允许宣传他个人有关"②。

周恩来逝世后,举国哀悼、万民悲痛,人们自发地悼念他,了解和研究周恩来生平和思想的呼声遍布国内。胡华也陷入了深深的哀思与怀念,遂下决心研究和撰写周恩来的生平。"天安门事件"后,胡华开始默默地搜集资料准备撰写周恩来传记,开启了对周恩来的研究,成为这一领域的先行者之一。1976年12月底,胡华完成了《周恩来同志青年时期的故事》一书的写作,并分别寄送邓颖超、叶剑英、耿飚等领导阅看。当时,胡华致信原中央宣传口负责人耿飚,说明研究和宣传周恩来的迫切性和自己撰写此书的目的:"广大群众对周总理的身世和青少年时代了解得最少,迫切地希望了解;而国内外对总理这一段历史的讹传(如日本的国木隆三所写的《周恩来》,在我国群众中被广泛传抄)以至歪曲,则较为严重。""我突击先赶写了这一篇。目的是:一方面,提供一个较为准确的材料,以便广大群众,尤其是青少年学习和缅怀周总理青少年时代的光辉榜样;另一方面,也可借此澄清国内外的一些讹传。"③ 字里行间流露出胡华对周恩来的敬仰之情及作为党史学家的责任感。邓颖超拿到书稿后进行了仔细的阅读并亲笔修改,之后,让原国务院办公室秘书程振声代她向胡华转达意见。其中提出:"这本书是根据真人真事写出来的,用'故事'二字就冲淡了它的真实性",建议胡华将《周恩来同志青年时期的故

---

① 《在周恩来同志追悼大会上 邓小平副主席致悼词》,载《人民日报》1976年1月16日。
② 郭思敏:《国内周恩来研究述评》,载《毛泽东思想研究》1996年第4期。
③ 胡华:《1976年12月21日致中央宣传口负责人耿飚》,见《胡华文集》第6卷,中国人民大学出版社2013年版,第29页。

事》的书名改成《青少年时期的周恩来同志》。① 胡华遵照邓颖超的意见修改了书名，书稿于1977年由中国青年出版社出版。这本书首开国内有关周恩来传记的先河，先后发行100多万册。1978年3月《解放军报》予以刊登；同月，中央人民广播电台也连续播讲。此外，胡华还曾应邀到北京师范大学、北京外国语学院、积水潭医院、北京出版社等许多单位报告周总理生平，得到了强烈的社会反响。1978年开始，胡华又先后独著或合著《五四前后的周恩来》《周恩来总理旅欧时期的革命活动》《周恩来同志从"五四"到旅欧期间的思想发展》等10多篇文章，论述周恩来生平和思想，介绍周恩来对中国革命和建设的突出贡献，分享学习周恩来著作的心得体会。1982年，胡华选取其中一些理论文章汇集成册，以《周恩来的思想及理论贡献》为名出版。1980年4月，胡华还撰写了《回忆周总理对教育工作和史学工作者的关怀》一文，忆述了自己与周恩来总理交往的若干细节，表达了对周恩来总理的怀念与崇敬之情。

纵观胡华对周恩来的研究，他的主要成就在于：一方面，以大量史料为基础，客观地叙述周恩来青少年时期的成长历程，展现他从一位具有爱国主义的青年学生转变为民主主义者，最终成长为一名坚定的无产阶级革命家的艰辛历程；另一方面，阐释和总结周恩来在新民主主义革命时期的思想发展和对新民主主义革命理论体系形成、发展和成熟所做出的巨大理论贡献。

首先，记述周恩来青少年时期的成长轨迹和革命活动。《青少年时期的周恩来同志》一书是"综合反映周恩来青少年时代成长历程的史学传记性著作"②。该书虽仅5万余字，但它以通俗的语言、以故事叙史，生动地描绘了周恩来从童年到青年的成长历程，通过叙述周恩来学习、生活和走上革命道路、参加革命实践的经历，以及刻画周恩来每一阶段的心理状态，清晰地展现了一位没落官僚家庭的子弟在社会现实的感染和自身不断探求中是如何成长为坚定的无产阶级革命家的，展现了周恩来从小立志为中华崛起而勤奋读书的远大志向，为救国救民而不断追求真理的坚定信念和非凡毅力，为了实现共产主义的伟大目标而不惜牺牲、勇往直前的革命精神，在对敌斗争中的英勇气概和无穷智慧，以及在建党初期为马克思

---

① 程振声：《邓颖超谈如何写周恩来》，载《百年潮》2010年第10期。
② 刘焱：《近二十年周恩来早期研究述评》，载《天津师大学报》1996年第5期。

主义的传播和中国共产党的成立所做的不懈努力。邓颖超读完该书后表示:"胡华等同志写这本稿子,收集了大量的材料,用了很多的时间,花费了很大的精力,来介绍周恩来同志的青少年时期,这对教育青年,能够起到教育作用。"① 除此之外,《五四前后的周恩来》《周恩来总理旅欧时期的革命活动》两文也主要论及周恩来的早期生平和革命事迹。纵观这些著述,胡华在客观地呈现周恩来成长历程的同时,洞察到家庭环境、学校教育、留学生活和社会历史环境等因素对周恩来成长发展和思想转变的影响,并剖析了不同成长阶段中,周恩来的革命立场逐步确立并坚定不移的主客观原因。

童年时,封建的烦琐礼节、封建礼教的虚伪残忍、社会的世态炎凉等,使得"与鲁迅相类似的家庭环境中出身的周恩来同志,也从小厌恨这个封建家庭,成了封建制度的叛逆者"②。从小萌发的反封建倾向,为日后周恩来成为伟大的无产阶级革命家、坚定地为粉碎封建制度而斗争奠定了初步的思想基础。

在辽宁东关模范学堂上小学期间,周恩来开始关心国事,树立起为中华崛起而读书的远大志向,"初步懂得了不少热心改革的中外政治思想家的著作,接触了资产阶级民主主义思想,大大开阔了眼界"③。

在天津南开中学学习期间,生活的贫苦激发了周恩来艰苦奋斗、发愤图强的精神,他在学习自身功课之余,阅读了许多宣传民主革命思想的书籍和中外历史典籍,接受了资产阶级的民主主义和爱国主义的思想。"他在这一时期学到的广博的社会科学和自然科学知识,对于他以后接受马克思主义和在革命斗争中能够肩负重担,都是一个必不可少的良好的基础。"④

周恩来带着寻求救国济世良方的目的东渡日本求学后,经历了一段时间的茫然。十月革命发生后,他开始了解苏俄社会主义社会,阅读宣传马克思主义的理论刊物——《社会问题研究》,开始接触马克思主义。"在当时的历史条件下,虽然马克思主义在他的思想上还只是一个新的萌芽,

---

① 程振声:《邓颖超谈如何写周恩来》,载《百年潮》2010年第10期。
② 胡华:《青少年时期的周恩来同志》,中国青年出版社1977年版,第4页。
③ 胡华:《青少年时期的周恩来同志》,中国青年出版社1977年版,第10页。
④ 胡华:《青少年时期的周恩来同志》,中国青年出版社1977年版,第13页。

但他已经在阴云密布的黑暗世界中看到了一些光明——一个新世界的曙光，使他摆脱了苦闷、渺茫的心境。"①

周恩来从日本回国后，立即投入天津的反帝爱国运动中，积极参加革命实践，主办《天津学生联合会报》，宣传科学、民主和爱国思想；组织觉悟社，领导爱国青年学生和反动当局进行斗争。在狱中，周恩来一边带领狱友进行抗争，一边向大家讲演马克思学说。"在当时马克思学说被视为'洪水猛兽'、'过激主义'的社会环境中，特别是在敌人牢狱中，周恩来同志敢于公开宣讲马克思主义，这充分表现了他为宣传真理而不怕牺牲的大无畏的革命精神。同时，也说明还在五四时期的一九二〇年，周恩来同志在探求马克思主义真理的途程中，已经具有较有系统的造诣了。"②

旅欧期间，周恩来继续探求救国救民的真理，并积极参加革命实践。他和蔡和森、赵世炎等同志领导中国学生和华工与反动势力斗争，并创建了中共旅欧总支部和中国共产主义青年团旅欧总支部，他还发起组织旅欧中国少年共产党。他更加重视对马克思列宁主义的学习，"他通过反复比较，坚决批判和摒弃了形形色色的修正主义和无政府主义思潮，更加坚定了对马列主义的信仰。特别是由于他亲自调查了各国工人阶级状况，得以使理论与实际相结合，坚决相信巴黎公社和列宁领导的十月革命道路是唯一正确的道路"③。

通过对周恩来从童年时代到青年时代、从爱国主义者到民主主义者再到共产主义者的成长历程和思想变化的考察，胡华认为："周恩来同志无产阶级世界观的确立，是他在探求真理的艰险道路上勇往直前、果敢抉择的结果。他经过五四运动前后革命风暴的锻炼，走过了'愈求愈模糊'的雨雾之路，经历了反复的'思想颤动'才逐步掌握了马克思主义真理，实现了思想发展的飞跃。"④ 显然，任何人都不是天生的马克思主义者，中国革命的伟人毛泽东、周恩来等，都是在不断地探求救国救民真理的实践中选择了马克思主义、建立了共产主义信仰的，并在革命实践中为之奋

---

① 胡华：《青少年时期的周恩来同志》，中国青年出版社1977年版，第22－23页。

② 胡华：《周恩来同志的青少年时代》，见胡华主编《周恩来的思想及理论贡献》，广东人民出版社1982年版，第18页。

③ 胡华：《青少年时期的周恩来同志》，中国青年出版社1977年版，第94页。

④ 胡华、王建初：《五四时期的周恩来》，见胡华主编《五四时期的历史人物》，中国青年出版社1979年版，第87页。

斗、矢志不渝。

其次，阐释周恩来对新民主主义革命理论的贡献。周恩来不仅是举世公认的伟大的无产阶级革命家，也是杰出的马克思主义理论家。当周恩来确立了马克思主义信仰后，便开始积极宣传马克思主义，并用马克思基本主义原理观察世界和中国形势，将马克思主义与中国的具体实际相结合，推动马克思主义的中国化，为新民主主义革命理论体系的形成和完善发挥了巨大的作用。因此，如胡华所强调："我们今天党史研究的一个重要任务，就是不只是研究周总理的革命实践活动，而且要研究周总理在半个多世纪的理论贡献。"[①]

胡华主要从两条路径对周恩来的理论贡献展开分析研究。

第一，通过对民主革命时期周恩来的理论著作的研读，分阶段阐释周恩来运用马克思主义对中国革命问题的思考，并总结概括其在每一阶段的理论贡献，这集中体现在《周恩来的思想及理论贡献》一书中。"这本书集纳了当时周恩来思想生平研究的最新成果，体现了当时周恩来思想生平研究的最高水平。"[②] 这一研究路径清晰地呈现了周恩来在民主革命时期的不同阶段对革命系列问题探索形成的思想结晶，有利于从纵向上认识周恩来的思想发展和理论贡献。具体如下：

《周恩来同志从旅欧到大革命时期的理论贡献》[③] 一文，主要阐释周恩来在旅欧和大革命时期关于党的建设、统一战线和武装斗争、军队建设等革命问题的思考，并分别总结了周恩来在这些方面的基本思想：党的建设的思想，主要是"中国共产党必须以马列主义的科学理论作为自己行动的指南，实行民主集中制的根本原则，领导人民群众为建立社会主义和共产主义而奋斗"。武装斗争和军队建设的基本思想是，"无产阶级要取得反帝反封建革命斗争的胜利，必须组织一支坚强的革命军队。这支军队要是无产阶级进行革命战争的工具，是实现党的奋斗目标的先锋；这支军队要肩负这一光荣的使命，必须接受党的领导，建立革命的政治工作，紧

---

① 胡华、王建初：《周恩来从旅欧到大革命时期的理论贡献》，载《华南师院学报》（社会科学版）1980年第1期。
② 廖心文：《周恩来研究事业的辛勤奠基者——纪念胡华老师诞辰90周年》，见陈威、杨凤城《长与英烈共魂魄——追思史学家胡华》，中国民主法制出版社2011年版，第212页。
③ 胡华、王建初：《周恩来同志从旅欧到大革命时期的理论贡献》，见胡华主编《周恩来的思想及理论贡献》，广东人民出版社1982年版，第76-100页。

紧依靠人民群众"。革命统一战线的思想主要包括"在无产阶级（通过共产党）领导下，执行正确的政策和策略，最大限度地团结一切可以团结的力量，最大限度地孤立敌人，用民族统一战线推进反帝、反军阀革命战争的胜利进行"。该文高度肯定并揭示了周恩来在这一时期的理论贡献，认为"周恩来同志是我们党内最早认识必须用马克思主义科学理论进行党的建设、最早认识必须建立革命军队推动武装斗争、最早认识必须建立革命统一战线促进革命发展的领导人之一"。

《周恩来同志在第二次国内革命战争时期的理论贡献》[①]一文主要阐释大革命失败后，周恩来对社会性质、革命性质、政治形势、革命任务、党的建设和红军建设等问题的思想认识，认为周恩来不仅"总结了我党成立以来党的建设的经验教训，分析了党内存在的各种错误思想，系统地论述了建设一个布尔什维克党的战斗任务和途径"，也积极探索了"如何在农村建立一支人民军队，如何使这个军队成为服从于无产阶级思想领导的、服务于人民革命斗争和根据地建设的工具"这一重要问题。

《周恩来同志在抗日战争时期的理论贡献》[②]一文则阐释了抗日战争时期周恩来关于新民主主义革命、抗日民族统一战线、军事工作和党的建设等方面的思想认识，并总结指出："周恩来同志运用马克思列宁主义，科学地总结了中国新民主主义革命三个历史时期的正反面经验，对中国的新民主主义革命道路，对武装斗争、统一战线和党的建设等几个中国革命的基本问题，在理论上做了系统的阐明。"

《周恩来同志在解放战争时期的理论贡献》[③]一文主要具体阐释和说明，在解放战争时期，周恩来对于以革命的两手反对反革命的两手的问题、新民主主义经济建设问题、党的群众路线问题和蒋管区的工作方针以及斗争策略问题的思考和认识，认为它们"为我们树立了一个应用马克思主义的普遍真理来解决中国实际问题的光辉典范"。

第二，从周恩来对新民主主义革命中某一理论、实践问题的认识或者

---

① 胡华、林代昭、清庆瑞：《周恩来同志在第二次国内革命战争时期的理论贡献》，见胡华主编《周恩来的思想及理论贡献》，广东人民出版社1982年版，第101-117页。
② 胡华、清庆瑞、林代昭：《周恩来同志在抗日战争时期的理论贡献》，见胡华主编《周恩来的思想及理论贡献》，广东人民出版社1982年版，第118-135页。
③ 胡华、林代昭、清庆瑞：《周恩来同志在解放战争时期的理论贡献》，见胡华主编《周恩来的思想及理论贡献》，广东人民出版社1982年版，第136-158页。

某一经典文献着手，探讨他在一些具体问题上的理论观点和贡献。这一研究路径使得对周恩来思想的研究更为细化，有助于进一步开拓和深化周恩来思想研究。

《学习周恩来同志旅欧期间关于国际形势的论述》① 一文以旅欧期间周恩来撰写的多篇政治论文和通讯为分析对象，阐释了周恩来在这一时期关于国际形势的深刻分析，主要包括："宣传马克思列宁主义，论述世界革命和中国革命""揭露帝国主义强盗的真面目，揭穿他们的'裁军'骗局和共管中国的阴谋""论述帝国主义的殖民体系危机和民族解放运动的伟大作用"。

《与人民血肉相联的马克思主义者——学习〈周恩来选集〉关于党的群众路线的论述》② 一文认为周恩来不仅从理论上深刻地阐述了党的群众路线的一些重大问题，如"要贯彻执行党的群众路线，必须反对官僚主义作风"以及"在人民内部，允许各种不同意见发表，开展自由的讨论"，而且对于如何从制度上保证党的群众路线的贯彻执行，提出许多重要的意见。

《"恢复生产，建设新中国"的光辉指针——学习〈周恩来选集〉（上卷）关于建国前后经济工作的论述》③ 一文，从新中国成立前夕周恩来关于新中国成立后经济建设工作的思考出发，论述其在这一方面的理论观点，包括"恢复和发展生产是民主革命胜利后党的基本任务"，"调动一切积极因素搞好经济建设"，"注意建国后的经济体制改革问题"。

《坚持科学和民主精神——学习周恩来同志著作〈宗教精神与共产主义〉》④ 一文，着重分析周恩来在旅欧时期的一篇代表作《宗教精神与共产主义》，阐释了该文献所体现的马克思主义观点，即"共产主义是科学信仰，不是宗教迷信"，"革命首领是人不是神"，"领袖要服从集体的决

---

① 胡华、林代昭：《胸怀世界革命全局的国际主义战士——学习周恩来同志旅欧期间关于国际形势的精辟论述》，载《世界历史》1978年第1期。
② 胡华、林代昭：《与人民血肉相联的马克思主义者——学习〈周恩来选集〉关于党的群众路线的论述》，载《光明日报》1981年1月19日。
③ 胡华、林代昭：《恢复生产，建设新中国'的光辉指针——学习〈周恩来选集〉（上卷）关于建国前后经济工作的论述》，载《文汇报》1981年1月2日。
④ 胡华、王建初：《坚持科学和民主精神——学习周恩来同志著作〈宗教精神与共产主义〉》，载《北京日报》1979年3月7日。

议","肃清旧毒,扶植新芽"。

综上所述,胡华对周恩来在民主革命时期的革命实践和思想发展进行梳理和分析,以极其敏锐的学术眼光开拓了这一领域,形成了周恩来研究的初步成果,"在全国周恩来思想生平研究起步阶段起了带头作用"。鉴于此,胡华"可以说是我国周恩来思想生平研究工作的积极开拓者和奠基者之一"①。

对周恩来的研究是中共党史人物研究的一个重要组成部分。现有的研究成果无论是深度还是广度,都非以前所能比拟,但前人的艰辛开拓不能抹杀和遗忘。前辈已逝,他的治学精神和学术遗产仍存。我们在汲取前辈的学术滋养的同时,不应忘记他们为此所付出的艰辛努力。

三、对陈独秀的研究

陈独秀是中国近现代历史上备受争议的风云人物。他首先高举科学和民主的旗帜,掀起中国新文化运动的飓风,席卷了传统的封建文化;他宣传了马克思主义,领导创建中国共产党,并带领这个党坚决地与帝国主义和封建主义斗争;但大革命失败后,他逐渐疏离于中国共产党的革命路线之外,拒绝党的劝导,并最终与其分道扬镳,走上歧路,参加托派活动,迷失了政治方向。由此,在很长的一段时间内,他被当作右倾机会主义、投降主义的典型人物,成为长期批判的对象。

毋庸置疑,由于陈独秀在中国共产党建党初期的特殊地位,他是研究中共党史不可绕过的重要人物,但长期以来,受党内对陈独秀认识的影响,人们对陈独秀的功绩轻描淡写或者缄口不提,但对他的错误却予以痛斥甚至故意夸大,给真实的历史蒙上层层迷雾。"文化大革命"时期,陈独秀研究更是成为不可触及的雷区,一些研究陈独秀的学者受到无情的打击和批判。"林彪、'四人帮'对说过或写过陈独秀在新文化运动、'五四'运动和中国共产党创建过程中有过积极作用的人,或者给扣上'为叛徒树碑立传'、'为叛徒涂脂抹粉'的帽子,或者揪出批斗,或者作为

---

① 廖心文:《周恩来研究事业的辛勤奠基者——纪念胡华老师诞辰 90 周年》,见陈威、杨凤城《长与英烈共魂魄——追思史学家胡华》,中国民主法制出版社 2011 年版,第 212 页。

一条理由开除党籍。"① 党的十一届三中全会后，随着思想的不断解放，党史领域的"拨乱反正"，在一些正直学者的共同努力下，才逐渐拨开历史迷雾，重现陈独秀的真实面貌，给予公允的评价。

在推动陈独秀研究的进步上，胡华发挥了积极作用。胡华对陈独秀的研究起源于民主革命时期，他在华北大学编写中国近代革命史教材时，不得不涉及对这样一位不可或缺的历史人物的叙述和评价。他撰写的《中国新民主主义革命史（初稿）》一书客观地陈述了陈独秀在发起新文化运动和创建中国共产党上所做的工作，但对第一次国内革命战争时期的陈独秀的某些表述和评价则偏离历史事实，如把大革命失败的原因归结于"以陈独秀为代表的右倾思想，发展为投降主义路线，并在共产党的领导机关中占了统治地位"②，认为"装着无产阶级面孔的小资产阶级革命家篡据了共产党的领导机关"③。当然，这主要受《关于若干历史问题的决议》和《毛泽东选集》中关于陈独秀的评论所影响。

中华人民共和国成立后，思想文化领域的批判运动接踵而至，史学研究的科学性不自觉地被现实性和战斗性所取代，对陈独秀的批判进一步升级，以至于连陈独秀在五四运动和建党时期的贡献都被一概抹杀。1963年，孙思白先生发表《陈独秀前期思想的解剖》④ 一文，仅在一定程度上肯定陈独秀在五四新文化运动中的作用和贡献，就被认为是吹捧陈独秀、"为叛徒陈独秀争历史地位"，遭到连篇累牍的批判。⑤ 可见，在当时的政治环境下，要客观历史地认识和评价陈独秀无疑是奢谈。

值五四运动45周年之际，胡华在《教学与研究》杂志上发表《试述陈独秀右倾机会主义思想的发展》一文，该文首先指出：

> 在五四时期的前期（1915—1918），陈独秀作为资产阶级和小资

---

① 林茂生、王洪模、王树棣：《应当全面地历史地评价陈独秀》，载《教学与研究》1979年第3期。
② 胡华：《中国新民主主义革命史（初稿）》，新华书店1950年第1版，第98页。
③ 胡华：《中国新民主主义革命史（初稿）》，新华书店1950年第1版，第100页。
④ 孙思白：《陈独秀前期思想的解剖》，载《历史教学》1963年第10期。
⑤ 批判的文章有：《不许为叛徒陈独秀争历史地位》《孙思白同志所著〈陈独秀前期思想的解剖〉的错误何在》（均载《历史教学》1965年第5期）和《不容歪曲五四新文化运动的历史》《不应吹捧陈独秀》（均载《文史哲》1965年第2期）等。

产阶级的急进民主主义者,在宣传反对封建专制和封建礼教的民主主义思想中,在提倡科学、提倡文学革命和白话文运动中,起了重大的作用。在五四时期的后期(1919—1921),他接受十月革命的影响,逐步转变成为具有初步共产主义思想的知识分子,在1920—1921年,他在和无政府主义、研究系的伪社会主义、基尔特社会主义的论战中,传播了初步的马克思列宁主义观点。以陈独秀所主编的《新青年》杂志为主要阵地的新思想新启蒙运动和五四革命运动惊醒了许多人,其中有不少先进分子后来成了中国共产党的骨干。1921年,陈独秀和李大钊、毛泽东等最觉悟的分子在一起,组成了中国共产党。陈独秀在创建党的工作中,作了一些努力。①

这一段话高度概括陈独秀在五四时期的思想嬗变,也肯定了陈独秀在开启新文化运动、宣传马克思主义,以及创建中国共产党上的历史功绩,这在当时是难能可贵的,表现了一位史学工作者实事求是、秉笔直书的精神。不过,该文还是无法摆脱当时对陈独秀认识和评价的总体基调,仍然采取批判式的态度,论述陈独秀右倾机会主义思想形成、发展成为投降主义路线,并演变为全党性的路线错误,又进而发展成为取消主义的思想转变的历程,认为陈独秀右倾机会主义产生的思想根源在于:"他们是以资产阶级的世界观去看待群众和群众革命运动的……他们的思想方法是主观主义和形而上学的。他们的思想落后于时代、脱离现实的阶级斗争。"②

"文化大革命"结束后,随着全国各领域"拨乱反正"、正本清源的推进,党史领域"左"的错误和遗毒逐渐被清理,人们开始重新认识和评价包括毛泽东在内的党史人物,对陈独秀的研究也开始摆脱传统的认识框架和基调,取得了一些新的认识和突破。

1978年11月27日,胡华在杭州召开的党史讲义讨论会上做了"关于党史教学中的若干问题"的发言,其中部分内容谈及陈独秀,仍然肯定他在新文化运动、宣传马克思主义和建党上的功绩,并指出:"我们按历史唯物主义讲党史,还是应该按事实发生的先后,先讲陈独秀、李大钊在五四运动和建党时期的活动,接着讲毛泽东同志、周恩来同志等人在五

---

① 胡华:《试述陈独秀右倾机会主义思想的发展》,载《教学与研究》1964年第3期。
② 胡华:《试述陈独秀右倾机会主义思想的发展》,载《教学与研究》1964年第3期。

四运动和建党时期的活动。""对这个历史人物,我们应按列宁、毛主席的论述精神,区分他的前期和后期,作适当的历史评价。"①

1979年5月,胡华在山东高校党史教材讨论会上做了《五四时期的陈独秀》的报告,开篇即指出:"我讲这个问题是试图冲一冲禁区,试图用马克思主义、毛泽东思想的历史唯物主义方法,来实事求是地评价一个历史人物。"② 当时,虽然党的实事求是思想路线已经重申和确立,各条战线的拨乱反正也正在进行,但"左"的遗毒并未彻底消除,陈独秀研究仍然受到禁锢和束缚。胡华的用意在于,以历史唯物主义态度解读五四时期的陈独秀,从而扭转"文化大革命"时期对历史人物研究的形而上学思维模式,引发出评价历史人物的正确原则,即"是其所是,非其所非,功就是功,过就是过,既不因为功而掩盖其过,也不因过而抹杀其功"③。报告实事求是地肯定陈独秀及其主办的《新青年》的历史功绩,认为陈独秀在民主、科学、新文学三个方面以及宣传马克思主义和建党过程中有着一定的贡献。④ 对陈独秀的弱点和错误,报告也予以分析,认为"陈独秀在向马克思主义者转变的过程中并不彻底,暴露了一些反马克思主义的观点,建党后,他过去的旧民主主义观念没有适应新民主主义革命的客观规律而改变"⑤。报告能够比较理性地分析陈独秀错误产生的思想根源,这相对于以前的陈独秀研究明显地前进了一步。

1979年7月1日,胡华在安徽省中共党史学习研究会上做了《关于党史教学中的一些问题》的报告,对陈独秀的认识又有了新的突破。一方面,他开始肯定陈独秀在大革命初期和中期的一些作用,认为,"他那时还是主张搞工人运动,农民运动,群众运动他是赞成的,赞成搞反帝反封建的统一战线,发展党。对于国民党的老右派,也还是进行了许多斗争的。对军队工作,他只是不赞成去作官、去作指挥员,思想不解放,但作军队政治工作他还是支持的。所以,党的路线总是正确的,应该说,党

---

① 胡华:《关于党史教学的若干问题——在杭州大学召开的党史讲义讨论会上的发言》,载《杭州大学学报》(哲学社会科学版)1978年第4期。
② 胡华:《五四时期的陈独秀》,见《胡华文集》,中国人民大学出版社1988年版,第47页。
③ 胡华:《五四时期的陈独秀》,见《胡华文集》,中国人民大学出版社1988年版,第57页。
④ 胡华:《五四时期的陈独秀》,见《胡华文集》,中国人民大学出版社1988年版,第48、55页。
⑤ 胡华:《五四时期的陈独秀》,见《胡华文集》,中国人民大学出版社1988年版,第55页。

中央成绩是主要的"①。另一方面，他认识到大革命失败与共产国际的关系，改变了以往把大革命失败的所有责任归咎到陈独秀个人错误上的倾向，认为"有些重大问题，是受陈独秀右倾错误的干扰，而这也不是陈独秀一个人的责任，和共产国际代表、共产国际指示有一定关系"②。1982年12月，胡华为人民大学党史系进修班讲解《关于第一次大革命的几个问题》，其中有一段关于陈独秀的精辟论述："陈独秀担任总书记达6年之久，对党对革命是有一定贡献的，但他不是名副其实的马克思主义者，他的指导思想是'二次革命论'……这主要是党在幼年，缺乏理论准备，缺乏对革命规律的深刻认识，有一定的历史必然性。"③ 这一论述对于陈独秀错误的形成，不再简单地追究个人的责任，而是从当时的社会历史环境和党自身的发展状况寻找原因，显得更加理性、科学。

  从胡华对陈独秀的认识和评价来看，他自始至终对陈独秀在五四时期和建党时期的作用都予以肯定，而对大革命时期陈独秀的认识和评价逐渐趋向公正和客观；但总体而言，一直难以摆脱时代的局限，难以跳出陈独秀右倾机会主义、右倾投降主义、取消主义等固有表达模式的羁绊。实际上，如有的学者指出的："当时有当时的情况，但时至今日，历史已翻过了好多页，现在当人们冷静客观、实事求是地来审视当时的历史和陈独秀的命运时，应该排除历史的迷雾，揭开历史的面纱，把党史当作一门科学来研究，仁者见仁，智者见智，只要持之有故，言之成理，应该允许探索、争鸣和阐述。"④ 20世纪80年代以后，陈独秀成为党史界聚焦的历史人物。随着一些新史料的出现，尤其是第一次国内革命战争时期的共产国际相关档案的解密，学术界进一步深化陈独秀研究，在某些问题的认识上颠覆了以前固有的结论。

---

① 胡华：《关于党史教学中的一些问题》，载《江淮论坛》1980年第1期。
② 胡华：《关于党史教学中的一些问题》，载《江淮论坛》1980年第1期。
③ 胡华：《关于第一次大革命的几个问题》，见《胡华文集》第4卷，中国人民大学出版社2013年版，第246-247页。
④ 叶尚志：《千秋功过 如何评说——纪念陈独秀先生诞辰120周年》，载《人才开发》1999年第12期。

四、对其他中共党史人物的研究

除上述对周恩来和陈独秀的研究外，胡华在许多学术报告和讲座中也谈及其他党史人物，撰写了多篇独论某一人物的纪念性或批判式文章，仅专篇论及的党史人物就有毛泽东、朱德、刘少奇、张闻天、吴玉章、胡锡奎、何干之、刘型、肖明、吉鸿昌、杨展、张国焘、康生、王明等。从报告、文章的内容来看，可以分为三类。

第一，对毛泽东等革命领袖的经典文献的阐释、解读。这类文章主要有《学习〈实践论〉与研究中国革命的历史——用学习〈实践论〉来纪念党的三十周年》《中国革命的三个法宝——纪念〈"共产党人"发刊词〉发表四十五周年》《纪念〈新民主主义论〉发表十五周年》《介绍〈学习和时局〉》《坚持民主团结的楷模——学习〈张闻天选集〉笔记》《要有创造性的理论工作——〈刘少奇选集〉学习札记》等，主要剖析这些经典文献所蕴含的光辉思想，论述作者的理论贡献，并结合现实阐释其时代价值。

第二，为了缅怀和纪念革命先辈所撰写的回忆文章和人物传记。这类文章较多，有《缅怀杨展烈士》《回忆胡锡奎同志二三事》《怀念丁浩川同志》《劫后余生重视党史——怀念刘型同志》《不朽的民族英雄吉鸿昌——纪念吉鸿昌烈士牺牲五十周年》《记朱德同志重视理论学习和理论工作的二三事》《学习朱德委员长的革命精神——记朱德同志从八一起义到会师井冈山的光辉历程》《他始终站在理论研究的最前沿——著名马克思主义史学家教育家何干之同志生平》《鞠躬尽瘁赤胆忠心——学习吴玉章同志的高尚革命品德》《"无枚皋之敏捷 有司马之淹迟"——忆吴老》等，主要追忆他与吴玉章等革命先辈交往过程中的一些情景片段和切身感受，简要陈述老一辈革命家的成长和奋斗历程，客观呈现他们在革命和建设中的历史功绩，总结和颂扬他们的高尚情操和革命精神。

第三，对张国焘等在党的历史上犯有严重错误的若干人物的揭露和批判。1980年10月，胡华在中国人民大学党史进修班讲授"大阴谋家、大刽子手康生的一些历史情况"，以客观的事实历数了康生在新民主主义革命时期以及社会主义建设时期尤其是"文化大革命"期间，迫害干部和群众的历史罪行，理性地反思了"像康生这样一个阴谋家、刽子手，能在党内横行无忌，越爬越高"的不正常现象，总结了其中的原因，即"第一条是党内的封建家长制影响，个人集权制、以个人好恶为判断是非的标准，造成奸贼小人得志，忠良、好党员受打击迫害。第二条是党和国家缺乏民主，没有建立健全的社会主义民主制度，造成人民无权、广大的党员无权，对少数大权在握的野心家、阴谋家、特权分子，无罢免权，无权弹劾，无可奈何，只好任其蹂躏、迫害，以至屠杀。第三条是1957年以后形成了一套完备的'左'倾理论……"①1981年11月14日，胡华在陕西省委党校做了《张国焘〈我的回忆〉若干史实纠谬》的报告，以充实确凿的历史资料对《我的回忆》一书中被张国焘歪曲和伪造的若干历史问题予以澄清，揭露和批判了张国焘故意歪曲事实、吹嘘自己、掩盖自身错误的真相。正如文中所说："作为中共党史工作者，我们有责任根据确凿的历史资料揭露张国焘在一些重要历史问题上的伪造和歪曲，揭穿他在《回忆》中编造的若干主要的谎言。"②《张国焘路线的错误和党反对张国焘路线斗争的胜利》一文则直接述及张国焘的路线在鄂豫皖根据地、川陕根据地和红四方面军的严重错误和造成的巨大危害，对张国焘在长征时期的反党分裂活动以及党对这一活动的斗争情况也予以客观的论述。为进一步肃清"左"倾的遗毒，从历史中引以为鉴、吸取教训，1984年8月23日，胡华在张家口市对党政机关、宣传理论干部做了《王明和王明路线对党的严重危害的若干历史情况》的辅导报告，详细介绍王明在莫斯科时打击党内同志的情况，以及王明"左"倾路线在党内占据统治地位后对革命事业造成的巨大危害和损失，并将王明"左"倾路线和"文化大革命"时期的"左"倾错误联系起来，分析二者之间的一致性，即"一条是从政治上说，唯我独革，唯我独'左'，不要朋友，打倒一切，这是孤家寡人的政策。第二，从组织上说，个人或少数人专断，破坏民主集中制，拉帮结派，用人唯派、唯亲，只信任自己的亲信和亲属，顺我者昌，逆我者亡，对敢于讲真话，敢于实事求是提出意见的人，实行'残

---

① 胡华：《大阴谋家、大刽子手康生的一些历史情况》，1980年10月7日在中国人民大学党史进修班上的讲稿。

② 胡华：《张国焘〈我的回忆〉若干史实纠谬》，见《胡华文集》第5卷，中国人民大学出版社2013年版，第424页。

酷斗争，无情打击'，甚至打成反革命加以逮捕以至杀害，实行肃反扩大化。不断地开展政治运动整人，使得人人自危，不敢讲话，特别是打击和排斥知识分子。第三，从思想上说，主观主义、教条主义，把旧的一套教条化、神圣化、凡是化，样样照抄照搬，脱离实际情况，不能从实际出发，不能把原则性和灵活性相结合，来研究新情况，解决新问题"①。总体来看，这几篇文章立足于肃清"左"倾错误，着重于论述王明、张国焘、康生等人在历史上对党和人民造成的危害，并试图揭示其中的一些规律。

---

① 胡华：《王明和王明路线对党的严重危害的若干历史情况》，见《胡华文集》，中国人民大学出版社1988年版，第218页。

第六章　胡华的史学贡献、学术风格和治史精神

胡华是中国新民主主义革命史和中共党史学科的重要奠基人之一。他以宣传、教学和研究中共党史为历史使命，无怨无悔地将自己的一生奉献于党史事业，在中共党史学史上留下了厚重的一页。回溯他跌宕起伏的人生和艰辛的治学历程，品读、领悟他的学术佳作和思想，我们不难发现，他继承和发扬了中国传统史学流传下来的秉笔直书、实事求是的精神，彰显了独具特色的论从史出的治史风格，在中共党史学发展进程中发挥了重要作用。

第一节　胡华对中共党史学发展的历史贡献

一、开创和奠基中共党史学科

一般意义上的中共党史研究几乎与中国共产党的成立相伴相生，但是严格意义上的中共党史学科却是新中国成立以后形成的。总体而言，党史学科随着党史研究、党史教学、党史专业的先后出现在交相促进中逐步形成和发展。

20世纪三四十年代，中国共产党创办的华北联合大学、中央党校等高校就开设了"中国新民主主义革命史"等政治课程。1940年4月，年仅19岁的胡华开始登上华北联合大学的讲台，在成仿吾、江隆基、何干之等前辈的鼓励和指导下讲授"中国近代革命运动史"课，成为最早讲授党史内容的教师之一。此后，胡华从未脱离教学岗位，在华北联合大学、华北大学、中国人民大学一直从事教书育人的事业，讲授"新民主

主义论""中国革命史""中共党史"等课程,并主持编写相关教材。

1956年,中国人民大学首开风气,率先在历史系开办中国革命史本科专业。1958年7月1日,中国人民大学历史系中国革命史专业和马列主义研究班的中国革命史分班合并成中共党史系,并开始招收中共党史专业本科生。直到改革开放前,"人大成为全国唯一一个设有党史本科专业的高校,在很长一段时间独立承担着党史本科专业建设的任务,成为培养高校中共党史师资的'工作母机'"①。1961年,中共党史系又首次探索培养中共党史专业导师制研究生。胡华自1956年开始担任中国革命史教研室(后改为中共党史教研室)主任,始终参与并领导中国人民大学中共党史专业的开创和建设。由于无先例可循,中共党史专业的培养方案、教学计划等都是胡华带领同仁研究制定并逐步完善的。

1970年,由于"文化大革命"乱流冲击,中国人民大学被迫停办。1978年中国人民大学复校,中共党史系与哲学系、经济系先行恢复,胡华担任中共党史系主任。刚经历"文革"劫难的胡华带领全系教职员工重振信心、开拓新篇,共同推进党史专业建设。1981年,中国人民大学成为首批中共党史硕士、博士学位授权点,党史专业的人才培养工作又迈上了一个新的台阶。短短几年,在胡华的领导和组织下,中共党史系通过明确办系方向、调整教研室设置、加强资料室建设、开展专题研究、加强与兄弟单位科研课题的合作等诸多有效举措,使党史学科得到空前的发展,在全国高校中长期处于领先地位。张同新教授曾感慨地说:"胡华主任在复校初期那几年,为中国人民大学的党史系的学科建设,打下了坚实基础,培养了优良的学风。中国人民大学复校后中共党史系出现生机勃勃的局面,与胡华主任带领全系确定了中共党史科研、教学的新路是分不开的。"②

应当说,在党史学科的确立与发展中,胡华扮演了重要的角色。中国人民大学党史学科的发展与进步,更与胡华的努力不可分割。正是胡华对党史学科确立和发展的突出贡献,他被公认为"中国新民主主义革命史

---

① 耿化敏:《高校中共党史本科专业的历史、现状和改革》,载《党史研究与教学》2014年第2期。
② 张同新:《胡华老师带领我们闯新路》,见陈威、杨凤城主编《长与英烈共魂魄——追思史学家胡华》,中国民主法制出版社2011年版,第206页。

和中共党史学科的重要奠基人之一"。

二、丰富党史研究的学术宝库

胡华一生埋首中共党史研究,著述等身,成果丰硕,为中共党史研究的学术宝库增添了不少精品佳作。至今仍有许多文章、著作散发着真理的光辉,许多观点仍经得住历史的检验,值得品读和学习。例如,1950年,胡华在《中国革命的性质问题》一文中指出:"在新民主主义革命阶段,虽然存在着社会主义的因素,但是民主主义因素的成分仍然是主要的,目前中国革命与中国社会仍然是新民主主义的而不是社会主义的。固然新民主主义社会一定要进一步走向社会主义,但是把二者混淆起来或不根据科学的社会发展规律而主观地、性急地实行'社会主义',结果必然是既损害了新民主主义的完成,也延迟了社会主义的到来。"[①] 1978年,胡华在《关于民主法治、生产力革命和反对极左思潮问题》一文中指出:"在我国社会主义革命和建设的任务中,存在严重的完成民主革命遗留任务和在思想上、制度上的民主'补课'的问题,存在着建立和不断完善社会主义民主法制、培养人民的民主习惯问题。"[②] 这些观点是胡华在洞察社会现实、深刻总结历史经验的基础上得出的科学论断,不仅在当时是十分深邃、具有前瞻性的,即使在今天仍值得回味和思考。

通读胡华的所有著述,其中学术价值较高、影响较大的主要有四类。

一是对中共党史断代史的编写和研究。新中国成立后,胡华编著、主编了多本中共党史、中国革命史的经典教材,包括《中国新民主主义革命史》、《中国历史概要》的现代史部分、《中国革命史讲义》、《中国社会主义革命和建设史讲义》等,不仅完整地叙述了中国共产党历史的整体发展进程,详实地介绍了中国共产党领导革命、建设的奋斗轨迹,还做了诸多理论性的阐释和总结。这些著作在当时都产生了广泛而深远的影响,成为许多高等学校的必读书目和科研人员的重要参考书,也成为全国

---

① 胡华:《中国革命的性质问题》,见《胡华文集》第4卷,中国人民大学出版社2013年版,第33页。

② 胡华:《关于民主法治、生产力革命和反对极左思潮问题》,见《胡华文集》第3卷,中国人民大学出版社2013年版,第399页。

人民大众了解中国共产党的一些基本读物。仅以《中国新民主主义革命史》一书来说，在新中国成立初期，它是人们了解中国共产党和新民主主义革命史的必读著作，不计其数的人们从中汲取历史的知识和文化滋养，甚至连当时接受改造的战犯等也受到过它的熏陶和洗礼。末代皇帝溥仪在抚顺战犯管理所接受改造期间就曾阅读学习过《中国新民主主义革命史》一书，在今日的抚顺战犯管理所旧址"改造末代皇帝专题展"的展柜中，就陈列着一本《中国新民主主义革命史（初稿）》。① 在几十年的岁月中，《中国新民主主义革命史》一书孕育了几代党史学者，为人们学习、研究新民主主义革命史提供了难得的"母乳"。许多党史学者对此印象深刻。如有人赞赏道："在建国初期专业著作十分鲜见的年代，能够得到此书，如获至宝，为我从事中共党史专业教学和科研工作的起步奠定了良好基础，这恐怕是新中国建立伊始党培养的第一代政治理论课教师共同的经历和感受。"② 还有人说："通过这本书，我系统地学习了中国新民主主义革命的历史，了解了毛泽东在这个历史阶段的地位和作用，了解了毛泽东思想的形成和发展。这些，为我毕业后长期从事党史和党的文献研究工作，从事周恩来思想生平研究打下了坚实的基础。"③ 这本书之所以能多次再版，发行数百万册，也是它学术价值和资政育人价值的一种客观体现。

二是对中共党史学理论的阐发和探讨。胡华较早地对中共党史学的学科性质、研究对象等基本问题进行了思考和总结，提出了不少新观点、新论断，奠定了中共党史学理论体系的重要基石。

三是对中共党史人物的研究。胡华晚年呕心沥血的学术主题是中共党史人物研究，在这一领域颇多建树。其中，学术价值突出者主要有二：其一是对周恩来的思想和生平的研究，具有开拓性的贡献，为周恩来研究的进一步深入提供了初步基础；其二是主编大型丛书《中共党史人物传》（1—50卷），其史料和史学价值更是备受称颂。

四是对中共党史中一些具体问题的深入探讨。有些陈述了具有争议的

---

① 参见刘涓迅《革命史家胡华》，当代中国出版社2011年版，第84页。
② 郑德荣：《我心目中的尊敬的师长和学术大师》，见陈威、杨凤城主编《长与英烈共魂魄——追思史学家胡华》，中国民主法制出版社2011年版，第68页。
③ 廖心文：《周恩来研究事业的辛勤奠基者——纪念胡华老师诞辰90周年》，见陈威、杨凤城主编《长与英烈共魂魄——追思史学家胡华》，中国民主法制出版社2011年版，第211页。

历史事实，挖掘出了党史事件的来龙去脉，厘清了长期被人们讹传的历史细节；有些则提出问题，阐明自己的观点，为学界提供了进一步争论和探讨的课题。

三、倡议并参与创建中共党史研究的领导机构和学术团体

新中国成立后很长一段时间内，党史研究者大多各自为政，并无全国性的领导机构和学术团体，党史学界缺少统一的领导组织和交流平台。就笔者所看到的材料来看，胡华曾多次提议设立党史研究的主管部门。早在1964年，胡华就在中国科学院哲学社会科学学部现代史研究会上发言谈论加强组织领导的问题，他说："党史、现代史的研究，很需要多级党具体地来抓，来组织，科学院也需要有个专门的机构来管。""看起来，如果不是有领导、有组织地花相当大的力量来进行，是出不来有较高水平的东西的。"① 1977年11月，胡华作为北京市第七届人民代表大会的代表参加会议，在分组讨论大会上提议设立党史研究的主管部门。② 1979年3月，在成都召开的中国历史规划会议上，胡华再次倡议："党中央迅速建立党史编写机构，中宣部加强对党史研究工作的领导和支持"，"党中央迅速设立一个编写中共党史的特设委员会"。③ 可见，胡华不仅是一心扑在党史的教学和研究上，还胸怀大局、高瞻远瞩，心系党史事业的进步和发展。

1979年3月，全国18所高等院校的党史工作者云集郑州大学，商讨为杰出的第一代无产阶级革命家立传问题，开始筹备成立中共党史人物研究会。当时，胡华因事务缠身未能出席会议，但致信表示热烈支持。1979年6月5日，他在致陈志凌、周文顺的信中回复："关于党史人物研究会，我是积极支持的……总之，不管什么名义，我总是竭力支持这一工作

---

① 胡华：《目前党史、现代史研究的状况问题》，见《胡华文集》第5卷，中国人民大学出版社2013年版，第397页。
② 刘涓迅：《革命史家胡华》，当代中国出版社2011年版，第209页。
③ 胡华：《对党史编写工作的建议》，见《胡华文集》第5卷，中国人民大学出版社2013年版，第476页。

的。"① 胡华所言非虚，在晚年的岁月中，"他为尽快建立健全党史人物研究会的组织机构到处奔走，动员了许多老一辈革命家担任学会的领导或顾问工作，争取了各地党组织对学会活动给予精神上和物质上的支持"②。胡华不仅全力支持中共党史人物研究会的创立，还就会址、出版、经费等方面的问题提供指导性意见，并积极奔走、争取支援，解决具体问题。1979年10月，胡华专程到中国革命博物馆向李维汉汇报党史人物研究会的工作近况，得到李维汉的肯定和支持。他还亲自登门恳请老一辈革命家何长工出任中共党史人物研究会会长。1979年12月，在各方的共同努力下，中共党史人物研究会正式成立，胡华被推选担任副会长和《中共党史人物传》主编。此后，胡华为组织推动全国的党史人物研究、《中共党史人物传》的编写出版殚精竭虑，付出了巨大的心血。胡华主持、参加了三次人物传记讨论会和十多次审稿会，先后审看了一千多万字的传记材料，还亲自撰写了《肖明传》和《何干之传》（与刘炼合写）。在胡华的动员、推荐、指导下，许多年轻的学者闯入了党史人物研究领域，并取得了骄人业绩。

1980年春，中共中央设立了党史委员会，下设党史编审委员会。编审委员会领导下设立中共中央党史研究室和中共中央党史资料征集委员会两个机构，直接负责党史资料的搜集、研究和编写工作。胡华担任中共中央党史资料征集委员会的委员。1980年7月，中共党史研究会成立，胡华担任常务副会长，主持党史研究会的日常工作，组织了不少的学术活动，推动了全国党史研究的活跃与发展。党史研究领导机构和全国性学术团体的成立，凝聚了大批的党史研究力量，促进了党史研究的分工协作和相互交流，大大地推动了党史研究，这其中，胡华功不可没。

四、培育中共党史教学和研究的新生力量

党史随着中国共产党治国理政理论和实践的日益丰富而更加厚重，党

---

① 胡华：《1979年6月5日致陈志凌、周文顺的信》，见《胡华文集》第6卷，中国人民大学出版社2013年版，第33页。
② 马宏、余世诚：《赤心写党史，妙手传群英——胡华与党史人物研究》，载《石油大学学报》（社会科学版）1990年第3期。

史事业是一项长期的事业，这就需要不断培养党史专业人才，补充新生力量。

从 1940 年起，除了参加革命斗争实践无暇教学、受政治运动影响无法教学以及"文化大革命"时期遭受迫害而被迫停止教学以外，胡华教学的身影时常出现在华北联合大学、华北大学和中国人民大学的讲台上，始终坚守着中共党史、中国革命史的教学岗位，教书育人、诲人不倦，培养了大量的党史学科专业人才。

1947 年 3 月，华北联合大学决定各学院成立培养研究生的各种专业的研究室，加强教材建设、师资培养，为过渡到新型高校正规教育做准备。当时的教育学院根据学校规定，成立了中国近代史研究室，年仅 26 岁的胡华担任室主任并开始培养研究生。他负责全面指导彭明、顾明、刘经宇、邓毅 4 位研究生的生活和学习，不仅在专业上给予耐心指导，还注重对他们进行社会实践锻炼和思想品德教育。

新中国成立伊始，为了宣扬中国共产党的光辉历史，国家急需革命史教师，中国人民大学成为培养中国革命史教师的摇篮，来自全国各高校成千累万的教师学员都聆听过胡华的授课，接受过他的教育和指导。1954 年，中国人民大学效法苏联开始试行副博士研究生培养制度，胡华负责指导张培森、冯慧、张叔明 3 位研究生。1961 年 9 月 15 日，中共中央发出《关于讨论和试行教育部直属高等学校暂行工作条例（草案）的指示》。按照这一指示，中国人民大学开始培养首批导师制研究生。中共党史系从应届毕业生中选拔了陈威、程振生、吴荣宣、吴智棠、宁培芬等人，报经教育部批准，由何干之、胡华担任导师。当时何干之正在近代史研究所承担国家重点专著的写作，无暇顾及指导，培养他们的任务遂落在胡华的肩上。此后，胡华指导培养了多批党史专业的硕士研究生，其中包括徐焰、王顺生等。

胡华在晚年兼任许多学术职务，又担任《中共党史人物传》的主编，工作十分繁忙，但他从未放松教学任务和研究生、博士生的培养，正如他自己所说的："培养接班人的工作什么时候也不能停。"① 1981 年 11 月，国务院学位委员会批准首批硕士、博士学位授权点，中国人民大学获得辩

---

① 刘建德：《"赤心写党史，妙手传群英"——访博士生导师胡华教授》，载《中国人民大学校刊》1985 年 4 月 27 日。

证唯物主义与历史唯物主义、中国哲学史、政治经济学、世界经济、货币银行学、统计学、中共党史、国际共产主义运动史和中国古代史9个博士学位授权点。国务院学位委员会同时批准胡华、高放、戴逸等9人为中国人民大学第一批相关学科专业博士生指导教师。① 由此,胡华成为全国中共党史专业的第一任博士生导师。1984年,中国人民大学率先招收中共党史专业的博士研究生,胡华开始为国家培养谢春涛、牛军、王东等党史学科的高层次人才。

胡华忙于教学、科研,但指导学生态度认真、方法得当。他指导学生,不仅传授知识、方法,还亲自带领学生实地调研考察、采访党史人物,提供教学实践锻炼机会,指导论文写作。胡华的精心指导和培养对学生教学和科研能力的形成和提高帮助极大。为提高整体教学质量,胡华还非常重视对党史系青年教师的培养。他从指导备课到听课后讲评,既循循善诱,又严格要求,满腔热忱地传、帮、带,使他们尽快成长起来。

除在高校直接培养本学科的专业人才外,胡华对社会上登门或来信求教者都会给予热情的帮助和指导。在胡华的直接影响和推动下,不少人走上了从事党史研究的道路,并取得了一定的成绩。例如,江西就有一位热心从事地方党史研究的民办教师在胡华的指导和鼓励下开展研究,并成绩斐然。②

总之,胡华一生中,不仅向不计其数的听众传授了党史知识,也亲自指导和培养了不少党史学科的专业人才。在他的教育和感染下,许多学生继承了他的遗志,接踵成为全国各高校、研究机构的专家学者。这就为中共党史学科的长远发展注入了大批的新鲜血液,使得这一事业后继有人。

五、促进中外学术交流

交流和争鸣是推动学术前进、发展的重要方式之一。中共党史、中国革命史虽然发生在中国,但国外关注、研究中共党史的学者大有人在,成

---

① 中国人民大学校史研究丛书编委会编:《中国人民大学纪事(1937—2007)》上卷,中国人民大学出版社2007年版,第287页。
② 参见王阿寿《向先生学习请教——与胡华教授通信的回忆》,见陈威、杨凤城主编《长与英烈共魂魄——追思史学家胡华》,中国民主法制出版社2011年版,第370-374页。

果相当可观,其收集和编纂的党史资料亦有一定的学术价值。因此,与国外的学者进行学术交流和资源共享,对中共党史学的发展和进步不无好处。

早在中华人民共和国成立初期,胡华已是名扬海内外的中国革命史、中共党史领域的著名学者。他与国外的一些学者如日本的竹内实、岩村三千夫、阿部真琴、坂本清马以及苏联的潘克拉托娃、杜宾斯基、别列兹内等进行了学术上的交往,建立了良好的学术交流关系。

"文化大革命"结束后,中共党史学术交流基本上局限于国内,国内的学者很少关注国外党史研究的动向,也很少与国外进行信息上的交流与资源共享,造成自我封闭的状态。胡华对这一现象十分忧虑,多次谈及中外学术交流的重要性。1984年,胡华在接受采访时就明确指出:"研究党史和中国革命史,也要实行'对外开放'政策,开展学术交流。"① 据金戈回忆,胡华曾向其谈论中外学术交流的重要性:"西方学者中有不少正直的人,他们尊重历史、尊重科学,过去没有来往,造成了隔阂、偏见、误解,甚至少数人由于政治立场不同怀有敌意,现在好了,他们看到我们的书,听到我的讲演,提出很多问题,我都坦诚回答,他们多数很满意。他们渴望了解中国,了解中国共产党,了解毛泽东,我们也需要了解西方。学者交流有利于消除误解,增进了解和友谊。我们的学科要发展,马列主义要坚持、要发展,一定要交流,哪怕是对方的误解和敌意,我们也应当了解,在了解对方的观点后有针对性地研究,才能有的放矢,才能发展我们的观点和学科。"②

为改变中共党史学自我封闭的现状,胡华主动与美国、日本、澳大利亚等国的一些著名中共党史和中国问题专家建立学术联系。他曾接待美国学者麦克法夸尔、施拉姆、费正清和澳大利亚学者泰伟斯等来华访问,与他们开展学术探讨交流,加深了彼此的了解和友谊。

1980年6月,北美洲中国革命史考察团陈先让、邹谠等7位教授到中国人民大学访问座谈,胡华以谈话方式回答了来访者提出的19个问题。1984年,美国著名作家索尔兹伯里为了写一本赞颂中国工农红军长征的

---

① 解凌华:《党史工作者的责任——访胡华教授》,载《甘肃日报》1984年10月22日。
② 转引自金戈《雪蕾明素志 佳果惠天涯——拜读胡华遗诗并忆师友情》,见《胡华纪念文集》,中国人民大学出版社1997年版,第264页。

书，两次来华搜集资料和访问，胡华参与接待。为了更好地向世界宣传伟大的长征，他与索尔兹伯里多次座谈交流，尽其所能地解答了索尔兹伯里提出的关于长征的一系列问题，并向其提供了大量的史料和思想资源。索尔兹伯里的《长征——前所未闻的故事》中的注释显示，由胡华直接提供的史料达70多条。美国著名学者邹谠教授曾说："《长征——前所未闻的故事》的作者索尔兹伯里，如果没有历史学家胡华教授的帮助，是完不成他的著作的。"[1] 这足以说明，胡华在索尔兹伯里撰写《长征——前所未闻的故事》的过程中提供了实质性的帮助。1987年8月，索尔兹伯里再次来华，拟写中国人民在中国共产党领导下进行的改革的新长征，胡华抱病与他多次谈论了中国正在进行的改革事业。

此外，胡华也应邀去国外访问、讲学，走出国门向外国群众宣扬、传播中共党史。1986年3月到4月间，应澳中理事会和悉尼大学等校的邀请，胡华作为访问（客座）教授，访问了悉尼、堪培拉、墨尔本、阿德莱德这四个城市的八所大学。在澳大利亚期间，他作为代表在悉尼大学亚洲研究会议中心做了题为《"文化大革命"的起因及教训》的演讲，在新南威尔士大学、澳大利亚国立大学、拉筹伯大学、墨尔本中国研究中心、阿德莱德大学、弗林德斯大学做了许多精彩演讲，并对澳大利亚学者和学生的提问给予解答。胡华自己记叙："我同该国学者进行座谈较多，他们提问题很热烈。我的回答，他们认为是帮助他们澄清了对一些事实的了解，提供了一个较正确的判断；至少他们可以了解中国学者是怎样看待这些问题的；一般他们都表示同意和接受我们的看法。"[2] 日本东京成蹊大学教授、日本国际政治学会理事长助理宇野重昭曾邀请胡华于1986年10月15日至25日赴日访问讲学，并请他在10月18日和19日两天参加日本国际政治学会30周年纪念大会并做一次讲演。但胡华因事务缠身未能应邀出席。1987年5月，应美国哈佛大学等校邀请，胡华又先后访问了加州大学伯克利分校、斯坦福大学、华盛顿乔治城大学、哈佛大学、密歇根大学，与美国许多知名学者如谢伟思、麦克法夸尔、索尔兹伯里等进行了友好交流和座谈，参加了哈佛大学费正清东亚研究中心举办的中国革命史研讨会年会。在那次年会上，胡华做了题为《前进中的曲折和新时期

---

[1] 刘涓迅：《革命史家胡华》，当代中国出版社2011年版，第270页。
[2] 谷安林主编：《胡华画传》，中共党史出版社2011年版，第72页。

社会主义的发展》的主题报告,并回答了与会各国学者的提问。

应当说,胡华与国外学者进行交流和探讨,向国外学者阐述中国共产党的路线、方针、政策,纠正了国外学者在党史研究方面的一些偏见和误区,对于宣传中国共产党领导的革命和建设史,扩大中国共产党的影响起了一定的积极作用,也为中共党史的国内外交流架设了桥梁。

六、积极"抢救"中共党史史料

在战火纷飞的革命年代,很多党史人物活动和事件只有只言片语的记载或者语焉不详,具体的历史情节和真实情况残存在一些革命者的脑海之中,如果不趁他们健在之时抢救他们的记忆,一旦等到他们离世,有些历史事件便会成为永久的谜团,沉入历史的海洋。因此,胡华经常用"抢救"二字强调记录口述史料的重要性。他自己也身体力行,凭个人所能,对许多老一辈无产阶级革命家以及亲历者、见证人脑海中所不为人知的历史细节进行"抢救"工作。

早在"抗战"胜利伊始,25 岁的胡华被党组织派往八路军收复的华北重镇张家口市组织开展工人运动期间,他就经常利用各种机会采访革命前辈和工运骨干,调查搜集中国共产党领导的北方革命历史资料,包括张家口工运史料。他运用搜集到的资料撰写了多篇文章,其中有一篇为《中国工人斗争史页——京绥路张家口工人斗争史迹纪实》。全文 2 万多字,誊写得非常工整,所用稿纸(红格竖排)是当时的战利品,纸缝中间印有"张家口大日本军人援护会"字样。后因内战爆发,文章还没来得及交给共产党在张家口办的杂志《北方文化》发表。这份手稿一直保存到 1979 年才得以出版。他在补写的后记中写道:"这部稿子,是我于 1945 年 9 月至 1946 年 10 月在张家口市总工会负责宣传部工作时写的。当时处在紧张的解放战争时期,张市总工会的工作也是十分繁忙紧张的。我们几乎每天开会到深夜,第二天一早又分别深入到各厂矿工作。这份稿子,多半是深夜散会后,我与总工会主任萧明同志和几位老工人又留下话旧的记录。1946 年九、十月间,国民党飞机狂炸张家口市,我住的房子

第六章 胡华的史学贡献、学术风格和治史精神

被敌机炸塌。这份稿子是从战火中保存下来的。"① 这篇在战火中保存下来的文稿，成为研究张家口工人运动的极为难得的历史资料。在担任吴玉章学术助手的18年中，胡华常常随身携带一个笔记本，随时记录吴老对革命历史的点滴回忆。但遗憾的是，这些珍贵的资料在"文化大革命"中被查抄，一直没有退还。1964年3月20日始，胡华带领5位研究生及学术助手去广东、江西、湖南、上海等省市考察，根据学校、教务处和系领导的指示，那次考察和调研携有三项任务：一是调查搜集党史资料；二是交流党史教学和研究经验；三是调查访问革命史迹。胡华一行历时3个月之久，广泛收集党史资料，与许多高校及解放军的党史工作者交流座谈党史教学和研究的经验，参观了南昌八一起义纪念馆、毛泽东故居、井冈山黄洋界等革命遗迹，访问了几十位革命老人。此行成果丰硕，仅搜集到的党史资料就有"三千多万字，珍品百多万字。主要是革命老区、四五个省份的斗争史料和第一、第二次国内革命战争史料"②。

中国人民大学复校后，胡华主持中共党史系的工作，他十分注重系资料室的建设。为搜集口述资料，他还经常亲自带学生和年轻教员采访在京的革命老人和党史专家。他利用一切机会走访了很多老同志，尽力抢救史料，"他从王首道、何长工、肖华等老前辈处得知很多各种书本中从来没有披露过而且不可能公诸于世的真情实况"③。此外，他在晚年付出极大心血，主编《中共党史人物传》，其中一个重要的目的就是"抢救"党史史料，尤其是口述资料。1983年11月20日，中共党史人物研究会在长沙举行第三次学术讨论会，胡华在会上做了题为《为更好地完成〈中共党史人物传〉的编写任务而努力》的报告，他强调说："我们党成立已62年，早期参加革命的人，都已是七八十岁高龄，我们要写的党史人物的许多重要的珍贵的活史料，还是存留在他们的脑海之中，如果我们不抓紧向他们调查访问，党史人物的许多关键性的重要史料将因他们记忆力的衰退和陆续辞世而成为空白点，这将使我们永抱终天之恨。例如杨度，如果不是周总理弥留之际证明他是共产党员，人们将永远不知道他是给党做出了

---

① 胡华：《中国工人斗争史页——京绥路张家口工人斗争史迹纪实》，见《胡华文集》第4卷，中国人民大学出版社2013年版，第654页。
② 刘涓迅：《革命史家胡华》，当代中国出版社2011年版，第164页。
③ 高放：《史料、史观、史德——胡华教授治史的三个特点》，载《南京社会科学》1997年第12期。

特殊贡献的共产主义者。抢救史料的工作，必须全党广大同志来参加，不是少数几个人所能完成的。我们现在要尽先抢救和编写党的创立时期、大革命时期、土地革命时期的党史人物的史料和传记。"① 可以说，对史料的重视和求索是胡华在学术实践中一以贯之的态度和风格。

七、遗留丰富的教学理念和方法

自1940年起，胡华一直坚守在三尺讲台，从事中国革命史、中共党史教学40余载，积攒了丰富的教学经验和体会，为中共党史的教学事业留下了宝贵的精神财富。随着教学实践的不断丰富，胡华也不断地进行反思和总结，先后撰写发表了《略谈近代史的教学》《怎样教学革命史》《关于中国近代史的教与学》《怎样讲授中国新民主主义革命史》等多篇文章，详细论述了中国革命史、党史教学的心得体会和经验方法。今天，广大历史教师学习这些文章，也不难从中得到一些教益和启发。从胡华撰写的文章和教学实践来看，他所倡导和力行的教学理念和方法主要包括：

第一，因材施教。胡华强调："要教好课，首先要调查研究你的教学对象对于党史课已有的知识水平，他们这次学习的要求和时间、条件。"② 作为教师，只有对自己的教学对象有了一定的了解，抓住教学对象的特点，才能提高教学的针对性，确保自己的教学更能满足学生的需求，增强教学效果。

第二，贯彻爱国主义的教育。中共党史课的教学不仅要使学生了解掌握中国共产党的光辉历史，还要使他们从中受到爱国主义的教育，帮助他们培养爱国主义情操。如胡华指出的："在讲授中，我们应当加强爱国主义的教育，使每个学生都能热爱人民、热爱祖国，为我们伟大的中华民族而感到骄傲。"③

第三，加强理论和实际的联系。据李安葆先生回忆，胡华曾亲自聆听他的课，课后除给予鼓励外，还提出善意的批评："历史讲得多，联系实

---

① 胡华：《为更好地完成〈中共党史人物传〉的编写任务而努力》，见《胡华文集》第5卷，中国人民大学出版社2013年版，第276页。
② 胡华：《关于党史课的教学与研究中的几个问题》，载《教学与研究》1962年第5期。
③ 胡华：《怎样讲授新民主主义革命史》，见《胡华文集》第4卷，中国人民大学出版社2013年版，第322页。

际少","我们这门课不单是历史课,而且是政治理论课。如果忽视理论联系实际,便是一个方向性的错误"。① 党史课的教学要注意加强理论联系实际,为现实服务。胡华认为具体要做好两个方面:一是通过课程内容本身,教好本课、达到本课的教学目的;二是注意结合课程本身内容,适当地联系学生的思想状况。

第四,感情充沛。胡华提出:"党史课是一门党性的科学,上课的人必须有充沛的无产阶级思想、感情和气魄,立场鲜明、爱憎分明,要使你的思想感情通过教学内容而给学生以感染力,从而提高学生的阶级觉悟、阶级感情和革命热情。这样,你的课也才能讲得生动活泼、有血有肉。"②

今天,党史课已经不像以前那样普及了,但胡华的这些经验体会对于历史课程、思想政治理论课程的教学仍有实际的参考价值和借鉴意义。

中共党史学是描述和研究中国共产党的整个奋斗历程的一门学科,诞生于中国共产党成立初期,延续和发展至今。学界虽对中共党史学发展阶段的分期问题各抒己见,但都一致肯定:中共党史学经历了从无到有、从萌芽到逐步成熟的自身发展史,在此基础上产生了研究中共党史学发生、发展全过程的中共党史学史。一代代中共党史学者在继承前辈学术遗产的基础上,进一步开疆拓土、深耕细作,造就了今日中共党史学良好的发展局面。毋庸置疑的是,胡华生前始终在中共党史学这一园地上辛勤耕耘,始终保持着对中共党史教学和研究的极大热情,为中共党史学的发展发挥了重要作用,在中共党史学史上书写了厚重的一页。

第二节 胡华的学术风格

一、论从史出,史论结合

史学家的任务是在浩如烟海、杂乱无序的史料中寻找各个历史事件和历史现象之间的有机联系,将"死"的史料转换成"活"的历史,运用

---

① 李安葆:《难忘的教诲》,见陈威、杨凤城主编《长与英烈共魂魄——追思史学家胡华》,中国民主法制出版社2011年版,第180页。

② 胡华:《关于党史课的教学与研究中的几个问题》,载《教学与研究》1962年第5期。

精湛、丰富、生动的语言，按照时间顺序描绘历史的动态发展过程。在此基础上，运用马克思主义的立场、观点和方法来观察透视历史，解释历史现象发生的原因，赋予历史事件以意义，评价历史人物，总结历史中的经验和教训等，从而发挥历史的借鉴功能和认识功能。当然，原因、意义、经验、教训等都是从客观的历史中阐发出来的。也就是说，史是基础，论是在史实的基础上升华和凝练出来的。因此，在研究和编写历史的过程中要注意做到论从史出、史论结合。只是单纯陈述历史进程的文章著作难以起到良好的教育和启示读者的作用，只见理论不见历史的文章著作又显得空洞无物，让人难以理解。胡华不仅极力倡导"论从史出，史论结合"的写史原则，还带头予以践行。

首先，在进行学术创作之前，胡华总是力求搜集尽可能多的史料，从而在翔实的资料基础上书写真实、客观、准确的历史。为弄清第二十九军吉星文团卢沟桥抗战，他专门找张克侠了解情况；为写《南昌起义史话》，他阅读了200多万字的相关档案；为研究周恩来旅欧时期的思想和活动，他查阅了从1921年到1923年《益世报》的旅欧通讯，从北京市图书馆旧报刊处查到了《少年》和《赤光》杂志，在中国革命博物馆、天津历史博物馆寻找档案材料，访问了张申府、刘清扬、杨堃、何长工等许多历史见证人。① 此类事例，不胜枚举。与胡华接触过的人都知道，他有一个鲜明的特点，就是随身携带一个小本子，随时记录发现的新史料。胡华广泛地搜集史料不是为了捕捉奇闻逸事，"而是为了求真、求信，力求做到所写的历史真实、可信"②。他注重史料、尊重史实的风格为学界所熟知、认可。萧三临终前就曾写信给胡耀邦请求帮助，希望他能请胡华挂帅，组织人马整理其诗文集和日记，并强调："一旦此事告终，我死也瞑目。"③

其次，胡华在客观、准确叙史的基础上，还注意对历史进行深入的理论分析和总结，从客观的历史中引申出正确的结论。从胡华的党史著述来看，一般是先史后论，以史为主，有史有论，论从史出。无论是《中国

---

① 卢家骥：《胡华的史学思想》，载《中国人民大学学报》1988年第5期。
② 高放：《史料、史观、史德——胡华教授治史的三个特点》，载《南京社会科学》1997年第12期。
③ 转引自胡思升《命悬一线时的思念——记萧三生命之最后八个月》，载《人民日报》1983年2月19日。

新民主主义革命史》还是《中国革命史讲义》，每一章末尾都有结束语，以概括和评析这一段历史内容，总结其中的经验教训。《中国社会主义革命和建设史讲义》一书也是在客观叙述中华人民共和国成立以来中国共产党领导人民进行社会主义革命、建设和改革的客观进程的基础上，对其中的经验教训进行了深刻反思和总结。尤其是对于"文化大革命"，胡华并没有从个人感情出发看待这段历史，而是以一个马克思主义史学家的高度责任心和深邃的历史眼光总结其中的教训，来教育后人以古鉴今，避免历史错误的重演。这给我们的一个深刻启示是，"研究历史无论是重大事件，还是重要历史人物，发掘史料弄清真实历史固然重要，然而弄清史实之后，就要从历史发展的客观上把握其本质，总结它的经验教训，留给后人以真正有益的东西"①。

二、亦教亦研，教研相长

研究中共党史的学者大致有四种类型：第一，中国共产党党内的政治家、理论家；第二，中央和地方的中共党史研究室、社会科学院等科研机构中的研究人员；第三，高校中从事党史教学和研究的教员；第四，业余从事党史研究的社会人员。胡华属于第三类，是教师型学者之一，他不仅要承担日常教学任务，向学员讲授和传播党史知识，培养党史学科的接班人，还要从事党史的科学研究工作。新中国成立后，中共党史教学和研究实际上成为他日常工作的两条主线。

一般来说，教学和研究是相互促进、相得益彰的。古语云："学然后知不足，教然后知困。"通过教学，教师可以发现自身的不足和学生中存在的一些问题、疑惑，为进一步提高研究水平提供新的课题和方向。通过研究，又可以加深自己对教学内容的理解，使教学内容更加饱满、丰富和富有深度，使听众得到更多的收获。所以，"科研是教学的基础。为了适应党史教学的需要，适应党史宣传及广大读者的需要，必须不断深化党史

---

① 张培森：《引我走上科研之路的恩师——胡华教授》，见《胡华纪念文集》，中国人民大学出版社1997年版，第132页。

研究"①。胡华自己也说过:"要讲授得好,首先就要研究得好,写出好的讲稿来。因此,我们必须加强我们的学习和研究工作,必须努力提高我们的思想水平,必须懂得掌握马克思主义的方法论。"② 教学和研究的相互促进是显而易见的。胡华从事党史教学和研究近半个世纪,"他把学习、教书和研究统一起来,认为不认真学习党史的理论与实践,就不可能教育学生掌握党史的精神与实质,如果在教学过程中,不能引起学生的兴趣,回答学生提出的问题,就不可能逐步提高自己研究和理论的水平"③。在具体的工作中,胡华实现了教学和科研的良好互动,以教学促进科研,以科研提高教学,这无疑代表了高校党史教员的治学风格和特点。

三、饱含激情,寄情于史

历史是无情的,不因人们的喜好爱憎而有任何改变,但历史学家是有着丰富情感的。事实上,一个麻木不仁、情感淡漠的人根本无法研究好历史。阅读胡华的党史著述,字里行间流露出一位党史学家的历史情愫。这种情愫并非对历史的偏见,按照个人情感好恶去采摘历史,而是对历史的炙热情感,是置身于历史情境中,站在无产阶级立场上,对凶恶敌人的愤恨,对人民的热爱,对老一辈无产阶级革命家和革命烈士的钦佩、敬仰和爱戴。这在胡华的党史教学中体现得尤为明显。

曾听过胡华讲课的人都有一个共同的感受,"他的课程内容丰富、条理清晰、语言生动、分析史实精辟而深刻,讲课带着充沛的革命感情。当他讲到死难的烈士、牺牲的军人,淋漓尽致地刻画了可歌可泣的斗争情节,真实地反映了爱国爱党的浩然正气和甘冒斧钺的刚烈精神。他讲课至激动处,往往声泪俱下,满座动容"④。胡华的党史课之所以具有强烈的感染力,恐怕除了丰富的教学经验和娴熟的授课技巧外,还在于他自己首

---

① 郭德宏:《关于深化中共党史研究的几点思考和建议》,载《中共党史研究》1997年第4期。
② 胡华:《怎样讲授中国新民主主义革命史》,载《新建设》1953年第1期。
③ 张腾霄:《献身革命事业,深治党史科学——为胡华逝世十周年而作》,见《胡华纪念文集》,中国人民大学出版社1997年版,第30页。
④ 戴逸:《与胡华同志相处的岁月》,见《胡华纪念文集》,中国人民大学出版社1997年版,第156页。

先被党的历史所感染,被老一辈无产阶级革命家、革命先驱者坚定的理想信念和流血牺牲的献身精神所感染,言之凿凿,情真意切。他自己也说过:"历史本来是活生生的,充满了血和泪,充满了悲壮和欢乐的。但是往往经过了有些老师的嘴在课堂里讲出,就变成了'面貌全非,骨肉皆无'的僵尸和教条;这主要是由于缺乏强烈的革命感情,没有对于敌人的强烈的憎恨和对于人民的无限的热爱所致,这样,当然不能使人感动,给人以深刻的教育。"①"党史课是一门党性的科学,上课的人必须有充沛的无产阶级的思想、感情和气魄,立场鲜明、爱憎分明,要使你的思想感情通过教学内容而给学生以感染力,从而提高学生的阶级觉悟、阶级感情和革命热情;这样,你的课也才能讲得生动活泼、有血有肉。"②"讲党史应有充分的革命感染力,以我党先烈惊天地而泣鬼神的英勇事迹,培养学生的高度的阶级感情的革命的思想境界,引导他们热爱党、热爱社会主义事业,树立为共产主义的壮丽事业而献身的革命人生观。"③

四、关注学术动态,注重学术梳理

随着学术研究的日益规范化、科学化,学界普遍意识到,了解和掌握学术动态对于学术进步和发展是至关重要、必不可少的。但是在几十年前,学者们未必能有这样的认识和自觉性。在老一辈党史学者中,胡华是较为关注学术动态、注重学术梳理的,他经常向学术界介绍党史研究的状况和动态。

1964年3月,胡华在中国科学院哲学社会科学学部现代史研究会上做了题为"目前党史、现代史研究的状况问题"的发言,总结了党史研究工作成绩不足的原因,粗略地提出了一些需要展开研究的课题。1985年,在纪念抗日战争胜利40周年学术讨论会闭幕会上的总结讲话中,胡华就对当时学界关于"中国战场在世界反法西斯战争中的地位和作用""正面战场和敌后解放区战场""抗日民族统一战线和第二次国共合作的

---

① 胡华、彭明:《关于中国近代史的教与学》,载《察哈尔教育》1950年第6期。
② 胡华:《关于党史课的教学与研究的几个问题》,载《教学与研究》1962年第5期。
③ 胡华:《热爱党史、宣传党史、坚持阵地》,见《胡华文集》第4卷,中国人民大学出版社2013年版,第570页。

形成及历史经验""抗日战争的领导权"四个方面研究做了综述性的介绍。1979年12月,胡华在广州参加中共党史人物研究会成立大会期间,受邀到暨南大学做报告,向听众介绍了北京理论界、教育界关于中华人民共和国成立以来党史的讨论情况。1985年3月,胡华在福建省委党校做报告《当前党史研究动态》,介绍了党的十一届三中全会以来党史研究的主要成绩。1987年4月,胡华撰写《中国现代史、党史、革命史研究近况》一文,简要介绍了新编纂出版的党史著作,以及党史学界在一些具体历史问题上取得的共识。

除了经常关注国内党史研究状况外,胡华还把眼光投向了港台地区和国外研究中共党史的状况。1981年,他在查阅大量国外和港台文献的基础上,写出《国外和港台中共党史研究动向评析》一文,不仅较详细地介绍了国外和港台学者对中共党史研究的成果和观点,也对其中的一些错误倾向予以驳斥,引起人们对国外和港台地区党史研究成果的重视。1987年,胡华访美回国后撰写了《访问美国几所大学的中国研究中心》的报告,其中第二部分为"美国对中国的研究",专门介绍了美国大学研究中国的整体概况以及费正清、麦克法夸尔、李侃如等研究中共党史的知名学者。

虽然胡华对党史研究动态的梳理和介绍比较粗略,但在党史研究并不十分规范的年代,这已经是难能可贵的了,起到了抛砖引玉的作用。

第三节 胡华的治史精神

一、"生是奋斗,死是休息"

勤劳奋斗是中华民族的传统美德。中国革命、建设和改革的伟大成就是广大人民群众共同奋斗的结晶。

就个人来说,奋斗是通往成功的阶梯。季羡林先生把天资、机遇和勤奋作为个人成功的三个不可或缺的条件,他认为:"天资是由'天'来决定的,我们无能为力。机遇是不期而来的,我们也无能为力。只有勤奋一

第六章 胡华的史学贡献、学术风格和治史精神

项完全是我们自己决定的,我们必须在这一项上狠下功夫。"① 古今中外,大凡有所成就的人,无一不是用勤奋和努力浇灌了成功的果实。学术研究是一项异常艰辛和困难的工作,任何学者要想有所建树,若舍弃勤奋,则别无他途。胡华正是用自己的人生实践诠释了这一深刻道理。

胡华17岁时为了抗日救国、追求真理,毅然决然地离开家乡奉化,奔赴革命圣地——延安,入读陕北公学,刻苦学习。他18岁便加入中国共产党,成为一名坚定的革命分子。他19岁就开始执教华北联合大学,踏上党史教学和研究的新征程。新中国成立后,他心怀建设祖国的满腔热情,忘我地投入中共党史的宣传、教学和研究工作,甘为人梯、无私奉献,直至生命的终结。对此,有人给以高度的概括:"新中国成立前,他以笔为武器(有时还拿枪),为砸烂旧社会而冲锋陷阵、英勇战斗;人民当家做主后,为建设、保卫得来不易的人民江山,使她永不变色,仍忘我地辛勤笔耕不止,鞠躬尽瘁,死而后已!"② 可以说,中共党史教学和研究是胡华一生不变的主题,也是他终生为之奋斗的光辉事业和人生理想。

胡华十分推崇范文澜先生的治学格言——"板凳要坐十年冷,文章不写一句空",他把这副对联悬挂在自己的办公室墙壁上,时刻警醒自己要甘心坐冷板凳、潜心做学问。他曾谈及自己的治学经验和体会:"在科学上是没有平坦的大路可以走的,必须有刻苦精神,经过辛勤的精神劳动,才能有好的劳动成果。"③"治学必须抓紧时间和刻苦努力,别无他径可循。"④"关键是要勤奋。做学问是个辛苦的事情。我没有什么个人的嗜好,把一生中大多数的时间都花在学习和研究上了。"⑤ 无论是硝烟四起的战争岁月,还是曲折前进的探索时代,抑或是高歌奋进的改革新时期,胡华都始终不忘学习和积累知识,不停地著书立说、教书育人,犹如一架无须停歇的机器。他常常饮食无规律,开夜车,甚至是通宵达旦,以致午

---

① 季羡林:《我的人生感悟》,中国青年出版社2000年版,第17页。
② 姜志洁:《与书同垂青史的人》,见《胡华纪念文集》,中国人民大学出版社1997年版,第153页。
③ 胡华:《谈谈研究生怎样写毕业论文》,载《教学与研究》1956年第2期。
④ 胡华:《热爱党史 坚守阵地》,见浙江日报编辑部编《学人谈治学》,浙江人民出版社1982年版,第362页。
⑤ 刘建德:《"赤心写党史,妙手传群英"——访博士生导师胡华教授》,载《中国人民大学校刊》1985年4月27日。

轻时就患上严重的胃溃疡等疾病，多年带病坚持工作。可以说，忙碌是他生命的常态，勤奋是他一生的写照。他用自己一生的勤劳、刻苦，换来中共党史教学和研究事业上的光辉业绩，奠定了其在中共党史学史上的地位。

胡华在病重期间始终以乐观、豁达的态度与病魔做斗争。在住院治疗之际，他还抱病审改了70多万字的《中共党史人物传》稿件；校勘了30多万字的《周恩来年谱》征求意见稿；批改了3个博士研究生的论文、论文提纲；阅读了有关党的十三大的文件、资料；等等。他对前来医院探望的3位博士生提出了殷切期望，并说："从17岁我就参加革命，九死一生，对死我倒没有什么。我从小吃苦，一生辛劳，没得休息。对我来说，生是努力、奋斗，死是休息、安息。"① 逝世前不久，他还致信时任中国人民大学校长袁宝华，除报告病情和致谢外，还表达了继续工作的期望："生就是奋斗，死就是休息，不过尽力争取多有些日子继续从事我未完成的许多工作而已。"② 生是奋斗，死是休息，是胡华一生追求中共党史教学和研究事业的光辉写照，也是这位优秀共产党员和历史学家的高贵情操。

二、思想解放，敢于突破

"文革"时期，党史研究的禁区林立，严重损害了党史学的科学性。"文革"结束后，扭转党史研究的不正之风，肃清党史领域的"左"倾遗毒，成为当时迫在眉睫的任务。胡华在党史学界率先解放思想，大胆突破禁区，为恢复党史原貌做了诸多努力。

1978年11月底，杭州大学召开党史教材讨论会，胡华、刘炼等应邀参加。据刘炼回忆，赴会之前，胡华曾提醒她说："这不是一般的讨论教材编写问题，而是要拨乱反正，写真党史，恢复党的实事求是传统。这次全国高校都有代表参加，影响很大，我们一定要解放思想，批判'四人

---

① 牛军、王东、谢春涛：《树人千秋业，风范永长存——缅怀恩师胡华教授》，见《长与英烈共魂魄——追思史学家胡华》，中国民主法制出版社2011年版，第363页。
② 胡华：《1987年11月25日致中国人民大学袁宝华校长》，见《胡华文集》第6卷，中国人民大学出版社2013年版，第133页。

帮'，对党史的篡改，要闯一闯，冲一冲。"① 此外，胡华在会上做了《关于党史教学的若干问题》和《关于党史教学中的若干疑难问题》两个学术报告，再次强调："当前的问题，是在党史教学、党史研究中，贯彻实事求是、贯彻实践是检验真理的唯一标准的科学态度问题。"② 在胡华的鼓舞下，刘炼也大胆地讲解了社会主义时期的一些疑难问题，对彭德怀、刘少奇给予了实事求是的评价。1979年3月，胡华在成都召开的中国历史规划会议上发言指出："我们学党史，要接受历史的惨痛教训，不能让悲惨的历史重演，必须有勇气来彻底揭批林彪'四人帮'。""学党史也不是可怕的，有什么可怕呢？可怕的是没有勇气，可怕的是不敢为真理奋斗，不敢对人民负责。"③ 1979年5月18日，胡华在山东召开的党史讲义和党史教学讨论会上做了《思想解放和历史人物的评价问题》的报告，呼吁广大党史学者"放手解放思想，谨防思想僵化，谨防'句句是真理'、'一句也不能动'之类的思想禁锢"④。在报告中，他还以突破禁区的非凡勇气基本还原了五四时期陈独秀的真实形象。这一报告在当时产生了较大的影响，时隔近20年后，张静如还对胡华的报告记忆犹新，并如此评价："胡华同志报告的主要内容在今天来看已经不算新鲜了，可在当时还是起了促进党史研究发展的作用。"⑤ 1979年，胡华主编的《五四时期的历史人物》一书，对11位五四时期的先驱人物的思想和活动进行评介，在当时来说，在论文集中收录反映陈独秀、瞿秋白等所谓"机会主义头子"的思想贡献的文章仍是需要坚持真理的勇气的。

三、钟情教育，淡泊名利

胡华与许多老一辈无产阶级革命家、马克思主义历史学家一样，甘于

---

① 转引自刘炼《风范永存——纪念胡华同志逝世十周年》，见《胡华纪念文集》，中国人民大学出版社1997年版，第201页。

② 胡华：《关于党史教学的若干问题——在杭州大学召开的党史讲义讨论会上讲话（一九七八年十一月二十七日）》，载《杭州大学学报》（哲学社会科学版）1978年第4期。

③ 《胡华文集》第4卷，中国人民大学出版社2013年版，第475-476页。

④ 胡华：《思想解放和历史人物的评价问题》，见《胡华文集》第5卷，中国人民大学出版社2013年版，第220页。

⑤ 张静如：《与胡华同志一起去山东讲学》，见《胡华纪念文集》，中国人民大学出版社1997年版，第47页。

清贫、淡泊名利。抗日战争胜利后，新解放的许多城镇需要一批干部特别是知识分子干部去担任领导工作，同胡华一起学习、工作的人走了很大一批。中华人民共和国成立后，各条战线更需要大量干部特别是知识分子干部去担任各种领导职务，胡华的身边人又走了一大批。但钟情搞教育、做学问的胡华，从不"见异思迁"，心无旁骛地坚守着自己笃定的事业，废寝忘食、殚精竭虑。他自己也说："当年的同事们如今只有我一个人一直在做这项工作。我从未动摇过，认为自己所做的工作是有意义的，是有干头的。"① 从1940年踏上中共党史、革命史教学和研究的人生道路后，胡华便坚定这一人生方向和追求，在近半个世纪的风雨岁月中，无论物质条件、政治环境好坏，他都从未动摇、放弃，始终兢兢业业、恪尽职守、笔耕不辍、教书育人。

1978年中国人民大学复校后，当时校内房屋十分紧张。作为中共党史系的主任，他一直住在校内旧楼的一间仅约10平方米的陋室里，作为办公室、卧室、书房兼客厅。对此，他毫无怨言地说："人民大学的房子太困难了，有这样一间房子已经是对我很照顾了，能看书、能写东西就行了。"② 在这间陋室里，他接待了不少国际知名学者和许多访客，撰写了诸多学术篇章。为了节省时间、全力以赴地投入工作，他只有周日才回到城里家中休息一天，平日都住在学校，到集体大食堂用餐，有时错过正常用餐时间，只能买点饼干、面包充饥。胡华对党史教学和研究事业的执着与热爱已经达到了忘我的境界，超负荷地工作着，也超常人地收获着……正如李新所说："只有那些自甘淡薄，坚持过艰苦、清苦的教学生活的人，在学术上才有所成就。"③

胡华治学为追求真理，而不为追名逐利。《中国新民主主义革命史（初稿）》一出版，便受到热烈欢迎。当年作为胡华学术助手的戴逸回忆："为了配合全国的学习，胡乔木同志指示胡华主编《中国新民主主义革命史参考资料》，彦奇和我协助编辑，收集了许多党的文件和各种珍贵资料，大多是胡华同志个人收藏和各处借来的，篇目经乔木同志审定，在商

---

① 刘建德：《赤心写党史，妙手传群英——访博士生导师胡华教授》，载《中国人民大学校刊》1985年4月27日。
② 转引自丁一岚《他骤然离开了我们》，见陈威、杨凤城主编《长与英烈共魂魄——追思史学家胡华》，中国民主法制出版社2011年版，第93页。
③ 李新：《胡华文集序》，载《中共党史研究》1989年第1期。

第六章　胡华的史学贡献、学术风格和治史精神

务印书馆出版，畅销几十万册。所得版税极为丰厚。"[①] 当时正值抗美援朝，胡华遂与戴逸和彦奇商议，以3人的名义将所得稿酬全部捐献给了前线的志愿军。《青少年时期的周恩来同志》出版之际，恰逢国家恢复了稿酬制度，胡华把稿费悉数买了书，向各地图书馆、高等院校及向他索书的各界人士寄发、赠送。《周恩来的思想及理论贡献》一书是胡华与清庆瑞等人共同合作的结晶，但他在后记中却写道："凡是我和小组几位同志合作写出的文章，大量的资料收集和文字表述，都是几位合作同志的成果，如果有什么精到之处，也应归功于他们。有何疏漏不当之处，则应由我负责。"1982年，胡华约请李安葆和清庆瑞为革命前辈成仿吾整理革命回忆录《记叛徒张国焘》，该书定稿时，成仿吾曾提出在后记中写上他们的名字。胡华却主动和李安葆及清庆瑞商量之后，婉谢了成仿吾的盛情……

胡华甘守清贫、淡泊名利，对中共党史教学和研究事业的坚贞，源于他对中共党史的极大热爱，对人民的奉献之情。他自己曾说过："我热爱自己的工作，我热爱党史，安心于一辈子做一个党史教员，我愿意在这个岗位上为壮丽的共产主义事业贡献自己微薄的力量。"[②] "我们党史教员、党史工作者、党的干部，必须热爱党史、宣传党史，坚持阵地、毫不动摇。"[③] "你心爱自己的专业，眷恋着它，你才会孜孜不倦地去攻读有关的书籍，才会锲而不舍地利用一切时间去钻研，才会朝思暮想地去思考，日有所进。"[④] 胡华被波澜壮阔的中共党史所吸引，被周恩来等老一辈无产阶级革命家们为人民大众无私奉献的"春蚕"精神和"蜡烛"精神所感染，他深切地感受到中共党史教学和研究的重要性，他希望用自己的笔和口去书写和宣传中国共产党的光辉历史，让更多的人了解中国共产党领导人民进行革命、建设和改革的艰辛奋斗历程，学习中国共产党人的无私精神和高尚情操。

---

① 戴逸：《与胡华同志相处的岁月》，见陈威、杨凤城主编《长与英烈共魂魄——追思史学家胡华》，中国民主法制出版社2011年版，第59页。
② 胡华：《热爱党史 坚持阵地》，见浙江日报编辑部编《学人谈治学》，浙江人民出版社1982年版，第359页。
③ 胡华：《纪念建党六十周年，掀起学习和研究党史的高潮》，见《胡华文集》第3卷，中国人民大学出版社2013年版，第456页。
④ 胡华：《热爱党史 坚持阵地》，见浙江日报编辑部编《学人谈治学》，浙江人民出版社1982年版，第361页。

此外，为人民服务是中国共产党的根本宗旨，也是每一位优秀共产党员所坚定的人生信条。然而，为人民服务有很多种方式和途径，不同的人可以根据自己的优势和兴趣为国家和人民奉献。胡华把中共党史宣传、教学和研究当作自己为党和国家效劳、为人民服务的终生事业，作为实现自己人生价值的主要途径。正如他自己所说："我们治学的出发点，是为了适应党和人民的需要。满怀着对共产主义事业的高度的责任心，满怀着热爱社会主义祖国的热情，有强烈的事业心，热爱自己的专业和工作，这是我们治学的动力，取得成果的关键。"①

四、谦虚严谨，精益求精

胡华治学谦虚、严谨，从不骄傲自满、自以为是。在多年的学术实践中，他不断地自我超越、开拓创新，表现了一位优秀史学工作者的光辉品质。正是因为其始终保持自谦，不断勤奋学习和钻研，追求精益求精，才在党史领域颇多建树。

历史是严肃的，在研究历史过程中必须时刻保持严谨的态度和作风。在中共党史研究上，胡华较好地做到了这一点，大到党史体系的建构，小到某一具体历史事实的描绘，他都十分谨慎。他对历史的表述总是力求客观、准确，对历史的总结和评价也力求公允和深刻。他自己也说过："在科学研究上，我们必须把敢想、敢说、敢做的'三敢'精神和严肃、严格、严密的'三严'精神结合起来。"② 在学术实践上，他时刻以"三严"精神要求自己。

1950年《中国新民主主义革命史（初稿）》出版，周恩来翻阅该书后曾指示他的秘书于刚转告胡华，书中所说的廖仲恺被刺一案是胡汉民而非蒋介石所为。这个细节让胡华感触很深，他不仅在当年再版时就及时更正，而且后来他常常提及此事，警示自己和他人治学必须严谨，对每一个历史细节都不能随意、马虎对待。1981年5月15日，《人民日报》第八版上发表《瞿秋白的一首佚诗》，文中写道："1925年8月20日，廖仲恺

---

① 胡华：《板凳要坐十年冷　文章不写一句空——治学方法点滴》，载《中国高等教育》1984年第3期。

② 胡华：《加强近代史和现代史的研究》，载《文汇报》1964年1月21日。

第六章 胡华的史学贡献、学术风格和治史精神

先生被刺身亡,蒋介石捶胸顿足大哭说:'廖党代表是革命的擎天柱,反动派竟敢刺死他,真是罪大恶极,就是把全广州人杀掉一半,也不能抵偿这笔血债!'但是,刺杀廖仲恺的罪魁恰恰就是他本人。"胡华读报后,写信加以指正。1981年6月15日,《人民日报》第八版发表《胡华同志来信》,信中指出:"你报第八版五月十五日周红兴同志所写《瞿秋白的一首佚诗》说'刺杀廖仲恺的罪魁恰恰就是他本人。'(指蒋介石)。廖仲恺先生不是蒋介石派人刺杀,这一点,周总理在一九五〇年请秘书于刚同志转告过我。现在党史研究者都知道,此案的罪魁是胡汉民。"据清庆瑞回忆,胡华在修订《中国革命史讲义》过程中十分精细,例如1959年版描述五四运动时写道:"具有初步共产主义思想的知识分子毛泽东、李大钊、周恩来等同志在北京、长沙、天津等地领导了这个伟大的反帝运动。"胡华将其修改为:"具有初步共产主义思想的知识分子李大钊、陈独秀在北京,毛泽东在长沙,周恩来、马骏等在天津,领导了这个伟大的反帝运动。"后来在校对清样时,又将这句话中的"领导了"改为"指导了"。① 有一次,陈铭枢找到胡华说,汀泗桥、贺胜桥战斗,不光有独立团,还有第四军。我在第四军,明明参加了战斗,你的书(指《中国新民主主义革命史》)上没有写我;江西"剿共",明明没有我,你的书上却写我参加了。对这样的意见,胡华也予以慎重考虑,反复查证,以后再版时将汀泗桥、贺胜桥战斗的参战部队改为"独立团和四军其他各团"。② 在主编《中共党史人物传》时,胡华始终要求编委们认真审读、严格把关,对不符合要求的稿子一律提出具体意见退回作者修改。不少传稿历经三四年,修改五六遍才签发付梓。③ 如此字斟句酌、严格要求,胡华治学之严谨可见一斑。

在学术研究上,满足于已有认识水平的人,往往只能停滞不前、孤芳自赏,只有那些坚持推求探索、开拓创新、博采众长、自我超越的人,才能不断取得新的成果。对于自己已有的学术成果,胡华并非束之高阁,而是不断重新审视、修改,力图使其更加完善。1950年《中国新民主主义

---

① 清庆瑞:《学习胡华老师治学严谨,刻苦自励的精神》,见《胡华纪念文集》,中国人民大学出版社,1997年版,第211页。

② 黄少群:《秉笔写青史 丹心照后人——追记中共党史专家胡华》,载《党史文汇》1988年第2期。

③ 蒋伯英:《遗篇信达亦千秋——怀念胡华同志》,载《福建党史月刊》1988年第2期。

革命史（初稿）》出版后，胡华始终认为这本"应急之作"有待于听取各界读者的指正，不断补充修订，所以该书出到第13版时，书名均带"初稿"二字。胡华不断征求社会上的各种意见，并注意利用当时所出现的新的研究成果加以修订，近30年间，他一共修订了14次，直到1981年第14次修订出版时才去掉"初稿"二字。此外，胡华对《中国历史概要》和《中国革命史讲义》等著作也进行过多次修订。这些事实足见其谦虚谨慎的态度和不断精益求精的治学精神。

总之，胡华"无论是在戎马倥偬的战争年代，还是在社会主义建设的和平环境中，他始终坚信社会主义、共产主义，坚信马列主义、毛泽东思想，坚信中国共产党的领导，忠于人民、忠于革命、忠于党和祖国的教育事业"。他"一息尚存，矢志不移。他治学严谨、思路敏捷，在担负繁重的政治工作、教学工作的同时，勤奋著述，为我们留下了丰富的遗产"。他"光明磊落，作风正派，平易近人，严于律己，处处表现出了共产党人不谋私利、一心为公的优秀品质和生命不息、奋斗不止的进取精神。他对工作极端负责任，对同志满腔热忱，生活俭朴无奢求，深得师生们的尊敬和爱戴"。"胡华同志的一生，是革命的一生，战斗的一生。……他的优秀品质和作风将成为激励我们深化教育改革，发展祖国教育、科学事业的力量。"①

通过对胡华党史研究历程的全面考察，以及对其党史著述的介绍和评述，可以进一步引起我们的一些思考。

第一，中共党史学能够取得如今蓬勃发展的可喜局面，很大程度上依赖胡华等诸多老一辈党史学者的共同努力和艰辛开拓。全面认识和评价像胡华等这样有影响的党史学者，应将其纳入中共党史学的动态发展过程中加以审视，看其在这一过程中发挥了怎样的作用，又有怎样的历史局限性。

第二，中共党史学的发展是渐进的过程，前辈们在这片园地上勠力开拓、辛勤耕耘，实属不易。作为后辈后学，我们不能遗忘他们为此所做的努力和取得的成就。同时，需要注意的是，我们对前辈的学术成果不能迷信、盲从，不加分辨地采取"拿来主义"，也不能求全责备，要对前辈们

---

① 袁宝华：《〈胡华文集〉序》，见陈威、杨凤城主编《长与英烈共魂魄——追思史学家胡华》，中国民主法制出版社，2011年版，第3页。

第六章 胡华的史学贡献、学术风格和治史精神

某些认识上的局限予以理解和宽容。总之，我们应站在新的时代高度予以分辨和剥离，吸取其精华部分，站在前人的肩膀上继续开拓创新、奋勇前进，推动中共党史学的健康、快速发展。

第三，前辈们遗留给我们的不仅是丰富的史学遗产和深邃的学术思想，更重要的是甘于清贫、勤奋刻苦、精益求精的治学精神。当下，中国社会经济发展的突飞猛进，给人们带来了不少的物质诱惑和冲击，一些党史学者不安于现状，浮躁之气显现出来，这就更加凸显了前辈们治学精神的现实价值和重要性。因此，在学习吸收前人学术思想的同时，我们更应继承、发扬他们的治学精神。

第四，中共党史学从萌芽、初建、发展至今，无时不受外部环境尤其是政治环境的影响。身处其中的党史学者亦是如此。可以说，党史学者犹如耕田的农夫，其收获粮食的多少主要取决于勤劳的程度，但自然气候的影响颇大。风调雨顺，便能丰收；气候恶劣，收成必大打折扣。因此，党和政府应塑造更为宽松、自由的学术环境，在坚持四项基本原则的前提下，允许党史学者自由讨论、探索、争鸣，尽可能地减少政治因素对党史学术的干扰，为中共党史学的繁荣和发展创造更加有利的条件和营造广阔的空间。

2010年7月，在全国党史工作会议上，习近平同志就党史研究和宣传工作发表了专门讲话，论述党史工作的重要性，强调党史工作要"进一步提供历史经验，更好地为现实服务"[1]，并对进一步提高党史工作的科学化水平提出明确要求。党和国家领导人对党史工作的高度重视，为中共党史学的进一步发展、繁荣提供了有力的推动。2014年4月2日，由中国人民大学中国共产党历史与理论研究院主办的"胡华大讲堂"开讲。"胡华大讲堂"旨在缅怀前辈学者的治学风范和学术业绩，汇聚党史学界和理论界的一流专家学者，反映中国共产党历史与理论研究的前沿动态，"为中共历史与理论及相关研究领域的一流学者提供一个制度化的讲坛，促进相关学科研究"[2]。几年来，顾海良、杨奎松、牛军、沈志华、谢春涛、王长江、徐焰、宫力等知名学者先后担任主讲嘉宾，就中共党史学科不同的前沿课题讲授了自己的学术探索成果。"胡华大讲堂"的举办，发

---

[1] 《全国党史工作会议在京举行》，载《人民日报》2010年7月22日。
[2] 《"胡华讲堂"启动》，载《中国人民大学校报》2014年4月7日。

挥了中共党史研究"求真求实、以史为鉴、资政育人、服务大众"的社会功能，推动了中共党史研究的深入方法。可以肯定的是，随着中国共产党伟大事业的不断推进、广大学者的共同努力，中共党史学必将在新时代日益繁荣，更好地为社会服务。

主要参考文献

一、著作类

[1] 胡华文集［M］. 北京：中国人民大学出版社，1997.

[2] 胡华文集：第3卷［M］. 北京：中国人民大学出版社，2013.

[3] 胡华文集：第4卷［M］. 北京：中国人民大学出版社，2013.

[4] 胡华文集：第5卷［M］. 北京：中国人民大学出版社，2013.

[5] 胡华文集：第6卷［M］. 北京：中国人民大学出版社，2013.

[6] 胡华，彭明. 日本投降以来中国政局史话［M］. 冀中新华书店，1947.

[7] 翦伯赞，邵循正，胡华. 中国历史概要［M］. 北京：知识出版社，1980.

[8] 胡华. 美帝国主义侵华史略［M］. 冀中新华书店，1947.

[9] 胡华. 青少年时期的周恩来同志［M］. 北京：中国青年出版社，1977.

[10] 胡华. 南昌起义史话［M］. 北京：人民出版社，1977.

[11] 胡华. 周恩来的思想及理论贡献［M］. 广州：广东人民出版社，1982.

[12] 胡华. 五四时期的历史人物［M］. 北京：中国青年出版社，1979.

[13] 胡华. 中共党史人物传：第25卷［M］. 西安：陕西人民出版社，1985.

[14] 胡华. 中国新民主主义革命史（初稿）［M］. 北京：新华书店，1950.

[15] 胡华. 中国新民主主义革命史．［M］. 北京：中国青年出版社，1981.

[16] 胡华，戴逸，彦奇. 中国新民主主义革命史参考资料［M］.

上海：商务印书馆，1951.

[17] 胡华. 中国革命史讲义 [M]. 北京：中国人民大学出版社，1959.

[18] 胡华. 中国革命史讲义：上册 [M]. 北京：中国人民大学出版社，1979.

[19] 胡华. 中国革命史讲义：下册 [M]. 北京：中国人民大学出版社，1980.

[20] 胡华. 中国社会主义革命和建设史讲义 [M]. 北京：中国人民大学出版社，1985.

[21] 胡华，邓拓，冯文彬. 关于学习中国新民主主义革命史的几个问题 [M]. 北京：新潮书店，1951.

[22] 刘涓迅. 革命史家胡华 [M]. 北京：当代中国出版社，2011.

[23] 刘涓迅. 胡华诗抄 [M]. 胡宁选，注. 北京：中国民主法制出版社，2010.

[24] 联合社. 中苏问题讲话 [M]. 天津：联合出版社，1949.

[25] 政协全委会研究室. 中国人民政治协商会议全国委员会大事记 [M]. 北京：中国文史出版社，1988.

[26]《浙江日报》编辑部. 学人谈治学 [M]. 杭州：浙江人民出版社，1982.

[27] 刘葆观. 血与火的洗礼（上卷）从陕北公学到华北大学回忆录（1937—1949）[M]. 北京：中国人民大学出版社，2007.

[28] 胡华纪念文集 [M]. 北京：中国人民大学出版社，1997.

[29] 陈威，杨凤城. 长与英烈共魂魄：追思史学家胡华 [M]. 北京：中国民主法制出版社，2011.

[30] 周一平. 中共党史史学史 [M]. 兰州：甘肃人民出版社，2001.

[31] 中国人民大学高等教育研究室、校史编写组. 中国人民大学教学科研及辅助单位简史 [M]. 1993.

[32] 中共中央文献研究室. 关于建国以来党的若干重大历史问题的决议注释本 [M]. 北京：人民出版社，1983.

[33] 王仲清. 中共党史学概论 [M]. 杭州：浙江人民出版社，1991.

[34] 毛泽东选集：第 2 卷 [M]. 北京：人民出版社, 1991.

[35] 毛泽东选集：第 3 卷 [M]. 北京：人民出版社, 1991.

[36] 毛泽东文集：第 2 卷 [M]. 北京：人民出版社, 1993.

[37] 毛泽东文集：第 3 卷 [M]. 北京：人民出版社, 1996.

[38] 建国以来毛泽东文稿：第 1 册 [M]. 北京：中央文献出版社, 1987.

[39] 中共中央党史研究室. 中国共产党历史：第二卷（1949—1978）[M]. 北京：中共党史出版社, 2011.

[40] 马克思恩格斯选集：第 2 卷 [M]. 北京：人民出版社, 1995.

[41] 马克思恩格斯全集：第 2 卷 [M]. 北京：人民出版社, 2005.

[42] 中共中央文献研究室. 三中全会以来重要文献选编（下）[M]. 北京：人民出版社, 1982.

[43] 何干之. 中国现代革命史 [M]. 北京：高等教育出版社, 1957.

[44] 中国人民解放军总政治部宣传部, 中共党史教学大纲编辑委员会编. 中国共产党历史教学大纲（草稿）, 1954 年.

[45] 缪楚黄. 中国共产党简要历史（初稿）[M]. 北京：学习杂志社, 1956.

[46] 王实, 王翘, 等. 中国共产党历史简编 [M]. 上海：上海人民出版社, 1958.

[47] 周一平. 中共党史研究七十年 [M]. 长沙：湖南人民出版社, 1991.

[48] 邓小平文选：第 2 卷 [M]. 北京：人民出版社, 1983.

[49] 中共中央党史研究室. 中国共产党历史：第一卷上册 [M]. 北京：中共党史出版社, 2002.

[50] 季羡林. 我的人生感悟 [M]. 北京：中国青年出版社, 2000.

[51] 中国人民大学校史研究丛书编委会. 中国人民大学纪事（1937—2007）：上卷 [M]. 北京：中国人民大学出版社, 2007.

[52] 中央档案馆. 中共中央文件选集：第 3 册 [M]. 北京：中共中央党校出版社, 1983.

[53] 白寿彝. 史学概论 [M]. 银川：宁夏人民出版社, 1983.

[54] 郭德宏. 十一届三中全会以来中共党史研究的新进展 [M].

北京：中共党史出版社，2004.

［55］胡绳. 中国共产党的七十年［M］. 北京：中共党史出版社，1991.

［56］费正清，傅光明译. 观察中国［M］. 北京：世界知识出版社，2001.

二、报刊类

［1］胡华. 加强近代史和现代史的研究［N］. 文汇报，1964-01-21.

［2］胡华. 怎样讲授中国新民主主义革命史［J］. 新建设，1953（1）.

［3］胡华. 关于党史教学的若干问题：在杭州大学召开的党史讲义讨论会上讲话（一九七八年十一月二十七日）［J］. 杭州大学学报（哲学社会科学版），1978（4）.

［4］胡华. 关于党史课的教学与研究的几个问题［J］. 教学与研究，1962（5）.

［5］胡华. 关于历史的研究和编写的几个问题［J］. 军事学术研究通讯，1963（9）.

［6］胡华. 以实践检验真理的态度来研究党史［J］. 教学与研究，1979（1）.

［7］胡华. 学习党史，发扬高度民主精神，发扬爱国主义和共产主义精神［J］. 历史教学，1982（9）.

［8］胡华. 怎样教学革命历史［J］. 清华学习，1950（2）.

［9］胡华. 谈党史编写工作［J］. 读书，1979（4）.

［10］胡华. 论中共党史人物传的编写［J］. 求索，1984（1）.

［11］胡华. 关于党史人物传记的研究和写作问题［J］. 福建党史月刊，1985（3）.

［12］胡华. 读张闻天主编《中国现代革命运动史》［J］. 历史教学，1987（5）.

［13］胡华. 关于民主法治、生产力革命和反对极"左"思潮问题［J］. 哲学研究，1978（12）.

［14］胡华. 从历史上的改革看中国当前的体制改革［J］. 河北学刊，1984（6）.

[15] 胡华. 关于国民经济恢复时期的社会主要矛盾问题 [J]. 教学与研究, 1963 (5).

[16] 胡华, 林代昭. 台港和国外中共党史研究述评 [J]. 近代史研究, 1982 (1).

[17] 胡华. 关于党史上若干问题的辅导解答 [J]. 党史研究与教学, 1979 (4).

[18] 胡华、王建初. 周恩来从旅欧到大革命时期的理论贡献 [J]. 华南师院学报（社会科学版）, 1980 (1).

[19] 胡华, 林代昭. 胸怀世界革命全局的国际主义战士：学习周恩来同志旅欧期间关于国际形势的精辟论述 [J]. 世界历史, 1978 (1).

[20] 胡华. 周恩来从"五四"到旅欧期间的思想发展 [J]. 哲学研究, 1979 (2).

[21] 胡华. 陈独秀右倾机会主义思想的发展 [J]. 教学与研究, 1964 (3).

[22] 胡华. 关于党史教学中的一些问题 [J]. 江淮论坛, 1980 (1).

[23] 胡华. 谈谈研究生怎样写毕业论文 [J]. 教学与研究, 1956 (2).

[24] 胡华. 板凳要坐十年冷　文章不写一句空：治学方法点滴 [J]. 中国高等教育, 1984 (3).

[25] 胡华, 彭明. 关于中国近代史的教与学 [J]. 察哈尔教育, 1950 (6).

[26] 胡华. 美帝在走着日寇侵华的老路 [N]. 人民日报, 1950-11-03.

[27] 胡华. 党史, 不可不读 [N]. 北京日报, 1983-08-12.

[28] 胡华. 提倡学习中国革命史和中共党史 [N]. 工人日报, 1983-04-27.

[29] 胡华. 党史上新的里程碑 [N]. 光明日报, 1981-07-09.

[30] 胡华, 林代昭. 与人民血肉相联的马克思主义者：学习《周恩来选集》关于党的群众路线的论述 [N]. 光明日报, 1981-01-19.

[31] 胡华, 林代昭. "恢复生产, 建设新中国"的光辉指针：学习《周恩来选集》（上卷）关于建国前后经济工作的论述 [N]. 文汇报,

1981-01-02.

[32] 胡华,王建初. 坚持科学和民主精神:学习周恩来同志著作《宗教精神与共产主义》[N]. 北京日报,1979-03-07.

[33] 胡华. 关于抗日战争史研究的方向和课题[J]. 军事历史,1985(2).

[34] 胡华. 关于统一战线中"独立自主原则"的几个问题[J]. 教学与研究,1963(3).

[35] 朴逸. 让青年一代懂得党的历史:访胡华同志[J]. 学理论,1982(8).

[36] 刘健生. 史学家胡华教授的山城情节[J]. 乡音,2010(6).

[37] 王志刚. 重温《中国历史概要》的革命化历史叙事[J]. 学术研究,2009(1).

[38] 朱佳木. 论新中国史研究[J]. 中国社会科学,2009(1).

[39] 周一平,许曾会. 2000年以来中共党史学理论问题发展研究综述[J]. 中共银川市委党校学报,2010(1).

[40] 高峻. 严谨治学勇于创新:深切怀念中共党史学专家胡华教授[J]. 福建党史月刊,1988(4).

[41] 李向前. 党史与国史:在怎样的意义上应有区别?[J]. 当代中国史研究,2001(3).

[42] 孙大力. 党史分期与进入历史新时期的标志[J]. 中共党史研究,2001(1).

[43] 程中原. 关于国史党史人物研究和传记写作的若干问题[J]. 中共党史资料,2009(3).

[44] 戴逸. 胡华与中国新民主主义革命史[J]. 百年潮,2009(6).

[45] 郭德宏. 如何看待党史上的两条路线斗争[J]. 南昌大学学报(社会科学版),1980(4).

[46] 周一平. 中共"一大"上毛泽东是否反对了"左"、右倾思想考[J]. 党史研究与教学,1997(2).

[47] 白进文. 关于胡华著中国新民主主义革命史的几点意见[J]. 历史教学,1952(11).

[48] 徐规. 对胡华同志《中国新民主主义革命史(初稿)》一书一

些问题的商榷［J］．历史教学，1954（4）．

［49］程中原．新中国史研究的回顾和前瞻［J］．当代中国史研究，2004（5）．

［50］张静如．党史研究重点应转向社会主义时期［J］．新视野，1992（1）．

［51］胡绳．历史经验是宝贵的财富：谈社会主义时期党史研究［J］．中共党史研究，1995（6）．

［52］孙其明．也论建国初期中国社会的主要矛盾［J］．同济大学学报（社会科学版），2002（6）．

［53］王树人．简论建国初期我国社会的主要矛盾［J］．华东石油学院学报（社会科学版），1986（2）．

［54］孙瑞鸢．对我国过渡时期国内主要矛盾问题的几点意见［J］．中共党史研究，1989（3）．

［55］张明．国民经济恢复时期主要矛盾之我见［J］．广西师院学报（哲学社会科学版），1990（2）．

［56］蔡德祐．试论毛泽东同志关于抗日民族统一战线中独立自主原则的理论：兼与胡华同志商榷［J］．教学与研究，1963（6）．

［57］张注洪．关于国外研究中共党史、中国革命史的文献史料及其应用［J］．近代史研究，1981（1）．

［58］王海光．十一届三中全会以来"文化大革命"研究的新进展［J］．党史研究与教学，2002（6）．

［59］张化."文化大革命"中党和人民的斗争历程研究综述［J］．中共党史研究，1994（4）．

［60］吴超."文化大革命"起源研究述评［J］．北京党史，2008（3）．

［61］柳建辉，郑雅茹．应恢复使用"一大"前中共各地早期组织的原始名称［J］．党史研究与教学，1989（3）．

［62］曹仲彬．对"共产主义小组"名称的质疑［J］．近代史研究，1984（2）．

［63］杨斌，陈明显．"共产主义小组"名称的由来及其问题［J］．党史博采，1996（2）．

［64］李捷．改革开放以来中共党史人物研究的回顾与展望［J］．中

共党史研究,2010(7).

[65] 马宏,余世诚. 赤心写党史,妙手传群英:胡华与党史人物研究[J]. 石油大学学报(社会科学版),1990(3).

[66] 郭洛夫. 一部经得起历史检验的信史:介绍《中共党史人物传》的作者与编者[J]. 中国出版,1990(12).

[67] 董建中,张守宪. 党史教学的一部重要参考书:《中共党史人物传》读后[J]. 历史教学,1984(8).

[68] 玛丽琳·列文. 胡华编《中共党史人物传》12卷[J]. 共和中国,1985,10(2).

[69] 张静如. 论加强中共党史人物群体研究[J]. 湖湘论坛,2006(4).

[70] 郭思敏. 国内周恩来研究述评[J]. 毛泽东思想研究,1996(4).

[71] 刘焱. 近二十年周恩来早期研究述评[J]. 天津师范大学学报,1996(5).

[72] 林茂生,王洪模,王树棣. 应当全面地历史地评价陈独秀[J]. 教学与研究,1979(3).

[73] 孙思白. 陈独秀前期思想的解剖[J]. 历史教学,1963(10).

[74] 叶尚志. 千秋功过 如何评说:纪念陈独秀先生诞辰120周年[J]. 人才开发,1999(12).

[75] 李新. 胡华文集序[J]. 中共党史研究,1989(1).

[76] 黄少群. 秉笔写青史 丹心照后人:追记中共党史专家胡华[J]. 党史文汇,1988(2).

[77] 蒋伯英. 遗篇信达亦千秋:怀念胡华同志[J]. 福建党史月刊,1988(2).

[78] 卢家骥. 胡华的史学思想[J]. 中国人民大学学报,1988(5).

[79] 高放. 史料、史观、史德:胡华教授治史的三个特点[J]. 南京社会科学,1997(12).

[80] 郭德宏. 关于深化中共党史研究的几点思考和建议[J]. 中共党史研究,1997(4).

[81] 邓拓. 谁领导了五四运动[N]. 人民日报,1950-04-29.

[82] 张注洪. "以生命做诗篇": 忆萧三 [N]. 人民政协报, 1992-05-22.

[83] 亚丹. 中国新民主主义革命史 [N]. 大公报, 1950-10-05.

[84] 在周恩来同志追悼大会上 邓小平副主席致悼词 [N]. 人民日报, 1976-01-16.

[85] 刘建德. "赤心写党史, 妙手传群英": 访博士生导师胡华教授 [N]. 中国人民大学校刊, 1985-04-27.

[86] 胡思升. 命悬一线时的思念: 记萧三生命之最后八个月 [N]. 人民日报, 1983-02-19.

[87] 解凌华. 党史工作者的责任: 访胡华教授 [N]. 甘肃日报, 1984-10-22.

[88] 程振声. 邓颖超谈如何写周恩来 [J]. 百年潮, 2010 (10).

[89] 耿化敏. 高校中共党史本科专业的历史、现状和改革 [J]. 党史研究与教学, 2014 (2).

三、其他资料

[1] 胡华:《学习党史, 发扬爱国主义和共产主义的精神》, 1982年5月4日在镇江地委礼堂做的学术报告。

[2] 胡华:《大阴谋家、大刽子手康生的一些历史情况》, 1980年10月7日在中国人民大学党史进修班上的讲稿。

[3] 胡华:《社会主义时期引言——对于社会主义时期若干历史教训的初步探讨》, 1980年手稿。

[4] 中国人民大学有关胡华的档案资料。

后　　记

　　捧起书稿，时光似乎回到了读书时代，往事历历在目。2006 年 9 月，我考入中国人民大学党史系，拜在王东老师门下攻读硕士，2008 年如期毕业后又随他继续攻读博士。恩师王东不仅是全国党史专业的第一批博士之一，而且是著名党史学家胡华的高徒。在撰写博士学位论文之前，对师公胡华略知一二，王东老师也曾向我们这些弟子谈过胡华的一些往事。2010 年年初确定博士学位论文选题时，我大费了一番周折，始终举棋不定，遂向导师和毕业的学长求教。后来，在原中共中央党史研究室工作的一位师兄给了个很好的建议，他说："你好好翻一翻近些年党史专业的博士学位论文题目，或许可以从中得到一些启示。"按照他的建议，我把 2010 年之前的党史专业的博士学位论文题目仔细浏览了一遍，感兴趣的则下载下来通篇认真研读。《龚育之与中共党史研究》《胡乔木与中共党史研究》这两篇博士学位论文给了我一些灵感。我当时心想，胡华一生执着于中共党史的教学、宣传与研究，在党史学领域颇有影响，以"胡华与中共党史研究"为选题应该可行。接下来我仔细查阅资料，对这一选题的可行性做进一步论证。经过一番功夫后，对胡华的人生历程和学术思想有了较全面的了解。他虽然未到古稀之年就去世了，但他在中共党史学史上留下了深刻的烙印，他对教学与研究事业的矢志不渝、对学术的求真探索精神令我钦佩不已。于是，我下定决心以"胡华与中共党史研究"作为攻关的论文选题。自己感觉这个选题具有开创性，资料还算充分，写出来困难应该不大。向王东老师汇报后，得到了他的肯定和支持。在他的指导和帮助下，我联系到胡华的长女胡宁、长女婿刘涓迅并登门拜访，他们对我的博士学位论文选题十分热心，这令我信心倍增。当时，他们遵照胡华生前遗嘱，正在精心整理胡华的著述，拟出版《胡华文集》《胡华诗抄》《胡华画传》，刘涓迅叔叔还亲自执笔撰写全面反映胡华人生旅程的文学传记。在他们的邀请之下，我也帮助做了点校对工作，顺道我也收获

后 记

了不少胡华生前的手稿内容和其他资料。坐了近一年的冷板凳，在王东老师的悉心指导与胡宁、刘涓迅两位长辈的热心帮助下，我顺利完成了博士学位论文的写作，主要从党史学史的角度梳理胡华对中共党史学的贡献，对他的主要著述加以评述，并对他的治学风格、治学精神进行初步的归纳总结。由于个人学识和水平所限，论文必然有不少瑕疵，但至少它是第一个较为系统地研究和评述胡华学术思想和风格的初步成果。2011年5月，我顺利通过了毕业答辩，给自己的学子生涯画上了一个句号。

毕业后，与大多数同学一样，我到了高等院校执教。不同的是，我走入了军事院校，这与我儿时的参军梦想有关。时光匆匆，不知不觉9年已消逝得无影无踪。回首这9年，在一线城市广州娶妻生子、购房买车，物质逐渐丰盈，但精神稍感空虚。9年间，忙于经营家庭，却疏于学业；专注于教学，却荒废了科研。如今，许多同期毕业的同学已经晋升成为副教授、教授，仍是讲师的我，颇感惭愧、无地自容。仔细想来，并不是他人走得太快，而是自己停滞不前。逆水行舟，不进则退；学海无涯，不学则废。人生尚余大半，接下来的日子不应如此颓废、虚度光阴。于是我萌生了将博士学位论文修改出版的想法，把它作为自己重新整装出发、开启新篇的起点。恰逢胡华诞辰100周年，拙作的出版亦是对前辈的一种纪念。凡此以往，皆为序章。期待未来的生活更加美好，未来的精神世界更加充沛！

感谢北京大学马克思主义学院的王久高老师，他是我从学时期的引路人，指引我跨入研究生学业，并在学习和生活上给予我诸多指导和帮助。他的为人做事，也是我学习的楷模。

感谢中国人民大学的王东老师，他对我治学做人的指导，令我受益终身。尤其是2008年考博时，他毅然地在诸多考生中录取了我，这份恩情我永记于心。他的睿智、豁达，也值得我终身学习。

感谢刘涓迅叔叔、胡宁阿姨，他们热情好客、待人真诚，给予我许多无私的帮助。他们严守家风、勤俭节约，也给我留下非常深刻的印象。他们欣然为拙作写序，感激不尽。

感谢广东技术师范大学的赵炳林老师和中山大学出版社的昌肖剑老师，在他们的帮助下，拙作才得以付梓出版。

感谢我的父母，他们把我带到这个世界，并赋予我成长的力量。毕业工作后，他们始终守护在我的身旁，为我忙前忙后、不遗余力。父母之恩，如山高海深，无以为报，只能尽己所能让他们安享晚年。

感谢我的爱人杨云云，她无怨无悔地嫁给我，并生下了两个可爱的宝宝，为家庭带来了无尽的欢乐。几年来，虽偶有争吵，但她始终不离不弃，与我相随相伴、相濡以沫。她的宽容、鼓励、支持，为我奋力前行注入了不竭的动力。